AF523479

Bibliografische Information der Deutschen Nationalbibliothek
Die Deutsche Nationalbibliothek verzeichnet diese Publikation in der Deutschen Nationalbibliografie; detaillierte bibliografische Daten sind im Internet über http://dnb.ddb.de abrufbar.

Stefan Wachtel, Antje Keil, Clemens Nicol
Sprechen und Moderieren
In Radio, Fernsehen und Social Media
Praktischer Journalismus, 23
Köln: Halem, 2022

6. Auflage 2009
7. Auflage 2022

ISBN (Print): 978-3-7445-2007-2
ISBN (PDF): 978-3-7445-2008-9
ISSN: 1617-3570

Den Herbert von Halem Verlag erreichen Sie auch im Internet
unter http://www.halem-verlag.de
E-Mail: info@halem-verlag.de

Umschlaggestaltung und Satz: Bureau Heintz, Stuttgart
Lektorat: Imke Hirschmann
Autor*innenfotos (Innenklappe): Carsten Sander (Stefan Wachtel), Debora Naemi Fritz (Antje Keil), Laura Fritsch (Clemens Nicol)
Umschlagfoto: Mirko Vitali – stock.adobe.com
Druck: FINIDR, S.R.O., Tschechische Republik

SPRECHEN UND MODERIEREN

In Radio, Fernsehen und Social Media

Stefan Wachtel, Antje Keil, Clemens Nicol

7., komplett überarbeitete Auflage

HERBERT VON HALEM VERLAG | Köln

INHALT

Vorwort 8

A MITTEN IM PODCAST-ZEITALTER 11

A1 Professionelle Mündlichkeit für alle 12

A2 Clubhouse ist der Turbo der Mündlichkeit 14

A3 Das Gegenüber zählt 16

A4 Sprechen ist mehr als Informieren 18

A5 Social Media zwingt zur Inszenierung 21

B SPRECH- UND MODERATIONSTRAININGS 23

C FORMEN DES SPRECHENS 27

C1 Entscheidend sind die anderen 29

C2 Sprechen und denken 31

C3 Freies Sprechen 37

C4 Vorlesen 40

C5 Auswendig sprechen 47

D STILE, ROLLEN UND MUSTER 51

D1 Sprechstile 53

D2 Sprechen in Rollen 54

D3 Hör- und Sprechmuster 61

E VORLESEN 69

E1 Gliederung 71

E2 Betonung 76

E3 Sprechausdruck 87

E4 Sinnerfassend lesen 91

E5 Livereportagen 96

E6 Sprechen zum Bild 98

E7 Der Teleprompter 100

F FREI SPRECHEN UND MODERIEREN 105

F1 Texte präsentieren 106

F2 Stichwortkonzepte 108

G MODERATION 115

G1 Frei ist besser als Text 119

G2 Wer moderiert, ist Marke 121

G3 Moderationen sind Werbetexte 125

G4 Redeplanung: Aufbau von Moderationen 131

G5 Gut wird nur selbst Geschriebenes 147

G6 Abmoderationen 150

G7 Moderierendes Sprechen in Nachrichten 152

G8 Texthänger – Blackouts überwinden 154

H AUSSPRACHE, STIMME, SPRACHAUFNAHME 157

H1 Aussprache 160

H2 Wortakzent 165

H3 Eutone Spannung 167

H4 Technikstress 169

H5 Wohnzimmersprechübung 170

H6 Atem 172

H7 Stimme und Stimmtraining 174

H8 Körper und Gestik 182

H9 Strahlkraft durch Präsenz 185

H10 Versprecher 191

I IN WOHNZIMMER UND STUDIO PRODUZIEREN 195

I1 Kreativ mit Licht und Raum 196

I2 Das professionelle Aufnahmestudio 200

J OPTIK 203

J1 Outfit 205

J2 Make-up 206

K PROFISPRECHER*INNEN 209

K1 Voice-over und synchron 211

L INTERVIEW 213

L1 Formen und Funktionen 215

L2 Grundlagen 219

L3 Gesprächsstrategien 224

L4 Fragetechniken 228

L5 Widersprechen und unterbrechen 240

M QUALITÄT UND FEEDBACK 245

N WEGE ZUM TRAINING 251

O CASTING-VORBEREITUNG 255

P LAMPENFIEBER 261

X ANHANG 271

X1 Literatur 272

X2 Index 279

X3 Bildnachweise 283

VORWORT

Nach 13.000 gedruckten Exemplaren und angesichts einer sich schnell verändernden Zeit habe ich mit Antje Keil und Clemens Nicol diese radikal aktualisierte und erweiterte Neuauflage konzipiert.

Jeder broadcastet, jede postet und fast jede*r podcastet. Mehr Quantität bedeutet mehr Auswahl – und als Konsequenz entsteht ein Wettkampf um Aufmerksamkeit. Dabei fehlt es oft an handwerklicher Qualität und einer soliden Vorbereitung der dargebotenen Beiträge.

Es wird Zeit für Könner*innen in diesem Podcast-Zeitalter. Erstens wird hier mehr geredet als geschrieben. Gute Redner*innen sind teurer als gute Schreiber*innen, früher war es umgekehrt. Zweitens wird auch die Schriftsprache mündlicher. Es wird aber noch oft schriftlich produziert, was am Ende gesprochen wird. Dieses Gesprochene muss wenigstens mündlich geschrieben sein, in einer grundsätzlich anderen Sprache.

The New Orality ist ein weltweiter Trend. Und wie jede Bewegung wird auch diese neue Mündlichkeit gerade erwachsen; auch sie steht vor ihrer Professionalisierung. Unser gänzlich erneuertes Buch wird hoffentlich auch für diese neue Social-Media-Mündlichkeit – wie schon ein Vierteljahrhundert lang für Radio und Fernsehen – ein hilfreiches Tool werden. Unsere Ratschläge basieren auf (sprech-)wissenschaftlichen Erkenntnissen. Sie sind fundiert und zeitlos.

Ein Trend in der Social-Media-Kommunikation ist Vereinfachung und Kürze. Beide wollen beherrscht sein. Für Instagram, Facebook und Clubhouse und für YouTube ohnehin. Und für Radio und Fernsehen, für die dieser Klassiker einst geschrieben wurde, gilt das heute auch. Beide müssen sich anstrengen, um nicht abgehängt zu werden. Die Abstrafung in Form des Entfolgens lauert heute an jeder Ecke. Und wieder ist die Lösung handwerkliche Qualität des Sprechens und Auftretens. Für beides vermittelt unser Buch Methoden. Und alle, alte wie neue Mündlichkeit, brauchen offenbar Können, das Sprechen nicht auf lautreines Tönen – und Videos und Moderationen nicht auf das Vorlesen von Texten reduziert. Denn ohne

Bezug zu journalistischen oder Social-Media-Inhalten lässt sich kein eigener Stil vor Mikrofonen und Kameras entwickeln.

Dieses Buch gibt auch Methoden zur Vorbereitung und zu Stichwortkonzepten. Denn was gesprochen wird, muss wenigstens mündlich geschrieben sein; es geht um eine grundsätzlich andere Sprache. Maßeinheit für schriftliche Kommunikation ist ein Text, für mündliche Kommunikation ist es ein Spruch. Dazu gibt es mein Buch *Schreiben fürs Hören*, das demnächst zusammen mit dem Autor René Borbonus erneuert und erweitert erscheinen wird.

Alle drei Autor*innen dieses Buchs sprechen, moderieren, podcasten und coachen als Beruf, Antje Keil und Clemens Nicol etwa bei der ARD. Auch die Entstehungsgeschichte für dieses Buch von mir war einmal eine persönliche: Ich war Moderatorentrainer und sprach in ARD und ZDF fremde Texte. Heute spreche ich eigene Ideen, zum Beispiel in meiner Podcast-Reihe *Executive Modus*.

Für zahlreiche Anregungen danke ich Daniela Engelhardt, Joachim Filliés, Heinz Fiukowski, Hellmut K. Geißner, Norbert Gutenberg, Ernst Huberty, Günther Jauch, Ulla Kock am Brink, Martin Kuhlmann, Heinrich Lenhart, Hanns Martin Schäfer, Günter Wirth und Hannah Panidis.

Antje und Clemens danken insbesondere Tobias Keil für seine profunden und fachkundigen Anmerkungen, außerdem Benedikt Schregle, Kathrin Heuer, Simone Dorenburg, Jürgen Carle, Michael Schmidl, Bettina Müller-Hesse und all ihren Schüler*innen für die vielen Impulse!

Frankfurt am Main, im Februar 2022
Dr. Stefan Wachtel

MITTEN IM PODCAST-ZEITALTER

A1 12
Professionelle Mündlichkeit für alle

A2 14
Clubhouse ist der Turbo der Mündlichkeit

A3 16
Das Gegenüber zählt

A4 18
Sprechen ist mehr als Informieren

A5 21
Social Media zwingt zur Inszenierung

A1 PROFESSIONELLE MÜNDLICHKEIT FÜR ALLE

Deutschland, 1960: Familie Müller sitzt am Frühstückstisch. Papa liest die Tageszeitung, in der Küche singt Mama die neuesten Schlager mit, die aus dem Radio dröhnen, die Kinder werfen einen letzten Blick in ihre Schulbücher. Abends versammelt sich die ganze Familie um den neuen Schwarz-Weiß-Fernseher, um gemeinsam die *Tagesschau* und gleich danach eine beliebte Fernsehshow zu sehen. Nur die große Tochter Maria geht mit Freundinnen ins Kino.

Deutschland, 2021: Familie Müller sitzt am Frühstückstisch: Papa hört seinen täglichen Nachrichten-Podcast auf dem Tablet, Mama tauscht sich mit ihren Freundinnen via Sprachnachricht in einem Messenger aus. Sohn Florian schaut das neue Gamervideo seines Lieblings-Twitch-Channels, Tochter Maria checkt schnell die Insta-Stories ihrer Freundinnen. Abends sehen Mama und Papa gemeinsam eine Serie im Stream, während sie immer wieder in ihren Smartphones nach neuen Nachrichten gucken. Sohn Florian dreht ein witziges TikTok-Video im Bad, während die große Tochter Maria ihre YouTube-Follower mit einem neuen Unboxing-Video überraschen will.

60 Jahre Unterschied, aber eine völlig veränderte Medienwelt: Viele der Konsumierenden sind selbst Content-Macher*innen. Das Internet mit all seinen unterschiedlichen Spielplätzen und Foren und eine immer kompaktere Technik machen es möglich. Früher war es Medienhäusern vorbehalten, akustische und visuelle Inhalte großflächig zu verbreiten. Heute reicht ein Smartphone, um im Internet Inhalte professionell an

Follower zu verbreiten. Viele Influencer*innen haben dabei eine Reichweite erlangt, die sich etablierte Formate nur wünschen können. Außerdem sind sie dabei ungemein flexibel und spontan, können sehr schnell auf neue Entwicklungen reagieren und ihre Inhalte rasant verbreiten, was etablierten Medien eher schwerfällt. Überhaupt ist die Menge an Output heutzutage gewaltig: Millionen Videominuten kommen allein auf YouTube täglich hinzu. Hier den Überblick zu behalten, ist unmöglich geworden.

Neu ist aber sicher, dass wir für das Unperfekte, das Rohe, eine höhere Fehlertoleranz entwickelt haben als früher – und es sogar zu einer heutigen Professionalität gehört, zu diesen Fehlern zu stehen, mit ihnen zu spielen, sie vielleicht sogar künstlich zu generieren, um Authentizität und Nähe zum Zielpublikum herzustellen, nach dem Motto: „Seht her, ich bin auch nicht perfekt, ich bin wie ihr!" Plattformen wie Instagram oder YouTube leben von diesen Momenten: Warum sollte ich mich in ein professionelles Studio stellen, wenn schon mein Wohnzimmer mithilfe einer Kamera, eines Mikros und eines bisschen Lichts in wenigen Minuten zu einem solchen werden kann? Selbst schlecht produzierte Videos können Millionen erreichen, wenn sie einen Nerv treffen.

A2 CLUBHOUSE IST DER TURBO DER MÜNDLICHKEIT

Ein Höhepunkt der Entwicklung ist die App Clubhouse, die Anfang 2021 weltweit innerhalb von Stunden Furore gemacht hat. Eine Audio-only-App – plötzlich werden Bilder und Videos unwichtig. Die Macher von Clubhouse machen die Anwendung erstmal künstlich exklusiv: Zu Beginn kamen ausschließlich Apple-User*innen hinein, auf anderen Betriebssystemen lief die App erst Monate später. Und es kam auch erstmal nur in den Klub, wer von anderen explizit eingeladen wurde.

Totale Mündlichkeit: Clubhouse ist ein Hybrid aus Livepodcast und Telefonkonferenz. Ohne Kommentare, ohne Likes, ohne zweite Ebene. Mit Clubhouse sind wir endgültig im Zeitalter der Mündlichkeit angekommen. Wir können uns hier bequem eine Gesprächsbubble bauen, indem wir uns Räume einrichten. Jede*r kann aktiv mitreden oder nur zuhören. Und alles verschwindet sofort wieder – nichts bleibt für immer. Und auch in die Rolle einer Moderatorin oder eines Moderators kann plötzlich jede*r hineinschlüpfen, dabei zu einem beliebigen Thema – Politik, Marketing, Kultur oder Social Media – einen Diskussionsraum eröffnen, andere sogenannte „Speaker" einladen – und los geht's! Nur vordergründig geht es sehr strukturiert zu, in den Gesprächsrunden selbst kann es auch mal schnell durcheinander gehen.

Auch hier ist sprecherisches Handwerk entscheidend. Zuhören, strukturieren, sprechen, moderieren. Und damit überzeugen. Weil es im Kampf um Aufmerksamkeit einen Unterschied machen kann. Sicherlich ist auch das Sprechen gewissen Moden unterworfen. Allein in den letzten Jahrzehnten hat es sich stark gewandelt. Aber wer seine Stimme und sein Sprechen gut beherrscht, wird sich auch heute von denjenigen absetzen, die in diesem Bereich nicht so fit sind. Selbst vermeintlich spontane Talks – zum Beispiel in amerikanischen Daily Shows oder YouTube-Clips – sind sprachlich vorbereitet und oft vorgetextet. Spontaneität wird oft nur vorgetäuscht. Die Authentizität aber ist antrainiert, gelernt: Je professioneller wir sind, je mehr wir etwas mehrfach ausprobiert haben und es nur noch ausführen, desto authentischer können wir scheinen. Dem Meister, der geübt hat, scheint alles ganz authentisch von der Hand zu gehen. Wenn wir in diesem Kontext überhaupt vorformulierte Texte nutzen, dann sollten wir sie auch mündlich schreiben.

Mit diesem Buch wollen wir euch mit der Praxis des Sprechens und Moderierens vertraut machen, so wie es gefragt und zeitgemäß ist. Es richtet sich an alle, die ihre Inhalte präsentieren wollen – in welchem Medium auch immer. Realitätsnahe Sprechsituationen am Anfang der Kapitel ergänzen dabei unsere Gedanken und Erfahrungen. Sie sollen euch Impulse geben, wo unser Handwerk gefragt ist. Die „Praxis Essentials" unterstützen euch beim selbstständigen Lernen, Üben und Praktizieren. Die aufgeführten Hörbeispiele findet ihr auf www.sprechen-und-moderieren.de. Dort findet ihr auch aktuelle Kursangebote für Einzel- und Gruppenunterricht, Präsenz- und Remoteworkshops. Dann gehen wir es jetzt gemeinsam an!

A3 DAS GEGENÜBER ZÄHLT

Sarah soll bald das erste Mal in einem richtigen Tonstudio sitzen. Am Ende ihres Praktikums bei einer PR-Agentur darf sie den firmeneigenen Podcast einmalig moderieren. Ein Kollege hilft bei der Technik, alles andere liegt bei Sarah. Bei dieser Vorstellung fühlt sie sich unwohl.

So wie Sarah ergeht es vielen, die das erste Mal vor einem Mikrofon, einer Kamera oder professionell in ein Smartphone sprechen. Sarah fragt sich: Wie komme ich dabei gut rüber? Was muss ich eigentlich beherrschen, um im Tonstudio oder im eigenen Wohnzimmerstudio zu bestehen? Was sollte ich lieber unterlassen? Alles Fragen, die sie ratlos zurücklassen. Sie ist auf Anregungen und Impulse von ihren Vorgesetzten angewiesen; außerdem holt sie sich Tipps von Kolleg*innen ein.

Für Sarah kann nur die Arbeit an Inhalt und Form auf Dauer zum Erfolg führen. Ob ihr dies am Ort des Geschehens oder aus einem Studio heraus tatsächlich gelingt, hängt davon ab, ob sie die Zuhörenden wirklich erreicht. Sprechen allein genügt nicht – der Fokus auf ein Gegenüber ist gefragt. Nicht nur die individuelle Sprechleistung, sondern auch die Wirkung auf die Zuhörenden und Zuschauenden entscheidet. Unsere Aufgabe ist es, daran zu arbeiten, welchen Eindruck wir machen. Diese Form von „Selbstdarstellung" ist ein Handwerk wie jedes andere. Wir können es lernen. Bei diesem Thema denken wir sofort auch an das Gegenteil: an Menschen, die bescheiden sind, sich nicht in den Vordergrund drängen. Wenn wir ein solcher Mensch sind, besteht die Gefahr, dass wir uns zu sehr verstecken, dass wir nicht vorbereitet sind, wenn wir etwas vertreten müssen, wenn wir Eindruck machen wollen. Der Grund für die Bescheidenheit ist, dass wir Selbstdarstellung sofort in die Nähe der Täuschung rücken.

Selbstdarstellung ist aber nicht unethisch. Ohne Selbstdarstellung gäbe es keine Darstellung. Was verkaufen wir, wenn wir auftreten? Wir verkaufen keine Schrauben, Produkte oder Lösungen. Wir verkaufen uns selbst. Das ist wahr und auch wieder nicht. Wir verkaufen nämlich immer auch ein Anliegen – die wenigen, die immer nur sich selbst verkaufen, sind langfristig nicht erfolgreich. Wir können von den anderen lernen, die erfolgreich für etwas auftreten. Diese fügen zu dem, was sie mitbringen, etwas hinzu. Das sind erstens Haltungen, zweitens Pläne und drittens Methoden.

Manche Formate wollen die Kluft zu ihren Hörer*innen verringern. Damit verlieren Medien einen Teil ihrer Exklusivität. Wenn man allerdings sein Publikum zu Wort kommen lässt, heißt das nicht zwangsläufig, dass auch echte Kommunikation dabei entsteht. Selbst das Einbeziehen von sozialen Medien ist meistens nur eine Alibimaßnahme: Nutzer*innen dürfen Inhalte kommentieren, z.B. via Facebook & Co. Kommunikation setzt aber voraus, dass den Zuhörer*innen oder Zuschauer*innen mehr Raum zu Kritik und Nachfrage bleibt. Das wäre wirkliche Kommunikation. Aber wer weiß: Vielleicht gibt es in Zukunft noch effektivere Wege, das Feedback des Publikums besser in Medien zu integrieren? Dies wäre wünschenswert, um im selben Zug die Glaubwürdigkeit der Inhalte steigern zu können.

Bei den Präsentierenden setzt dies Grundlagenwissen voraus: eine verständliche Aussprache, eine klare und angenehme Stimmgebung, ein sicheres stilistisches Gefühl für die sprecherische Gestaltung von eigenen und Fremdtexten. Das alles will gelernt sein. Darüber hinaus müssen die Präsentierenden auch inhaltlich fit sein. Sie sollten am besten in ihren eigenen Formulierungen sprechen, frei und zugewandt mit einem klaren Fokus auf ein Gegenüber. Die „neuen" Medien wie Instagram oder YouTube lassen diesen Eindruck von Nähe entstehen, Authentizität ist meist nur behauptet. Die Direktheit der Ansprache wirkt manchmal schon zu direkt. Inhalte und beworbene Produkte sind exakt an der jeweiligen Zielgruppe orientiert. Ob die Sprechenden dabei immer echt sind, bleibt offen – auch sie bedienen Muster und Rollen, die gut bei den Followern ankommen. Dazu später mehr. Nichtsdestotrotz setzen sich die Macher intensiver mit ihrem Zielpublikum auseinander, reagieren auf Kommentare und Kritik, kommunizieren verstärkt auch neben dem eigentlichen Produkt. Ein modernes Sprechtraining ist gefragt, mit entsprechender Ausbildung.

A4 SPRECHEN IST MEHR ALS INFORMIEREN

Im ersten Corona-Jahr 2020 betritt ein Professor die Podcast-Bühne: Christian Drosten informiert in seinem *Coronavirus-Update* von NDR Info beinahe täglich über neue Entwicklungen rund um das Virus. Der erfolgreichste Podcast des Jahres! Drosten redet als Experte – aber nicht wie ein Erklärbär. Als Wissenschaftler – aber nicht wie ein Erbsenzähler. Er zeigt die ganze Bandbreite: in der Rolle Experte, aber in der Wirkung, salopp gesagt, voll im „Machermodus", und nicht in der Redeweise, die wir sonst von deutschen Experten kennen. Ein Experte im Wirkungsmodus (vgl. Wachtel 2017)! Und er blieb nicht allein. Ein Wettlauf um Wirkung erfasste die Virologenwelt. Das Motto: Jeder kann ein Drosten sein!

Einfluss und Macht werden über das Wort transportiert. Radio, Fernsehen und weitere digitale Medien sind in erster Linie Wortmedien. Die Wortgewaltigen beherrschen in den Sendungen wie auf den Fluren der Institutionen die Szenerie. Wer hier das Sagen hat, hat auch das Wort. Das gilt auch für die Produkte: „Das Radio/Fernsehen/Internet hat's gesagt." Außerdem verlangen die Auftraggeber dichte Informationen, in teilweise immer engeren Zeitrahmen – die klassische Nachrichtenminute mutiert zum 40-Sekunden-Aufsager. Zu oft muss dieses und jenes im Beitrag noch gesagt sein, damit die Abnahme klappt. Nicht jeder der neu hinzugekommenen Inhalte lässt sich allerdings rhetorisch formatieren und verständlich vermitteln. Oft ist schlicht schnelleres Sprechen erforderlich. Trainieren ließe sich das schon, ist aber nicht unbedingt zielführend. Es reicht nicht, die Informationen nur artikuliert zu haben, sie müssen auch verstanden werden. Wir müssen neben dem bloßen Informieren also auch überzeugen.

Überzeugen findet über Eindruck statt. Ein Smartphone, ein Wohnzimmer und jemand, der dir das Handy unter die Nase hält und sagt: „Jetzt mach mal!" Gute Ideen sind schließlich da. Aber wie sollen wir sie inszenieren? Nach allem, was wir wissen, ist es problematisch, die anderen zu sehr in uns hineinschauen zu lassen. Wir können öffentlich dabei zusehen, wie eine gnadenlose Glaskastenindustrie zugange ist. Das Internet macht uns gläsern und es entfernt uns vom Nur-Authentischen. Unsere Aufgabe ist es, daran zu arbeiten, welchen Eindruck wir machen. In den elektronischen Medien wird das Verständnis dadurch erschwert, dass unsere Zuhörer*innen physisch nicht präsent sind. Und auch die Sprache, mit der wir informieren, muss neu werden. So manch schöner Satz bereitet vor dem Mikrofon Probleme, da er zu schriftsprachlich formuliert ist. Darum ist Hörverständlichkeit hier das wichtigste Kriterium. Am Beispiel vom Radio lässt sich das gut zeigen: Allzu oft werden Texte von Nachrichtenagenturen oder der Sprachstil sowie die Argumentation einer Partei nahezu unbearbeitet übernommen. Was bei den Zeitungen keine große Rolle spielt, kommt aber beim Sprechen und Moderieren ans Tageslicht: Sowohl das bloße Abschreiben als auch „lautreines" Vorlesen machen das Ergebnis unglaubwürdig. Sprachliche und sprecherische Muster behindern dabei die Verständlichkeit. Abgeschrieben, abgehört und ohne inhaltliches Bewusstsein reproduzierte Inhalte erschweren das Sprechen und Moderieren. Wie also sollen wir Zuhörenden etwas nachvollziehen, das oft schon von den Sprechenden nicht durchschaut wird?

Wer fokussiert zuhört, will mehr wissen. Dazu braucht es kompetente Stimmen, Persönlichkeiten, Sprechtalente. Informationen in den audiovisuellen Medien werden durch glaubwürdige Persönlichkeiten vermittelt. Wer moderiert und spricht, zeigt seinen Standpunkt. Selbst ein vermeintlich objektives Format wie eine Nachrichtensendung kann nicht völlig wertfrei gesprochen werden. Selbst wenn die Texte der Meldungen sachlich und nicht bewertend geschrieben sind, liest sie doch jede Sprecherin und jeder Sprecher leicht anders. Minimale Unterschiede in ihrer jeweiligen Präsentation können völlig unterschiedlich wirken.

Was ist für überzeugendes Sprechen relevant? Um überzeugend zu sein, müssen wir selbst überzeugt sein von dem, was wir sagen. Sind wir es nicht, durchschaut dies das Publikum. Niemand würde allein dadurch überzeugend sprechen können, indem er ausschließlich „Regeln zur Sprechtechnik" korrekt anwendet.

Wer überzeugen will, muss variabel sein. „Wer kann gegenüber wem worüber wie und warum sprechen": Diese klassischen journalistischen Fragen sind unzureichend, weil sie nur von Ereignissen ausgehen und nicht die Sprechsituationen einbeziehen. Die journalistische Arbeit endet allzu oft auf der bloßen Textebene. Wer sich Situationen in allen Medien vergegenwärtigt, muss die „W-Fragen" erweitern um die Fragestellung: Welche Handlung will oder soll ich bei meinem Gegenüber erreichen? Und zu wem spreche ich überhaupt? Wer stets im gleichen Stil spricht, wird nicht verschiedenen Konsument*innen gerecht werden. Überzeugen können nur diejenigen, die zur Situation den passenden Ton treffen. Überzeugendes Sprechen muss sich an der Situation ausrichten.

Schließlich: Informieren und Überzeugen verlangen diametral verschiedene Aufbauformen, das Informieren beginnt mit dem Kern (vgl. Minto 2005), das Überzeugen hat die Trichterform (vgl. Wachtel 2021).

Wir werden im Sprechen persönlicher werden müssen, weil es an Nähe fehlt. Ein echter Dialog bietet Möglichkeiten des Widerspruchs und der Nachfrage. Diese Möglichkeiten bestehen aber in vielen Medien nicht. Deshalb müssen die Hörer auf Anhieb die Inhalte verstehen. Durch ungeschultes Sprechen werden Inhalte aber schnell unverständlich aufgearbeitet. Auch überkorrektes Sprechen führt nicht zu mehr Verständnis, sondern erzeugt eher noch Distanz. Oft werden „professionelle" Sprechmuster der Medien übernommen, ohne sie zu hinterfragen. Reflektierte sprecherische Fähigkeiten sind gefragt. Wer neben den sprecherischen Mitteln über einen eigenen Stil verfügt, kann trotz Studiostress professionell präsentieren. Wir werden im Sprechen persönlicher werden müssen.

A5 SOCIAL MEDIA ZWINGT ZUR INSZENIERUNG

Die sozialen Medien machen nicht authentisch. Sie fordern zur Inszenierung auf. Sei nicht authentisch! Das ist zugleich der Imperativ für alle, die sich täglich in unzähligen Digitalkommunikationen selbst darstellen. Das Netz verschafft der Arbeit am Eindruck, am Auftritt einen Turbo. Seine Anonymität unterstützt die Lust nach Verstellung. Alle „sozialen" Medien verlangen nach Modifizierung des Echten – bis nichts Echtes mehr übrig ist. Ist die Entfernung vom Authentischen unprofessionell, ist es peinlich. Ist die Entfernung vom Authentischen professionell hergestellt, genießen wir sie.

Die enorme Anzahl der Zuschauerinnen und Follower, die wir um uns scharen, sorgen dafür, dass wir uns verstellen. Und hier beginnt das Problem: Sozial zu sein, bedeutet eben gerade nicht, authentisch zu sein. Es führt uns geradewegs ins Gegenteil. Radio- und Fernsehrollen und das Netz, beide rufen „Sei nicht authentisch!" (vgl. Wachtel 2018).

In diesem Sinne professionell authentisch und „gut" zugleich zu sprechen, ist vermutlich die schwierigste Anforderung überhaupt. Die Persönlichkeit des Sprechenden ist für die Sprecherziehung zunächst die wichtigste Herausforderung. Sie muss die persönlichen Eigenarten befördern und unterstützen. Wer für audiovisuelle Medien arbeiten möchte, darf sich nicht an pseudoprofessionellen Sprechmustern orientieren. Nur authentisch zu sein, wäre aber genauso falsch. Auch die vermeintliche „Authentizität" eines manchen YouTube-Kanals ist eher das Produkt einer ausgeklügelten Marketingmaschinerie, weniger die Verkörperung einer real handelnden Persönlichkeit. Im Gegensatz zu so einer Scheinglaubwürdigkeit plädiert dieses Buch für unverstellte Formen des Sprechens und schlägt dazu Methoden vor. Wir wollen den handwerklichen Charakter der Medienrhetorik hervorheben. Handwerk beginnt stets mit den Inhalten. Die Inhalte bestimmen dabei Ziele und Methoden des Trainings.

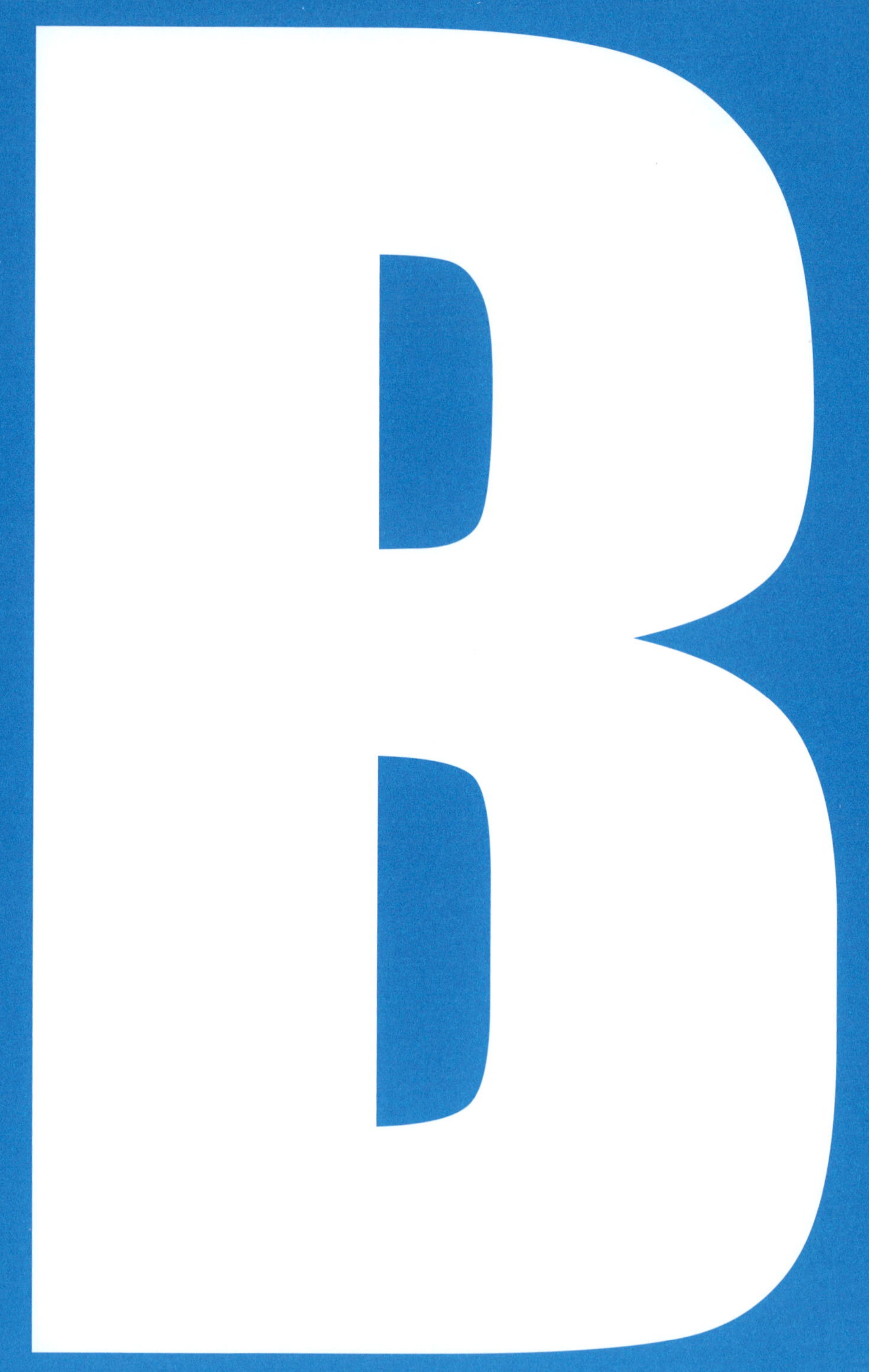

SPRECH- UND MODERATIONS-TRAININGS

Im Zeitalter der Mündlichkeit wollen alle moderieren, präsentieren, sich inszenieren. Darum erfordert ein modernes Sprechtraining die Befähigung zum Gespräch, zu einer klaren Kommunikation auf ein Gegenüber hin. Es geht dabei eben nicht um individuelle Höchstleistungen der Artikulation oder der Stimme. Oft genug führt die sprecherische Brillanz zu Distanz – trotz des Bemühens um „Zuhörernähe". Die erworbenen Fähigkeiten einer sprecherischen Aufarbeitung von Texten müssen aber auch der Aufgabenstellung dienen. Sinnvoll ist das Sprechen nur, wenn der Sprechende auch meint, was er sagt. Das Vor- und Nachsprechen ist nur ein Teil des begleitenden Trainings, wenn ein Beispiel gefragt ist, wie etwa verschiedene Sprechmelodievarianten verlaufen können oder wie eine Stimme in der Brustresonanz klingen kann. Aus dieser Gemengelage ergeben sich folgende Zielvorgaben:

Ziele von Sprech- und Moderationstrainings

- Ein reflektiertes Verhältnis zum eigenen Sprechen finden. Das bedeutet, dass man Feedbacks produktiv entgegennehmen, aushalten und verarbeiten kann.
- Zuhörfähigkeit entwickeln: Erst aufmerksames Zuhören macht es möglich, Sprechstile unterscheiden zu können. Dies verhindert, in bestimmte „Sprech-Muster" der Medienlandschaft zu verfallen.
- Vor Mikrofon und Kamera die Kunst der freien Rede entwickeln.
- Hörverständlichkeit von Vorgelesenem und frei Gesprochenem fördern. Das setzt die Befähigung zum „Schreiben fürs Hören" voraus.
- Die eigenen körperlichen Stimm- und Spannungsverhältnisse kennenlernen. Den eigenen Atem- und Stimmapparat entspannt und souverän beherrschen.
- Trotz professioneller Anforderungen von außen innerlich einen eigenen Sprechstil in Ton und Form finden und ihn variieren lernen.
- Die Konvention der deutschen Standardaussprache kennen. Sie ist eine Voraussetzung zur Beherrschung unterschiedlicher Formstufen der Aussprache und unterschiedlicher Genres.

FORMEN DES SPRECHENS

C1 29
Entscheidend sind die anderen

C2 31
Sprechen und denken

C3 37
Freies Sprechen

C4 40
Vorlesen

C5 47
Auswendig sprechen

Luis ist Therapeut und will seine Klient*innen über seine neue Fortbildung per YouTube in einem 3-minütigen Video informieren und begeistern. Er will sie auch davon überzeugen, demnächst ein Seminar bei ihm zu belegen. Luis steht souverän vor der Kamera seines Laptops und redet offen und ruhig in die Kamera. Aber stopp, irgendetwas stört. Während er seinen vorgeschriebenen Text auf dem Laptop ablaufen lässt, switchen seine Augen hin und her. Es gelingt ihm nicht, permanent in die Kamera zu schauen, da er nicht vollständig frei redet. Das hat zur Folge, dass sich das Zielpublikum beim Anschauen nicht wirklich angesprochen fühlt – und das Seminar bei Luis nicht bucht.

Beim Miteinanderreden ist das Entscheidende nicht die Botschaft, es sind auch nicht wir selbst, entscheidend sind die anderen. Wenn wir nicht frei sprechen, verlieren wir unser Gegenüber. Die vielfältigen Sprechsituationen und Kommunikationsformen im Internet, im Radio und Fernsehen definieren den Charakter des Ansprechens und des Angesprochenwerdens. Es macht einen Unterschied, ob wir vor dem Mikrofon live oder aufgezeichnet, vor der Kamera im „On“, in einem Tonstudio bereits produzierte Filmbeiträge im „Off“ präsentieren oder direkt in ein Smartphone (Mobile Reporting) sprechen. Folgende Kommunikationsformen sind dabei möglich: die freie Rede, das bloße Vorlesen und Auswendiggelerntes wiedergeben. Sprechen findet in den Medien meist als Monolog statt. Weil im Monolog ein direktes Feedback der Zuhörer ausbleibt, klingt das Gesprochene oft merkwürdig. Die Kunst der freien Rede beherrschen die wenigsten und ist deshalb selten zu hören. Die Texte in den Medien werden meist vorher verschriftlicht. Sie werden entweder abgelesen oder sogar – zum Beispiel für Moderationen und „Aufsager“ – auswendig gelernt oder „reproduziert“ wiedergegeben. Wenn wir also nicht frei sprechen, geraten situationsbedingte Parameter der Spontansprache aus dem Fokus.

C1 ENTSCHEIDEND SIND DIE ANDEREN

Die Situation ist einfach und komplex zugleich: Da sitzt einer und will vor dem Mikrofon sprechen. Und da ist erstmal nur der Text. Falsch wäre es, diesen ausschließlich sprecherisch zu gestalten. In diesem Fall stünde das rein Textliche im Vordergrund – der Sprecher wäre Ausführender von etwas Vorproduziertem. Sprecher und Text bildeten zusammen eine Einheit, die aber nicht zwingend auf eine starke Kommunikation auf ein Gegenüber ausgerichtet wäre. Der fehlende Hörerbezug wird durch einen spezifischen Sprechausdruck offensichtlich, da er mehr nach innen als nach außen wirkt.

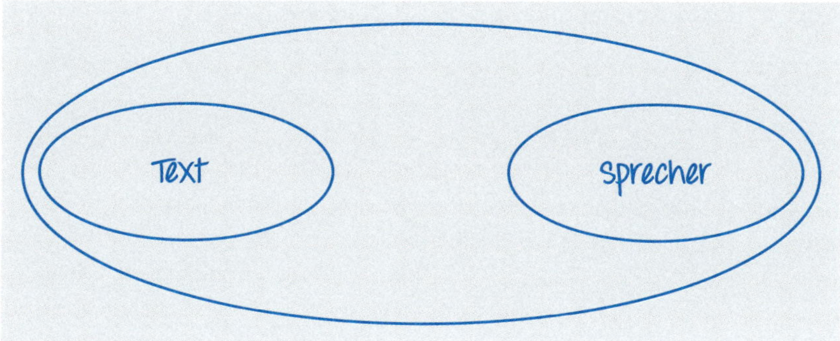

Abb. 1: Fehlender Hörerbezug

Es genügt nicht, eine klare Vorstellung von dem zu haben, was ich mitteilen will. Erst durch die Vorstellung eines konkreten Zuhörers oder Zuschauers können wir eine Ansprechhaltung entwickeln, indem wir uns auf ihn fixieren. Sprecher*in, Inhalt und Zuhörende werden dadurch zu einem Kommunikationsdreieck verbunden. Dadurch entsteht echte Kommunikation. Wir müssen die vollständige Situation vor Augen haben, denn sie bestimmt, wie etwas zu sagen ist:

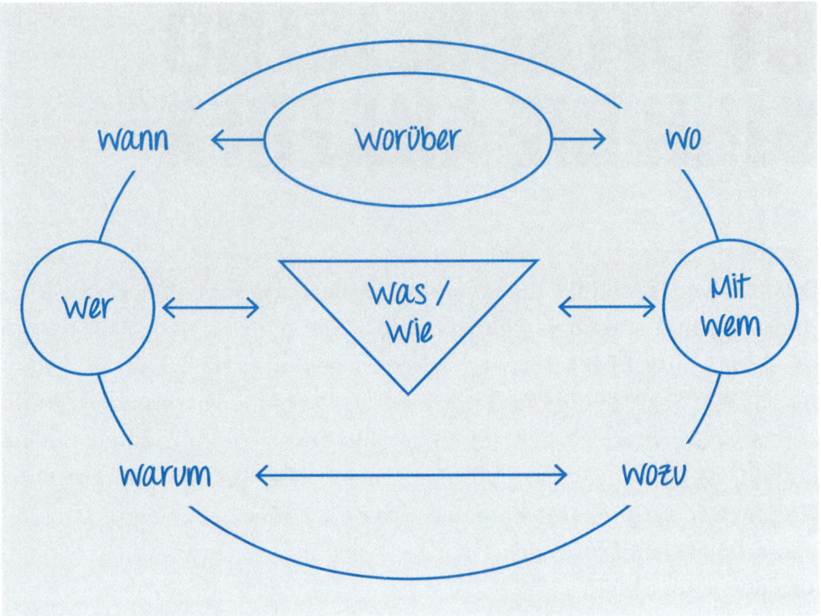

Abb. 2: Echte Kommunikation durch Zuhörerbezug

C2 SPRECHEN UND DENKEN

Wer informieren und zugleich überzeugen will, muss Denken und Sprechen vereinen. Zwei Vorgänge hängen hierbei zusammen: das Sprechdenken und das Hörverstehen. Beides lernen wir von klein auf, in der weiteren Sprachentwicklung zeigt sich, dass vor allem das Sprechdenken für öffentliches Reden in Radio, Fernsehen und im Online-Format sehr viel Übung braucht.

Sprechdenken

Sprechdenken bedeutet, logisch zusammenhängende Sinneinheiten vorausschauend, strategisch zu denken. Dies sollte in eine Gliederung von „Gedanken" in sprecherische Einheiten münden. Der Begriff des Sprechdenkens beschreibt, was uns zunächst selbstverständlich scheint: Was wir denken, soll hörbar werden. Das Sprechdenken ist die Übersetzung des Denkens mittels Sprache in eine konkrete Sprechhandlung.

Aus der Psycholinguistik wissen wir, wie Gedanken nach Form und Ausdruck suchen: Beim Sprechdenken formen wir eine anfängliche Gedankenleitvorstellung zu einer dann folgenden Äußerung. Dabei setzen wir gesprochene Sätze nicht aus Einzelwörtern zusammen, denn der geistige Vorgang des Sprechdenkens geht nicht synthetisch vor. Wir gliedern zunächst noch ungeformte kognitive Vorstellungen in logische, teils auch chronologische sprachliche Abfolgen. Diese Vorstellungen werden später zu Wortblöcken und beim Artikulieren zu vollständigen Sätzen. Daraus lösen wir analytisch aus dem Gedankenstrom eine „dominierende Vorstellung" heraus – die spätere Hauptbetonung. So entsteht zunächst ein Kerngedanke, der meist ein Substantiv ist. Weitere Auswahlkriterien folgen erst später. In einer letzten Phase übernehmen wir auch fertige rhetorische Sprachwendungen.

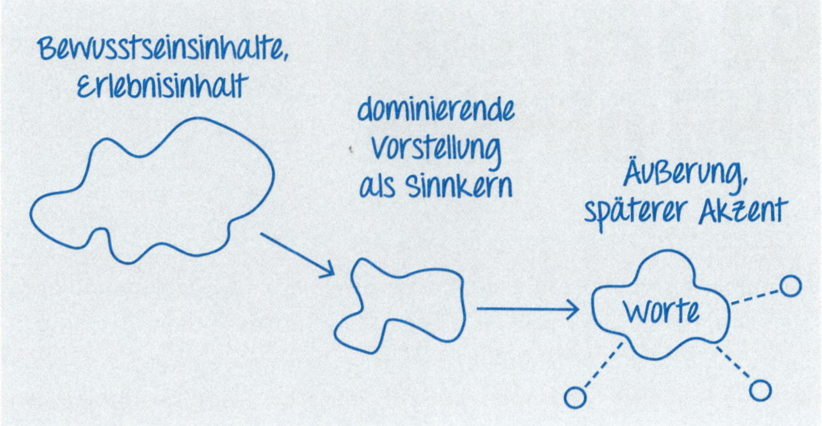

Abb. 3: Vorgang des Sprechdenkens

Haben wir den Kern der Aussage – die Hauptbetonung – klar vor Augen, dann fahren wir fort. Nachgeordnetes wird zu weiteren Wortblöcken formuliert – zu möglichen Nebenbetonungen. Jetzt kommen die Verben dazu, sie geben die Denkrichtung bezüglich Tätigkeit, Geschehen oder zeitlicher Struktur an. Der Satz wird jetzt auf seinen letzten Teil hin aufgebaut, schließlich steht oft das Wichtige am Ende. Erst spät passen wir die nun klare Vorstellung in gelernte grammatikalische Muster ein. Was den mündlichen Satz vom schriftlichen unterscheidet: Die Betonungen des gesprochenen Satzes setzen wir also nicht durch den grammatikalischen Rang, sondern wir entwickeln sie aus dem Sprechdenken heraus. Deshalb gelten für das Sprechen eines vorformulierten Textes andere Regeln als bei nicht hörbar gewordenen Texten, die lediglich in Schriftform vorliegen. Dies betrifft auch die grammatikalische Stringenz wie z. B. die Wortstellung.

Beim Sprechdenken bringen wir das, was im Bewusstsein zunächst nebeneinander existiert, in eine Reihung, die in die Sprechleistung der Artikulation mündet. Denken und Sprechen geschehen simultan, beides geschieht nicht präzise nacheinander. Dabei treten der Vorgang des Denkens und der des Sprechens in eine Interaktion. Zeitbestimmung und Stringenz kommen im Sprechakt zielgenau auf den Punkt. Die Art der gehörten Formulierung ist Leitlinie weiterer Prozesse, die beim „kognitiven Vorformulieren" ansetzen.

Satzplanung

Warum sagen wir: ein „Satz"? Ein Satz ist fest geformt, wir „setzen" einen fertigen Schritt. Vom Wortsinn ausgehend, sprechen wir Inhalte, die keiner bewussten Ausformung mehr bedürfen: idiomatische Wendungen, Floskeln, fertig Gedachtes, Bemerkungen, Ritualisiertes und Standardisiertes. „Guten Tag" oder „Geh'n wir", das so „Gesetzte" hat immer nur **eine** Betonung. Das ist hörverständlich, schon weil die Schritte kurz sind.

Für die meisten sprachlichen Mitteilungen müssen wir Sätze aber regelrecht planen. Hier gibt es zwei Arten, je nachdem, wie weit das Denken dem Sprechen vorauseilt. Weitgehend fertig geplante Sätze entwickeln wir fortlaufend. Wissen wir dagegen noch nicht, was wir im Satz sagen wollen, dann planen wir phasenweise:

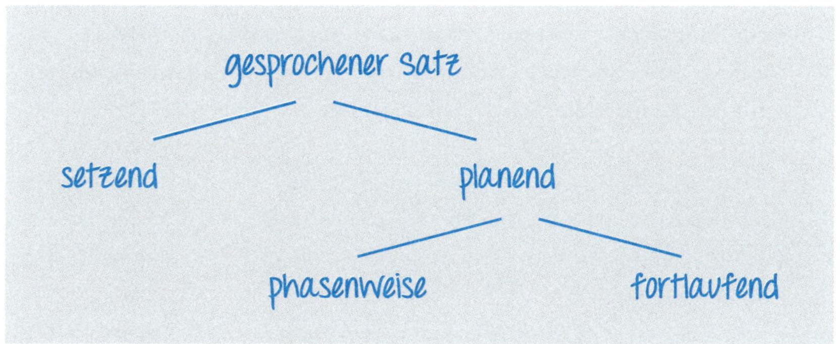

Abb. 4: Phasenweise oder fortlaufend Sätze planen

1. Der*die Sprecher*in weiß schon, was er*sie mit dem Satz sagen will. In dieser „fortlaufenden" Form ist der Sinnschritt bereits weitgehend geplant, wenn er artikuliert wird. Hierbei fügen wir die innerlich vorformulierten semantischen Sinneinheiten aneinander, diese werden durch Atempausen unterteilt. Dieses Sprechdenken verläuft relativ flüssig. Die Wortbilder sind teilweise bereits vorhanden, das leitende Verb steht in Primärstellung. Fortlaufendes Sprechen ist stringent und hypotaktisch, in kurzen Schritten mit nur einem Sinnkern pro Satz. Hier wird hörbar, was gedanklich vorformuliert wurde, weil die einzelnen „Sinnschritte" um je eine Betonung herum entstehen. Wir fügen sie kurz und hörverständlich aneinander. Solche Sinnschritte sind leicht zu sprechen und zu verstehen.

Grammatikalisch handelt es sich um einfache Sätze, Satzverbindungen oder Satzbauteile. Im Prozess des Sprechens solcher Schritte lässt sich das fortlaufend Sinnkonstituierende des Sprechdenkens gut zeigen.

2. Der*die Sprecher*in weiß nicht immer, was er*sie mit dem Satz genau sagen will. So sprechen wir manches komplizierter aus als eigentlich nötig, in dem Wunsch, „druckreif" zu sprechen. Diese „phasenweise" vollzogene Satzplanung ist konstruktiv schwieriger, weil hier die vollständige Sprachform noch nicht komplett internalisiert zur Verfügung steht, wenn der Sprechakt beginnt. Nur das Thema ist da, der Satzaussagekern ist lediglich sprachlich (noch ungenau) vorskizziert. Die weitere Ausformung ist noch offen, und die Richtung kann sich ändern, weil der Satzkern erst während des aktiven, hörbaren Sprechens entsteht. Teilweise planen wir den Satz erst zur vollständigen sprachlichen Form zu Ende, wenn wir zu Anfang eine bestimmte Richtung im Satzbeginn bereits eingeleitet und hörbar nach außen vorformuliert haben.

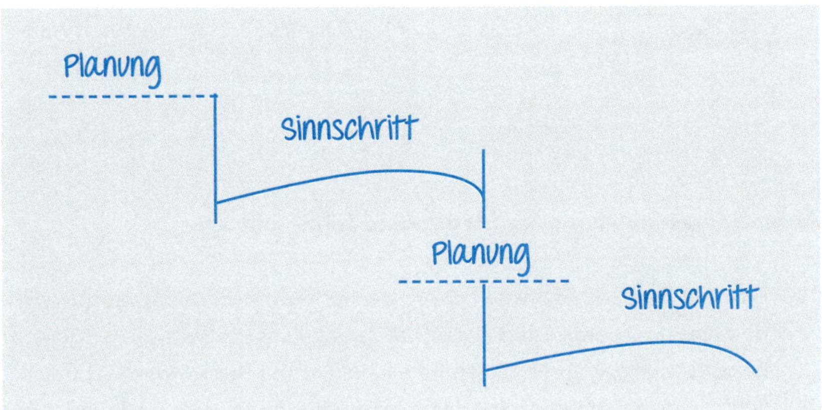

Abb. 5: Phasenweise Satzplanung

Die Folgen für die Gliederung und Betonung liegen auf der Hand: Am sichersten ist es, dabei fortlaufend in kurzen Sinnschritten zu sprechen. Phasenweises parataktisches Sprechen dagegen produziert mehr potenzielle Betonungen. Können wir diese Betonungen nur ungenau gestalten, ergeben sie eine Reihung, die monoton klingt – wie beim schlechten Vorlesen. Auch die Sinnschritte werden dabei länger. Phasenweises

Sprechen ist allerdings die kreativere Form, wenn auch die schwierigste. Das „Sprach-Komponierende" daran ist eher dem Satz-„bauenden" Schreibdenken ähnlich:

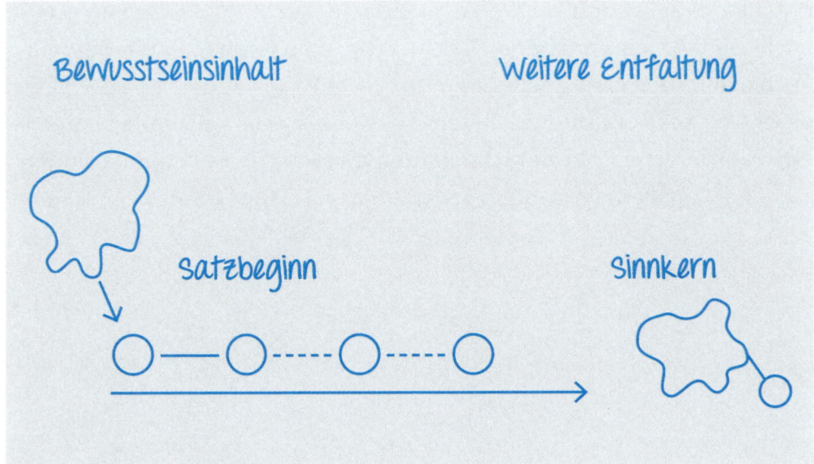

Abb. 6: Kurz planen bei fortlaufendem Sinn

Fazit: Beim freien Sprechen sollte man eher kurz planen. So kann sich der Sinn fortlaufend entwickeln. Das ist hörverständlicher und weniger störanfällig. Dazu sind Sinnkerne und Verben in einem Stichwortkonzept aufzunehmen.

Phasenweises Sprechdenken mit längeren Sätzen vermehrt notwendigerweise Betonungen und erschwert das Verständnis.

Hörverstehen

Wir verstehen mündliche Sätze nicht nur durch bloßes Aufnehmen. Es ist auch etwas anderes als das Dekodieren von Zeichen – das nämlich macht ein Computer auch. Hörverstehen heißt, das Gehörte und das zu Verstehende in die eigenen Erwartungen und Erfahrungen hereinzunehmen und sinnvoll in Beziehung zu setzen. Die Zuhörenden und Zuschauenden sind am Sinn beteiligt. Sie können das Gesprochene nur einmal aufnehmen und nicht beliebig Wiederhören. Auch brauchen sie die Pausen vor und nach jedem Sinnschritt für ein vertieftes Hörverständnis. Das Hörverstehen geschieht in den gleichen Schritten wie das Sprechdenken.

Sprechdenken und Hörverstehen sind etwas anders als Schreibdenken und Leseverstehen. In den Medien wird das Problem besonders sinnfällig, da häufig Redakteur*innen aus den Printmedien zu Radio-, Fernseh- und Online-Redaktionen wechseln. Gerade Journalist*innen, die von der Zeitung kommen, bauen und verdichten vielfach ihre Sätze. Schreibdenkend Entstandenes ist den Lesenden zugedacht. Leser*innen können erneut nachlesen. An geschriebenen Sätzen sind keine Regeln für die Betonung abzulesen; sie haben durch das innere, nicht nach außen hörbare Lesen eigentlich keine spezifische Betonung, weil sie nicht den sprechsprachlichen körperlichen Akt berücksichtigen müssen. Sie sind nicht zwingend auf einen Sinnkern im zweiten Teil des Satzes ausgerichtet.

C3 FREIES SPRECHEN

Das freie Sprechen bildet den Schwerpunkt unserer Äußerungen. Wenn wir reden, denken wir während des Sprechens. Dieser Vorgang beschreibt die Akzentverschiebung, dem die Medienlandschaft der letzten Jahre unterliegt. Auch vermeintliche Fehler, die dabei entstehen können, werden akzeptiert – sie machen die Sprechenden erst zu Menschen.

Nur dadurch, dass wir im Moment des Gesprochenen bereits weiterdenken, was wir sagen wollen, ist größtmögliche Verständlichkeit überhaupt möglich. Dies wird in der Art der Betonung hörbar. Im freien Sprechen sind die Betonungen angemessen oder automatisch „richtig". Allein deshalb, weil die Betonung genau auf dem Wort liegt, das im inneren Vorausdenken den Sinnkern bildet. Diese Hauptvorstellung wird zur Betonung, und nur so bleiben wir verständlich. Erst „der Ton macht den Sinn".

Damit werden auch sinnfällige Pausen klar: Im freien Sprechen sind wir im Fluss und unterbrechen ihn nur durch wenige Sinnschritte. Die so entstehenden Schritte lassen sich leicht (hör-)verstehen. Hier ein einfaches Beispiel aus einer Nachrichtenmoderation mit zwei Sinnschritten. Die Zeichen bedeuten:

Hauptbetonung/Sinnkern: **Schrift fett**
Nebenbetonung: Schrift unterstrichen
Sinngliederung: /

Bundeskanzler Scholz hat heute seine Verteidigungsministerin Lambrecht ***zurückgepfiffen****. / Die hatte eigenmächtig Pläne für eine Umstrukturierung der* ***Bundeswehr*** *veröffentlicht.*

DOWNLOAD: HÖRBEISPIEL 1

» Gut hörverständlicher Nachrichtensatz
» www.sprechen-und-moderieren.de

Probleme des freien Sprechens

- Wir kontrollieren fortlaufend das Denk- und Planungstempo. Das hat Auswirkungen auf das Sprechtempo, es wirkt dadurch gleichsam als Pacemaker. Gelingt ein entsprechender Simultanvorgang nicht, werden Laut- und Wortbilder nicht klar geformt. Es kommt bei zu hohem Sprechtempo zu mangelnder Artikulationsprägnanz, bei zu geringem Sprechtempo zu Stockungen im Redefluss.
- Nicht immer strukturieren wir in unserer Alltagsrede durch entsprechende Pausengestaltung den Redeinhalt in exakte Sinnschritte. Geschieht dieser asynchrone Umgang mit dem Vorgang des Sprechdenkens zu häufig, erschweren wir dadurch das Verstehen.
- Manche Sprechende versuchen sich an zu langen Denk-Wort-Konstruktionen. Der Wunsch, korrekt zu sprechen, überwiegt dabei. Ein Missverständnis: Nicht die grammatikalische Korrektheit macht die Wirkung aus. Die Zuhörerschaft braucht das Authentische, nicht das Überkorrekte.
- Abschweifungen der Satzplanung: Zu häufig wird zu kleinteiliges, phasenweises Sprechen in zu komplexen Schritten versucht. Wir beginnen dann Sätze, ohne ihren Sinnkern zu antizipieren; sie beginnen oft stereotyp durch rhetorische Versatzstücke: „Es ist nämlich so, dass …", „In der Weise, dass …"
- In komplexeren Satzkonstruktionen können Atem und Denken auseinanderlaufen; der Atem verzögert sich und blockiert, verliert seinen Fluss.
- Oft wird „sinnfrei" geatmet, bevor der Satzkern geplant ist. Dadurch wird die Atmung manchmal erst richtig auffällig und lenkt vom Eigentlichen, den Wörtern und dem Inhalt ab.
- Auch die Wortfindung stellt mitunter ein Problem dar. Dies führt beim freien Sprechen ohne Stichwörter (die den Prozess begleiten) dazu, dass die gleichzeitige Planung von Sätzen und größeren Sinnzusammenhängen überfordern kann. Meist fehlen die Verben. Da wichtige Wörter fehlen, fungieren Fülllaute wie „äh" oder „ähm" als sinnfreie Platzhalter.
- Häufig werden Floskeln und Versatzstücke, die nicht für das Sprechen dienlich sind, in der schriftlich geprägten Sprache verwendet. Die beliebtesten Leerwörter entstammen der Politik: „Strukturen", „Handlungsbedarf" etc.

Vieles frei Gesprochene ist zu kompliziert oder ausschweifend („vom Hundertsten ins Tausendste kommen"), oder die Sprechenden verlieren den Faden. Der parallel ablaufende Vorgang eines Diskurses durch Argumentation verlangt ebenfalls viel Aufmerksamkeit. Das führt ad hoc zum spontanen Verändern der Reihenfolge während des Sprechens. Weitere Probleme der Redeplanung sowie Methoden für Satz- und Redeplanung freien Sprechens findest du im Kapitel „Moderation".

Auch freies Sprechen benötigt professionelles Feedback. Checkt zusammen mit euren Sprechtrainer*innen, welche Fähigkeiten ihr entwickeln konntet und was vielleicht noch fehlt.

C4 VORLESEN

Nach einem langen Arbeitstag genießt Florian es, nach dem Abendessen seinen beiden Kindern noch etwas vorzulesen. Mittlerweile ist er ganz gut im Training. Als er jedoch diese Tradition begann, gingen ihm die Vorlesetexte nicht so leicht von den Lippen: Sein Vorlesen klang auch in seinen Ohren gleichförmig und geleiert – schlicht langweilig. Mittlerweile hat er für sich entdeckt, wie er die kleine Zuhörerschaft in den Bann ziehen kann: durch klare Betonungen, eine klare Struktur und viel Rhythmus und Varianz im Ausdruck. Der „Nachteil": Jetzt wollen die Kleinen gar nicht mehr ins Bett und nötigen dem Papa die eine oder andere Extraseite ab.

Es versteht sich von selbst, dass das Vorlesen weniger authentisch ist als das freie Sprechen, denn wir geben bereits vorformulierte Sprache wieder. Dieses Manko lässt sich schwer auflösen. Oft wird während des Vorlesens so getan, als würde frei gesprochen. Dabei ist das Vorlesen allein schon schwer genug. Allzu oft werden sinnwidrige Pausen gesetzt, diese sind aber nicht vereinbar mit den Sinnpausen der freien Rede.

Beim folgenden Beispiel sind weder die Gliederung der einzelnen Sinnschritte noch die daraus resultierende Betonung erkennbar:

Die CDU hat heute im
Bundestag zum ersten
Mal eine Abstimmungs-
Niederlage erlitten.
Verhandelt wurde in
erster Lesung über das neue Flüchtlings-
Aufnahmegesetz.
Die Opposition aus …

Der Text ist zunächst nur eine bloße Abfolge von Wörtern. Das Schriftbild verführt dazu, sich an der Wortfolge abzuarbeiten und diese bestenfalls korrekt auszusprechen. Wer den inhaltlichen Gedanken nicht gut überblickt, wird Schwierigkeiten haben, körperliche Spannung aufrechtzuerhalten. Betonungen, Pausen, Sprechmelodie und -tempo werden dadurch gleichförmig, und der schon aus der Schule bekannte geleierte Leseton entsteht. Beim Vorlesen sollten wir versuchen, uns dem Ton der freien Rede anzugleichen. Unser situatives Sprechen im Alltag ist dafür ein gutes Beispiel. Aus vielen Gründen gelingt dies aber nicht in der gewünschten Form.

Zu viele unbeabsichtigte Betonungen

» Zu viele unbeabsichtigte Betonungen
» www.sprechen-und-moderieren.de

Der Grund ist oft „aneinanderreihendes Lesen", das heißt, in sinnwidrigen Schritten entlang der Wortfolge zu sprechen. Reihendes Lesen klingt so, als suchte man erst beim lauten Lesen den Sinn. Hier fehlt es am Antizipieren des Sinnschrittes, die Hauptbetonungen im Text werden ignoriert. Diese Monotonie wird oft zusätzlich durch einen stereotypen Rhythmus der Körperbewegungen verstärkt. Gleichförmige Bewegungen des Körpers stabilisieren auch die Bewegungsabläufe des Sprechens – allerdings mit dem Ergebnis eines rhythmischen „Singsangs".

Überhöhtes Tempo

DOWNLOAD: HÖRBEISPIEL 3

» Überhöhtes Tempo
» www.sprechen-und-moderieren.de

Das fällt den Hörern spontan als Erstes auf. Meist ist aber nicht das bloße Sprechtempo zu hoch. Man kann durchaus schnell sprechen, wenn dies im Zusammenspiel mit den richtigen Betonungen und einer sinnfälligen Pausengestaltung einhergeht. Oft wird zu viel Text für eine zu kurze Sprechzeit geplant. Hinzu kommt die Angst vor den Pausen, begleitet von zu kurzer, häufiger Atmung. Das erhöht die Spannung und treibt das Tempo zusätzlich an.

Sinnfreies Vorlesen

 **DOWNLOAD: HÖRBEISPIEL 4**
» Sinnfreies Vorlesen
» www.sprechen-und-moderieren.de

Das heißt vorzulesen, ohne den Inhalt zu erfassen. Der Text wird dann einfach nur heruntergelesen, Wort für Wort. Trotzdem soll der Eindruck entstehen, das Ganze sei mit Sinn und Verstand geschehen.

Atemnot

 **DOWNLOAD: HÖRBEISPIEL 5**
» Atemnot
» www.sprechen-und-moderieren.de

Viele vorgelesene Sätze beginnen intensiv, laut und schnell und verlieren ihre Intensität zum Ende hin fast vollständig. Die Sprechmelodie setzt am Satzanfang durch einen Tonhöhenakzent hoch ein und endet tief, zusätzlich sinkt die Spannung. Schon normal lange Sätze verklingen am Satzende kaum noch hörbar. Durch den fehlenden Überblick lässt sich ein Atembogen nur schlecht bis zum Satzende hinführen; der Satz haucht aus, oder der Sprecher „knarrt ab". Im Endergebnis fehlt ihm dann zum Ende des Sinnschrittes hin die nötige stimmliche Präsenz und Körperspannung, die aber für den Zuhörer elementar ist.

Gleichförmig klingende Sprechmelodie

 **DOWNLOAD: HÖRBEISPIEL 6**
» Gleichklingende Sprechmelodie
» www.sprechen-und-moderieren.de

Viele Sprecher*innen eines Textes atmen zu kurz und zu eng. Während des Lesens sinkt die Tonhöhe stetig. Ein Satz klingt dann wie der andere; die Melodiebewegungen sind zu ähnlich.

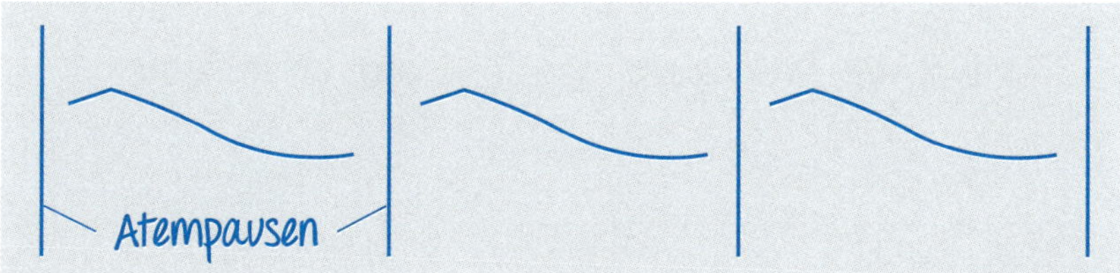

Abb. 7: Zu viele Atempausen und dabei gleichförmige Sprechmelodien

Betonungen immer auf dem allerletzten Wort?

Undifferenzierte Hinweise wie „Beim Punkt die Stimme senken!" sind nicht immer richtig. Vielleicht wird deshalb in gelesenen Texten am Satzende die Stimme zu oft heruntergedrückt. Dadurch klingt die Stimme am Satzende rau und „knarrig". Weit folgenreicher ist das Herunterdrücken der Stimme hingegen für den Sinn: Der Wunsch, das Satzende aufzuzeigen, wirkt wie eine Betonung. So betont man das meist unwichtige Verb am Satzende. Die schwere Betonung auf dem allerletzten Wort ist falsch, denn das Verb beschreibt nicht zwingend die Kernaussage. Nach der Hauptbetonung wiederholt zu betonen, ist problematisch, weil die letzte Betonung dann fälschlicherweise als vermeintliche Hauptbetonung Gewicht bekommt. Allerdings fällt zum Ende eines frei oder lesend gesprochenen Sinnschrittes normalerweise die Stimme in die sogenannte „Lösungstiefe" – das akustische Signal eines abgeschlossenen Gedankens. Jedoch sollte sich die Stimme passiv lösen und darf nicht aktiv nach unten gedrückt werden, also nicht:

> *Maas war mit der israelischen Führung **zusammengetroffen**.*

sondern:

> *Maas war mit der **israelischen** Führung zusammengetroffen.*

Gleichförmige Betonungen

Oft unterstreichen die Betonungen nicht die unterschiedliche Wichtigkeit. Sie sind nicht abgestuft. Die Stimme wird dann nicht nach dem Sinn gehoben oder gesenkt, sondern „mechanisch" geführt: monoton nach unten oder übermelodiös nach oben. Auch das ist gemeint, wenn Sprechende zu hören bekommen: Sie singen! Ursache ist ein Gleichklang der Betonungen, der den „Spannungsbogen" des Satzes aber nicht zu spannen vermag.

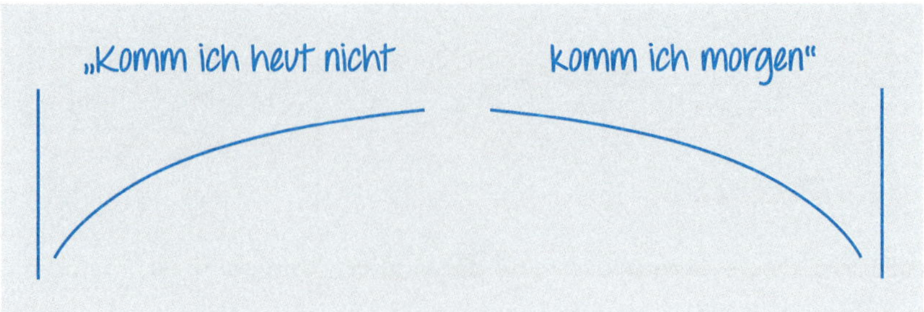

Abb. 8: Spannungsbogen ohne Ziel

„Interessiert" sprechen wollen

Dahinter verbirgt sich die Angst, langweilig wirken zu können. Die Pausengestaltung wird als Stress und nicht als Möglichkeit des Spannungsausgleichs wahrgenommen. Zu vieles wird mit übertriebenem, unechtem Ausdruck vorgelesen. Das kann in einem Missverständnis begründet liegen: Viele Sprechende am Mikrofon meinen, sie müssten einen besonderen Ausdruck an den Tag legen. Das Beispiel in der obigen Grafik wird bewusst inhaltlich überspitzt, um zu zeigen, dass gerade diese Sprechmelodie eher langweilen kann.

Fehlende Pausen

DOWNLOAD: HÖRBEISPIEL 7

» Fehlende Pausen
» www.sprechen-und-moderieren.de

Manche Sprechenden ziehen zu viele einzelne Sinnschritte ohne gliedernde Pausen einfach zusammen. Diese Bindungen sind willkürlich. Ein Grund kann das Missverständnis sein, möglichst viel Luft haben zu müssen. Um in einem Schritt sagen zu können, was einmal mehrere Gedanken waren.

Zu kurze Pausen

DOWNLOAD: HÖRBEISPIEL 8

» Zu kurze Pausen
» www.sprechen-und-moderieren.de

Auch wenn Pausen sinnvoll gesetzt wurden, geben sie den Sprechenden zu wenig Raum. Diese können in kürzester Zeit den Satz nicht vollständig überschauen, die Stimmung und die Betonung werden deshalb nicht erfasst. Denn sind die Pausen zu kurz, kann man sich beim Vorlesen nicht Satz für Satz das ursprünglich Gemeinte vergegenwärtigen, manchmal auch nicht das, was man nur wenige Sätze vorher gesprochen hat. Auch zu wenig Atem kann den Sinn zerhacken.

Zu laut

Weil im Studio der Zuschauende fehlt, fühlen sich die Sprechenden zu mehr Dynamik animiert. Dieses Mehr an Lautstärke ist nicht angemessener Ausdruck, sondern nur vordergründige Dynamik. An Satzanfängen wird typischerweise mit Überdruck begonnen, der sich dann nicht über den gesamten Satz halten lässt. Ein Verstärkermedium wie das Mikrofon benötigt lediglich den reduzierten Kammerton des Eins-zu-eins-Gesprächs.

Lebloses, nur zitierendes Vorlesen

Dies lässt ein wirkliches Engagement vermissen. Mit zu geringem Ausdruck (und Engagement) wird vor allem dann gelesen, wenn wir uns beim Vorlesen nicht Schritt für Schritt den Sinn als aktiven Sprechdenkprozess vergegenwärtigen.

Vorgegebene Zeitfenster

In Videos muss die gesprochene Sprache in ihrem Zeitablauf punktgenau in einen vorgegebenen Zeitrahmen passen. Dies stellt ein klassisches Adaptionsproblem dar. Viele Autor*innen messen deshalb vor der Produktion in einem eher privaten Rahmen ohne Studio und Produktionsstress den Text in einem ersten präsentierenden Sprechen aus. In der Studiosituation nimmt man sich dann vor, noch „besser" zu lesen und zu präsentieren, das dauert meist länger als erwartet. Dann muss man plötzlich schneller sprechen, um Zeit aufzuholen. Eine bildhafte Sprache lässt auch bei den Zuhörenden Bilder entstehen. Dieser Prozess benötigt mehr Zeit als zunächst veranschlagt.

Praxis Essentials:

- ☐ Höre genau hin, wie Moderierende mit Überzeugung mit ihren Texten umgehen, vor allem mit der Sprechmelodie. Analysiere ihre Gestaltungsmittel, die sogenannten „prosodischen Mittel" (wie Tempo, Pausen, Lautstärkenakzente usw.), aber imitiere sie nicht!
- ☐ Versuche jede deiner Äußerungen wirklich gut vorauszudenken. Lies in Sinnschritten und versuche einen größeren gedanklichen Bogen herzustellen.
- ☐ Tritt in eine konkrete dialogische Sprechsituation mit einem gedachten Gegenüber.
- ☐ Setze die Betonungen in deinem Text fest, markiere sie in deinem Manuskript und versuche, sie dann trotzdem möglichst abwechslungsreich zu gestalten.
- ☐ Suche im Sitzen oder Stehen eine angenehme, physiologisch günstige Aufrichtung, sodass deine Atmung entspannt fließen kann.
- ☐ Nimm die Grundstimmung eines Textes mit auf und versuche, sie in deine Gestaltung mit einfließen zu lassen.

C5 AUSWENDIG SPRECHEN

Kathrin hat als junge Redakteurin ihre erste Liveschalte im Rahmen eines Nachrichtenmagazins. Sie soll live ihre Einschätzung zu einem viel beachteten Gerichtsprozess geben. 50 Sekunden stehen ihr dafür zur Verfügung. Den vorformulierten Text dazu hat sie in der letzten halben Stunde versucht, auswendig zu lernen. Jetzt ist es so weit: Sie steht bereit, mit dem Mikrofon in der Hand, und zieht das letzte Mal ihre Kleidung zurecht. Das Rotlicht der Kamera geht an – und Kathrin legt los: Der erste Satz läuft noch gut. Doch schon im zweiten verheddert sie sich. Kathrin versucht krampfhaft, die gelernte Struktur wiederherzustellen – und scheitert immer wieder. Sie holpert sich durch ihre Schalte, wird viel zu schnell. Klare Satzstrukturen sind nicht mehr möglich, Kathrin wird kurzatmig, und die 50 Sekunden werden zur gefühlten Ewigkeit.

„Par cœur", von Herzen kommend, so heißt Auswendiges im Französischen. Und im Englischen: „by heart". Das ist eher metaphorisch zu verstehen, denn von Herzen kommen vornehmlich Stimmungen, die wir im Moment des Verbalisierens fühlen. Auswendige Wortfolgen tun das gerade nicht. Der Text des Auswendiggelernten ist zu einem anderen Zeitpunkt geschrieben worden als er präsentiert wird. Wer Auswendiggelerntes spricht, entwickelt den Text normalerweise nicht in einer Situation, in der er ein Gegenüber hat. Er gestaltet bestenfalls – oder spult den auswendig gelernten Text lediglich herunter. Solches „freies" Sprechen, im Modus eines So-tun-als-Ob, klingt eigentümlich, ist wenig dialogisch. Die Antike kannte das Auswendiglernen als Stufe der Redevorbereitung, als sogenannte „memoria" des vorgeplanten Wortlautes. Die Zeit lehrte uns allerdings, dass das weder natürlich noch authentisch wirkt. Gute Schauspieler*innen beherrschen das. Die Medienrhetorik erfordert aber eine ganz andere Herangehensweise, da sie völlig andere Rollen unterstützt.

Es ist ähnlich wie beim ungeübten Vorlesen: Auch Auswendiggelerntes tendiert zu einem hohen Tempo. So lautete denn auch Senecas Ratschlag vor rund 2.000 Jahren: „Sprich langsam!" Zu schnell spricht man meist das Abgestandene, denn dessen Sinn ist abgeschlossen. Das Auswendiggesprochene verkommt oftmals zur reinen Gedächtnisleistung. Sinnfälliges Akzentuieren mittels Betonung ist nicht einfach, oft gelingt lediglich die Wortfolge. Der gleichförmige Rhythmus von Auswendiggelerntem überträgt sich auch auf die Betonungen. So entsteht eine spezifische Art des Singsangs:

> *Wenn Sie glauben, dass das Münsterland nur Münsterländer / in den olympischen Wettkampf schickt, dann haben sie sich geirrt. Auf der münsterischen Reitanlage „Haus Kump" trainieren / zurzeit mehrere Russen, fast die ganze Olympiamannschaft.*

Weder die Gliederung noch die Pausengestaltung spiegelt die ursprüngliche Intention wider. Atemnot hat Einfluss auf die Pausengestaltung. Diese falschen Pausen orientieren sich nicht am Sinn. Die Sprechmelodie vermeidet die fallende Kadenz, die den Vollschluss durch hörbares Absenken der Stimme einleitet. Die Stimmführung sendet akustische Signale, wie wir sie beispielsweise in einer Aufzählung kennen. Durch das irreführende Senden akustischer Signale, die inhaltlich etwas anderes unterlegen, lässt sich Verwirrung, aber keine Überzeugung stiften. Auswendiggelerntes birgt die Gefahr der akustischen Sterilität, ähnlich wie beim nicht nach außen gerichteten Monolog. Die akustische Wirkung des Mit-sich-Sprechens wirkt hermetisch und glatt. Auswendigaufgesagtes kann durchaus eine gewisse Virtuosität im Vortrag entfalten, der Impetus des Vorformulierten und perfekt Vorgetragenen lässt aber Spontaneität und die Magie des Moments vermissen, der die Chance böte, den schöpferischen Moment des gerade entstandenen Gedankens nachvollziehen zu können. Wir sollten uns im medialen Kontext, wenn überhaupt, nur einige Stichwörter und eine klare Grundstruktur einprägen – nicht aber den gesamten Text.

Praxis Essentials:

Sollte es die Situation doch erfordern, auch einzelne Teile auswendig zu sprechen, hier ein paar unterstützende Ideen:

- ☐ Bewege dich beim Auswendiglernen! Versuche die Inhalte in deinen Geist und in deinen Körper zu bekommen! So bildet sich eine Art emotionales Gedächtnis, das Inhalte durch eine vollständigere Erfahrung leichter memorieren lässt.
- ☐ Wenn du Zeit hast: Lasse den Text auch mal liegen, dein Gehirn verarbeitet ihn unbewusst weiter, zum Beispiel im Schlaf.
- ☐ Strukturiere und visualisiere deine Textvorlage übersichtlich und klar.
- ☐ Denke den Impetus deiner Äußerungen beim Sprechen noch einmal mit, ohne ihn nur abzuspulen.
- ☐ Fange an, mit dem Text zu spielen, halte ihn für dich und ein imaginiertes oder konkretes Gegenüber lebendig.
- ☐ Lasse kleine Veränderungen des Textes zu, das hält diesen am Leben.

STILE, ROLLEN UND MUSTER

D1 **53** Sprechstile

D2 **54** Sprechen in Rollen

D3 **61** Hör- und Sprechmuster

Macht euch klar, dass ihr unter Beobachtung steht. Zu jeder Situation, in der ihr in den Medien auftretet, gehört Sichtbarkeit. Fast jede Berufsrolle ist sinnlos ohne Publikum. Sichtbarkeit verschafft der Rolle Leben. Und Sichtbarkeit verbietet pure Authentizität. „Reden wie einem der Schnabel gewachsen ist", ist nicht immer professionell, auch wenn es in den sozialen Medien oft so gepflegt wird. Die vollkommene Authentizität verliert das Gegenüber aus dem Blick und ist „zu authentisch". Macht euch immer bewusst, in welcher Situation ihr auftretet – und für wen. Nutzt eure Bühne oder Plattform, und gebt nicht alles von euch preis. Und behauptet schon gar nicht: „Ich bin total authentisch!" Im Gegenteil: Arbeitet an eurem wirksamen Eindruck – auch mit Feedback von außen.

D1 SPRECHSTILE

Überzeugt mit eurem Stil. Feilt an eurem Eindruck. Wir können keinen authentischen Sprechstil erreichen ohne Inszenierung unserer Persönlichkeit. Und der Stil muss immer passen: Ein zu distanzierter Sprechstil verrät die öffentlich-rechtliche Anstalt, und auch ein salopper Jargon ist nur dann ein angemessener Stil für Radio, Fernsehen oder online, wenn wir im Alltag genauso salopp sprechen würden.

Auf das Publikum wirken Sprachstil und Sprechstil zusammen. Der Sprechstil ist im freien Sprechen variabel, beim Vorlesen ist er (nur) an den Sprachstil des jeweiligen Textes gekoppelt und dadurch weitgehend vorgegeben. Oft liegt der Ausdruck schon in den Wörtern verankert. Was der Sprachstil schon ausdrückt, müssen wir nicht mehr sprecherisch verstärken. Wer etwa in einer Verkündigungssendung spricht, muss nicht zusätzlich verkündigend sprechen, das kann sehr schnell überzogen wirken. „Nicht doppeln!", heißt es am Theater. Noch immer kann man aber hören, wie Wichtiges zusätzlich wichtig gesprochen wird. Da tritt die Form vor den Inhalt. Selbst in strengen Nachrichtenformaten hat sich der Sprechstil mittlerweile zu viel mehr Persönlichkeit und lockereren Formulierungen hin entwickelt. Aber trotz aller Authentizität gilt zu bedenken: Ihr müsst Euch darüber bewusst sein, dass ihr immer auch in Rollen sprecht.

D2 SPRECHEN IN ROLLEN

Es ist 6:30 Uhr, Thomas muss dringend los zur Arbeit. Im Flur läuft ihm sein Sohn über den Weg, Thomas wünscht ihm schnell „Einen schönen Tag, mein Großer!", drückt ihm einen Kuss auf den Kopf und verlässt das Haus. Auf dem Weg macht er noch schnell Halt bei seinem Lieblingsbäcker, wünscht der Verkäuferin „Einen schönen Tag!" und fährt weiter. Am Ende des ersten Meetings mit seinem Vorgesetzten wünschen sich alle Beteiligten noch „Einen schönen Tag!". Ein Ausspruch, drei Situationen – aber drei völlig unterschiedliche Arten, wie Thomas seinen Wunsch ausspricht.

Jeder Mensch redet zu Kindern anders als zu Erwachsenen, zur Chefin anders als zu seinem Friseur. Daran hängen Erwartungen und professionelle Aufgaben, soziale Rollen. Auch Sprechen geschieht in Rollen. Die Sprechrollen sind aber eben nicht mit Theaterrollen vergleichbar (vgl. Geißner 1993). Oft wird in den Medien aber eine Rolle im theatralischen Sinne gespielt: Die Menschen sprechen, wie eben im medialen Kontext gesprochen wird. Oder sie moderieren so, wie sie glauben, dass dort moderiert werden sollte.

Klassische Sprechrollen sind hier beispielsweise: Moderator*in, Interviewer*in, Nachrichtensprecher*in, Kommentator*in. Jede dieser Rollen verlangt einen bestimmten Sprechstil. Beherrschen uns aber die Rollen vollständig, dann füllen wir nur die Rolle aus. Viele pendeln auch unbewusst hin und her, und manchmal übertüncht das Ausfüllen der Rolle nur Unsicherheit. So geraten Rolle und Persönlichkeit in Konflikt, und oft genug überwiegt erstere. Es gibt aber ohne Persönlichkeit keine Glaubwürdigkeit.

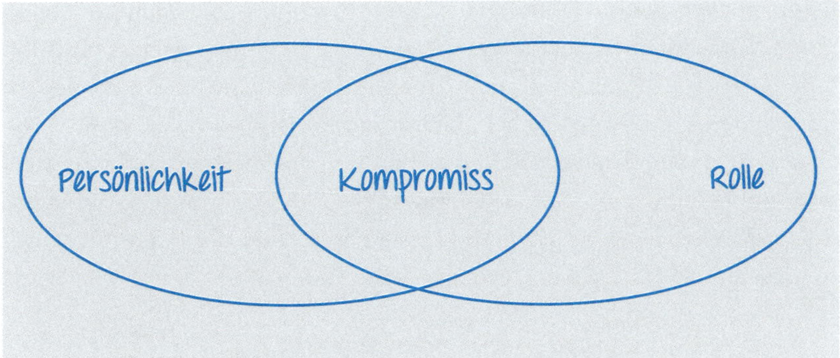

Abb. 9: Ausgewogenheit von Rolle und Persönlichkeit

Die Sprechrolle sollte mit dem eigenen Sprechstil harmonieren. Ein souveräner Kompromiss ist gefragt, eine Art Balance zwischen Rolle und Persönlichkeit. Voraussetzung für die Rollenbalance sind Sicherheit im individuellen Sprechstil und damit eine Distanz zur Rolle. Einige Beispiele:

Nachrichten

Dass Nachrichten von Redakteur*innen/Moderator*innen gelesen und redigiert werden und nicht nur von Sprecher*innen, ist mittlerweile Standard. Vor allem, wer auf demselben Sender moderiert, muss seinen Sprechstil flexibel ändern können. Geht es um Nachrichtensprechstile, dann wird meist „Neutralität" gefordert. Gemeint ist, dass nicht versehentlich Meinung in den Sprechstil einfließt. Das mag journalistisch redlich sein, es funktioniert aber nicht beim Sprechen. Denn tatsächlich „neutral" Gesprochenes kann nicht wirken, auch nicht beim Sprechen von vorformulierten Nachrichtentexten. Eine gewisse persönliche Note kann und sollte immer aufscheinen.

Weil Nachrichten viele Informationen transportieren sollen, werden die Sätze beim Schreiben allzu oft überladen. Schreiben fürs Hören (vgl. Borbonus/Wachtel 2022) ist deshalb hier unbedingte Voraussetzung für eine gelingende Kommunikation mit den Konsumenten.

 **DOWNLOAD: HÖRBEISPIEL 9**

» Schwer zu sprechender Nachrichtensatz

» www.sprechen-und-moderieren.de

Dazu müssen wir verschiedene Akzente setzen. Schließlich verlangen lange Sätze auch einen längeren Atem, wenn man nicht sinnwidrig Luft holen will. Dazu muss man den Gedankengang überblicken. Die Sprechmelodie bewegt sich in einem engen Rahmen, und hohe Töne sind eher unangebracht. Das Sprechen von Nachrichten verlangt auch eine hohe Stufe der Standardaussprache und Präzision. Das folgende Beispiel mit zu langen Sätzen mag eine Vorstellung der hohen Anforderungen an das Nachrichtensprechen vermitteln:

> *Wie die Nachrichtenagentur ADN unter Berufung auf einen Polizeisprecher meldete, / wollten die Rechtsextremisten gemeinschaftlich die Grenze nach Polen überschreiten und in der Nachbarstadt Sgorzelec auf dem Ostufer der Neiße ein sogenanntes Mahnfeuer gegen die Oder-Neiße-Grenze entzünden.*

Die klassischen Nachrichteninformationen sind verschieden wichtig: Lead – Quelle – Einzelheiten und Hintergründe. Das Verstehen von Nachrichten wird durch dieses starre Leadsatz-Prinzip nicht immer erleichtert. Deshalb sollte man auch in verschiedenen Sprechspannungen sprechen können: zum Beispiel die „News" anders als die Quelle („Wie die Nachrichtenagentur XY meldete ..."). Diese kann man beispielsweise leiser und schneller sprechen (schmaler Duktus), weil sie nur eine Nebeninformation ist. Danach sollte man aber wieder langsamer und lauter sprechen (breiter Duktus).

Abb. 10: Duktuswechsel

Glossen

Glossen zu sprechen und zu verstehen, ist schwieriger als andere Genres zu bedienen, schon wegen der enthaltenen Ironie. Ironie beim Vorlesen ist kaum ohne Training zu erreichen, weil es neben den Betonungen der sachlichen Rede immer noch weitere sprechgestalterische Mittel verlangt. Wörter können gedehnt, Pausen übertrieben gesetzt und auch die Sprechmelodie einmal bewusst überhöht werden. In Glossen sind auch längere und verschachtelte Sätze möglich. Dazu müssen die Betonungen sehr präzise und gekonnt gesetzt werden. In der Glosse darf zum Beispiel der Sprechrhythmus vom sachlichen Sprechen abweichen, aber eben nur, wenn das beabsichtigt ist, zum Beispiel:

> *Wieder und wieder und* ***wieder*** *…*

So lassen sich Sprach- und Sprechstil durch Doppelung verstärken – in Maßen. Die Sprechmelodie kann sich wiederholen, in der Schwebe bleiben; manche Aussagen in Glossen müssen sich nicht auf Fakten stützen. Glossen sollten nur diejenigen selbst sprechen, die sicher sein können, dass sie die beabsichtigte Stimmung auch transportieren können.

Kommentare

Kommentare sprechen, heißt, Meinung zu äußern – weit mehr als in allen anderen journalistischen Genres. Deshalb können und sollen sie akzentuierter gesprochen werden, d. h. die Betonungen können extremer sein als bei rein informierenden Genres. Die Sprechmelodie muss von der sachlichen Melodieführung – wie sie etwa bei den Nachrichten vorkommen – abweichen. Überhaupt sollen die stilistischen Eigenarten der Persönlichkeit im gesprochenen Kommentar deutlich werden. Die Kommentatorin muss nicht die perfekte Sprecherin sein; Abweichungen von der Standardaussprache werden verziehen. Leider werden die meisten Fernsehkommentare vom Teleprompter abgelesen. Das führt nicht gerade zu einem persönlichen Stil, sondern oft zu einem distanzierten und farblosen Sprechstil.

Sprechen zu Kindern

Mit Kindern zu reden, verlangt, Sachverhalte sehr vereinfachen zu können. Die Texte müssen also sehr gut hörverständlich sein. Jargon ist möglich; die Sprache von Kindern übertrieben zu imitieren, ist allerdings nicht glaubwürdig. Der Sprechausdruck sollte auch nicht kindlich „verniedlicht“ sein. Kinder durchschauen das sehr leicht; sie wissen, dass Erwachsene ihr Gegenüber nicht wirklich ernst nehmen, wenn sie so sprechen. Kinder sind weniger über die Dinge und Argumente als über die Person selbst zu überzeugen. Wer Kindersendungen moderiert, muss die Kinder an die Hand nehmen. Natürliches, authentisches Sprechen ist hier besonders gefragt.

Werbung, Jingles und Trailer

Für das Sprechen von Werbung benötigt man eine gut trainierte Sprechstimme, vor allem eine hervorragende stimmliche Resonanz und Modulationsfähigkeit der Stimme.

Außerdem sollte man beim Sprechen nicht bis an seine Leistungsgrenze gehen. Das würde angestrengt wirken. Es muss immer noch eine Steigerungsmöglichkeit zu erwarten sein. Schließlich ist auch die Betonung eine andere als im sachlichen Reden. In Werbetexten sind häufigere Betonungen und kürzere Gliederungen möglich:

DOWNLOAD: HÖRBEISPIEL 10
» Werbespot
» www.sprechen-und-moderieren.de

*Ohne **Zuckerzusatz** / Ohne **Zusatzstoffe** /*
*Ohne **Einhörner** / Ohne **alles**, was **stört**!*

***BioFun** macht Apfelsaft so **pur**, wie er von der Natur*
***gedacht** ist: / 100 % **Apfel**, / 100 % **Geschmack** / und 100 % **Natur**.*
*Eben 100 % **pur**. PurWie**BioFun***

Auch Jingles und Trailer müssen werbend und pointiert gesprochen werden. Spannung, Klang und Modulationsfähigkeit der Stimme sind entscheidend. In jedem Fall sollten Sprechende bei der Produktion von Trailern stehen und ausgiebig gestikulieren – in Ausnahmefällen müssen Trailertexte geradezu „ausgerufen“ gesprochen werden, in vielen Fällen auch in einem hohen Tempo.

Die Artikulation muss für Jingles, Trailer und oft auch für Werbung sehr weit vorn im Mund erfolgen und sehr offen sein. Dadurch wird der Klang prägnanter. Die Stimme kann auch mal einen Ton höher angesetzt werden. In keinem Fall sollte die Stimme heruntergedrückt werden, um mehr herauszuholen. Das Ergebnis wäre fatal: Heruntergedrückte Stimmen wirken nicht ansprechend, sondern eher angestrengt und wenig überzeugend. Insgesamt gilt: Keine Angst vor Übertreibungen!

Sprechen im Netz

Gerade in den sozialen Medien bewegen sich Menschen teils in extremen Rollen. Sie spielen der Öffentlichkeit etwas vor und verstärken einzelne Besonderheiten ihrer Persönlichkeit (Beispiel: die flippige, schnelle Fitnesstrainerin überzeichnet sich selbst noch mehr). Vom sexy Make-up-Tutorial bis zum krassen Do-it-yourself-Video ist alles möglich. Oft werden nur die positiven Seiten des Lebens hervorgehoben, die negativen finden gar nicht oder selten statt. Überhöhtes, überspanntes Sprechen in hohem Tempo ist keine Seltenheit, die wenigsten ruhen sprecherisch in sich. Fehler sind kein Problem, sie werden oft sogar überthematisiert („Oh, jetzt habe ich mich aber ganz schön verplappert – aber ihr seid cool damit, oder?") und weggelacht. Manches soll so wirken, als sei es ganz spontan entstanden, ist aber vielfach geprobt. Einen echten authentischen Eindruck hat man selten, vieles ist gesteuert. Trotzdem ist die Identifikation mit der Zielgruppe hoch: Sie merkt mitunter gar nicht, dass oft nur Werbebotschaften transportiert werden, obwohl sie sogar offen kommuniziert werden. Auch in Erklärvideos werden häufig sprecherische Muster bedient, die sehr an Werbetrailer erinnern.

Sprechen in Podcasts

Eine der sprecherisch angenehmsten Entwicklungen der letzten Jahre sind die Vielzahl an Podcasts auf dem Markt. Deren Hosts sind tatsächlich meistens sehr natürlich und entspannt unterwegs. Sie formulieren nah am Hörenden und erzeugen damit eine brillante Höratmosphäre. Auch hier zeigt sich das Unperfekte, Fehler werden nicht geschnitten, manchmal auch thematisiert. Nicht immer steht zur Aufnahme ein professionelles Studio zur Verfügung, manchmal muss auch eine Wohnküche oder die Natur herhalten. Der Sprechstil orientiert sich an Moderierenden im Radio, ist aber noch lockerer und nicht so formatiert. Die

Rolle ist eher definiert als wissender Freund, der mir interessante Inhalte präsentiert oder mir spannende und lustige Geschichten erzählt.

Auch in Interview-Podcasts inszenieren sich die Gastgeber*innen zugewandt und authentisch. Dabei sind richtig lange Formate keine Seltenheit: Ohne Schnitt wird gern auch einmal mehrere Stunden miteinander gesprochen, wenn es die Themen hergeben. Ein angenehmer Gegenentwurf zu manchen etablierten Medienformaten, die immer kürzer werden.

D3 HÖR- UND SPRECHMUSTER

Wir alle beharren auf einem „eigenen Stil". Betrachten wir ihn aber genauer, dann stellt sich der eigene Stil oft genug nur als Imitation heraus. Viele Präsentator*innen wollen vermeintlich „mediengerecht" sprechen. Das sind aber nur Muster, eingeübte Schemata, wie jedes Handeln immer auch nach Mustern geschieht. Muster ermöglichen routiniertes Handeln und entlasten den Alltag. Das gilt auch für das Sprechen. Die Sprechmuster sind schematisch ausgewählte Sprechstile für bestimmte Rollen (Nachrichtensprecher, Moderator etc.). Das ist zwar prinzipiell in Ordnung, die Muster lassen aber nicht genug Eigenes erkennen.

Die Sprechmuster entstehen aus Hörmustern, aus sozial entstandenen Vorstellungen, zum Beispiel darüber, wie Gesprochenes klingen soll, sie sind „Vorbilder". Junge Journalist*innen schreiben und sprechen wie ihre Kolleg*innen, die sie bis dato über die Medien gesehen/gehört haben. Viele Sprechmuster der Medien sind manieriert. Hinzu kommen die Produktionszwänge, zum Beispiel der Zeitdruck in einer Studiosituation. Auch werden junge Nachwuchskräfte häufig mit Sprechtipps von erfahrenen Kolleg*innen bedacht, die selbst nicht immer die besten Präsentator*innen sind und schon gar keine Ausbildung als Sprechtrainer*innen haben. Auch werden manchmal Vorgaben gemacht, die entweder überholt oder praxisfern sind. Es gilt aber zu lernen, sich davon frei zu machen. Gewisse Muster sind in allen Medienhäusern präsent. Sie müssen transparent und der Kritik zugänglich gemacht werden.

Wir wachsen mit Hörmustern auf. Inzwischen haben auch die Zuschauer entsprechende Hörmuster im Kopf. Die Sprechmuster erscheinen zwar vielen Zuhörer*innen/Zuschauer*innen als die professionelle Sprechweise der Medien schlechthin. Diese unreflektierte Professionalität steht oft aber wirklicher Kommunikation im Wege. Es gibt keine Gründe, auf diesen Hör- und Sprechmustern zu beharren.

Reden wie der Chef es will – auch das ist nicht selten eine Motivation für ein Sprechen nach Mustern. Manche Redaktionsleiter*innen setzen sich die zur Masche erstarrten Sprechweisen der erfahreneren Kolleg*innen zum Ziel. Wer aber auf Dauer andere imitiert, wird auswechselbar – das Gegenteil dessen, was man erreichen wollte. Professionelle Sprechmuster uniformieren.

Wir trennen uns nur ungern von Mustern. Die Folgen sind fatal: Der Stil des Nachrichtensprechers verkommt zur „Nachrichtensprechе", die Moderatorin mutiert zur inhaltsleeren Schwätzerin, der Sportreporter ist gefühlt immer direkt im Stadion usw. Diese Sprechstile sollen jetzt näher beschrieben werden, ehe gezeigt wird, wie sich beim Vorlesen und Moderieren Sprechstile finden lassen, die nicht diesen Sprechmustern ausgeliefert sind.

Sprechmuster in Radio und Fernsehen

Viele Sprechmuster in Radio und Fernsehen waren einmal schlicht Vorleseschwierigkeiten, Probleme beim freien Sprechen oder auch körperliche Probleme des Sprechablaufes. Teils lagen sie in den Anfangszeiten von Radio und Fernsehen in den Texten begründet; die Journalisten kamen von der Zeitung und schrieben entsprechend Unsprechbares. Manche der professionellen Sprechmuster waren darauf angelegt, Probleme des Schreibens und Sprechens zu vertuschen. Die Sprechmuster der Medien sind darum pseudoprofessionell.

Reportersprechе

» Reportersprechе
» www.sprechen-und-moderieren.de

Hier wird oft sprecherisches Unvermögen als Professionalität verkauft. Der Reporter spricht sehr druckvoll und ist dabei körperlich und stimmlich vollkommen überspannt. Der als „Reportersprechе" bekannte Sprechstil ist die Folge – mit einer zu kleinen Gliederung, die das Gesprochene zerhackt erscheinen lässt:

> *Der Antisemitismusbeauftragte der / Bundesregierung Klein will / damit auch ein „politisches Zeichen" / gegen judenfeindliche*

Straftaten / setzen. Zudem müssten / solche Taten / konsequenter verfolgt werden …

Die Reportersprече verwendet auch die Staupausen vor Betonungen inflationär. Damit ist alles gleich wichtig. Mancher will damit auch simulieren, der Text sei frei gesprochen. Das soll sich besonders authentisch anhören, aber oft fehlt es vor allem an einem Atemrhythmus, der sinnvoll an den jeweiligen Text angepasst ist.

Viele Reporter imitieren außerdem unbewusst ihre Kollegen. Sie reproduzieren etwas, das die Zuschauer*innen schon tausendmal gehört haben und das allgemein für einen „professionellen Reporterton" gehalten wird. Die Reportersprече findet sich natürlich auch bei Moderator*innen. Deshalb verzeiht das Publikum ihnen auch so manchen Aussprachefehler und viele Stimmprobleme. Die Originale mit Profil kennen wir alle. Aber die Kopien sind immer platt.

Nachrichtensprече

Wir hören Nachrichten, und am Ende wissen wir doch nicht, was darin vorkam. Woran liegt das? Uniformierung! Viele Nachrichtensprecher klingen gleich, und viele sprechen so, wie sie meinen, dass Nachrichten gesprochen werden müssen. Das hilft dem Hörer und Zuschauer nicht. Der Sprechausdruck der Nachrichtensprече zeigt sich vor allem im Verschleifen der Pausen und einer völlig unstrukturierten Sprechweise. Es entsteht ein Singsang, der sich ungerichtet durch den Inhalt bewegt.

Gerade in Nachrichten werden Stimmen übertrieben ins Sonore verstellt. Tiefe Stimmen gelten als gesetzter und damit auch glaubwürdiger. Aber auch das Gegenteil ist zu hören: Dann wird nicht nur die Tonhöhe der Stimme verkündend hoch, sondern auch eine künstelnde Nasalierung bewirkt buchstäblich dieses Von-oben-Herab. Einzelne Vokale werden geradezu „gesungen", d.h. innerhalb der Vokale wird die Tonhöhe verändert. Zu Beginn einer Meldung wird häufig mit hoher Stimme eingesetzt; später läuft die Sprechmelodie auf eine falsche Betonung zum Verb am Ende hinaus. Oft wird schlicht zu häufig betont. Auch besonders reißerische oder sehr künstlich wirkende betont lockere Sprechstile sind immer wieder zu hören.

DOWNLOAD: HÖRBEISPIEL 12
» Aufgesetzt wirkende Nachrichtenmeldung
» www.sprechen-und-moderieren.de

Besonders in Nachrichten – freilich auch anderswo – finden sich Phänomene übertriebenen Sprechens: „Tönen" mit der Stimme und Akrobatik der Aussprache. Nachrichten sprechen oft stimmlich und artikulatorisch gut ausgebildete Sprecher*innen. Das erweckt den Eindruck von Verkündung, manchmal auch Zelebrierung. „Das Radio/das Fernsehen hat's gesagt" ist eine Hörerhaltung, die durch diese hyperkorrekte oder sonore Sprechweise gefördert wird. Diese Hörerhaltung mag erfreulich für die Macher sein, wirft aber die Frage auf, wie viel Raum für Kritik bei Verkündungen bleibt und wie authentisch der jeweilige Sprechstil noch ist.

Das Flockige wirkt harmlos-gleichgültig. Das Nette ist harmonisierend und fördert kaum Kritik – eigentlich ist die Welt ganz in Ordnung.

DOWNLOAD: HÖRBEISPIEL 13
» Schlechte Nachricht – nett verpackt
» www.sprechen-und-moderieren.de

Locker-flockig gesprochen werden die härtesten Informationen falsch vermittelt. Schön klingende Stimmen sind dazu besonders brauchbar. Sie unterstützen eine fatale Tendenz: Je schöner die Stimme, desto weniger verfolgen wir den Sinn. Gelegentlich werden solche netten Stimmen auch noch leise behaucht. Natürlich können Unterhaltungsmoderationen privat, auch intim sein. Diese Intimität ist aber in Magazinmoderationen oft eine gespielte. Im flockigen Sprechmuster wird der melodische Singsang rhythmisch; wer zuhört, kann mitschwingen, sich einschwingen, und dabei den Inhalt fast völlig vergessen. Es kursieren tatsächlich Tipps, wie besonders flockig und nett gesprochen werden kann. Ein beliebter Tipp ist es, den Mund zu einem Lächeln einfrieren zu lassen. Ob das auf Dauer glaubwürdig ist, mag jeder selbst herausfinden.

Volltönendes
Eine schön klingende, resonanzreiche Stimme kommt meistens gut an. Aber noch lange nicht wird ein „Volltöner" vom Publikum verstanden, und gerade vor Mikrofon und Kamera wirkt Volltönen eher aufdringlich.

DOWNLOAD: HÖRBEISPIEL 14
» Stimme mit übertriebener Resonanz
» www.sprechen-und-moderieren.de

Allerdings: Verständlichkeit setzt eine zumindest nicht heisere Stimme voraus. Sie sollte einen klaren Klang haben. Viele Sprecher und Moderatoren legen mehr Wert auf die Stimme als auf den Inhalt, Resonanz und die Fülle der Stimme werden oft übertrieben. Sound steht vor Inhalt – das darf nicht passieren.

Sportliches
Sprechen über Sport verlangt eine höhere emotionale Beteiligung. Diese Emotionalität gerät aber in vielen Sportsendungen zur Affektiertheit: überhöhtes Tempo, zu viel Dynamik, zu viele Betonungen – insgesamt also zu viel „drive". Stimmstörungen als Folge sind nicht selten …

DOWNLOAD: HÖRBEISPIEL 15
» Sportaufsager mit „Schaum vor dem Mund"
» www.sprechen-und-moderieren.de

Authentische Begeisterung darf aber nicht den Schaum vor den Mund treiben oder den Schweiß auf die Stirn. Immerhin schwitzen die Sportler und nicht diejenigen, die darüber berichten. In vielen Sportkommentaren verrutscht auch die Betonung. Die erste Silbe oder die Präpositionen zu betonen, ist falsch:

> ***Auf*** *dem Spielfeld,* ***vor*** *dem Tor …*

Außerdem gibt es in Sport-Fernseh-Kommentaren Bild-Text-Doppelungen zuhauf. Viele Kommentatoren beschreiben, was ohnehin zu sehen ist, ohne dass das durch eine journalistische Perspektive gerechtfertigt wäre.

Formatiertes
Profil und Format eines Senders sollen bereits an den Sprechstilen zu hören sein. Das ist legitim, es lässt aber die eigenen Stile der Sprecher hinter dem Format zurückstehen. Extrem war früher der Verkündungsstil in den Programmen der öffentlich-rechtlichen Sender. Viele private Stationen tendierten zu oberflächlich-spektakulärer Schnoddrigkeit. Von den Privaten ist die letztere Tendenz noch vor einiger Zeit bis zur Unerträglichkeit übertrieben worden, aber auch das hat sich glücklicherweise wieder etwas gewandelt. Inzwischen weiß man, dass dies Mustern entspricht, die nichts mehr mit authentischem Sprechen zu tun haben. Formate funktionieren ohnehin nur, wenn die Sprechmuster von Sender zu Sender verschieden sind. Die erkennbare Identität stellt sich deshalb nicht ein, wenn Berater des Formatradios Teilnehmern verschiedener Stationen die gleichen formatierten Stile empfehlen. Authentische Persönlichkeit schließt immer die Formatierung aus. Inzwischen verlassen sich aus dieser Einsicht heraus immer mehr Stationen auf die Persönlichkeiten ihrer Sprecher*innen und Moderator*innen. Das und das Sprechhandwerk, beides zusammen macht wirkliche Professionalität aus.

Sprechmuster in Social Media

In den sozialen Medien haben sich in den letzten Jahren ganz neue Sprechstile entwickelt. Diese bemühen sich zwar um größtmögliche Authentizität der Sprecher*innen, landen dabei aber oft in unauthentischen Sprechmustern. Eine auf die jeweilige Zielgruppe abgestimmte Sprache soll größtmögliche Nähe vermitteln. Dialektale Färbungen oder Abweichungen von der Standardlautung sind selbstverständlich, nuscheln ist erlaubt. Sprechfehler werden offen thematisiert und meistens humoristisch aufgefangen. Durch Stilmittel wie Jump-Cuts in Videos (Bildsprünge im Schnitt, Pausen oder Fehler werden radikal gekürzt, das Prinzip der Continuity wird aufgehoben) entsteht oft ein hohes Grundtempo. Dadurch wird das Hörverstehen auf Zuschauer*innen-Seite herausgefordert.

Viele grafische Elemente unterstützen oder konterkarieren das Gesagte. Jetzt kommt es auf das Sprechen an! Und sprecherische Präsenz! Manchmal wird sie aber übertrieben, beispielsweise durch ein zu hohes

Grundtempo, eine zu starke dynamische Komponente (Lautstärke) und eine überhöhte Stimmlage. Bei so manchen Influencerinnen hat sich das als bewährtes Sprechmuster herausgestellt: Besonders laut, besonders hoch und piepsig und direkt in die Kamera, wenn es darum geht, Sachverhalte zusammenzufassen. Das scheint ein Mittel zu sein, die Technik zu durchdringen, um besser bei den Followern anzukommen. Problematisch dabei ist, dass aber gerade die Konsumenten diese stimmlich-sprecherischen Vorbilder unkritisch in ihr Repertoire übernehmen.

Gestik und Mimik der Präsentierenden in den sozialen Netzwerken speisen sich heutzutage oft aus dem Tanz (Hip-Hop o.Ä.). Sie wirken zwar übertrieben, gehen aber gleichzeitig gut mit dem Sprechen zusammen, bilden im besten Fall eine überzeugende Einheit. Dadurch bleibt das Sprechen generell lebendig.

VORLESEN

E1 **71** Gliederung

E2 **76** Betonung

E3 **87** Sprechausdruck

E4 **91** Sinnerfassend lesen

E5 **96** Livereportagen

E6 **98** Sprechen zum Bild

E7 **100** Der Teleprompter

Janine hat ihre erste Hospitanz beim Hörfunk. Nach einigen Wochen Einarbeitung ist es endlich so weit: Sie darf ihren ersten eigenen Beitrag produzieren! Ihr geht der Text gut von der Hand. Jetzt steht sie im Studio und soll ihren Text-Part aufnehmen, der die O-Töne des Beitrags umrahmt. Aber das, was in ihrem Kopf so gut geklungen hat, klingt plötzlich gar nicht mehr natürlich. Sie fühlt sich wie beim Vorlesewettbewerb in der 6. Klasse, Janines Worte klingen plötzlich geleiert und uninspiriert. Das kann so nicht auf Sendung gehen, die erfahrene Kollegin muss als Sprecherin einspringen. Was für eine Enttäuschung für Janine!

Alle, die Texte präsentieren müssen, bemühen sich natürlich, sie dem ursprünglich gemeinten Sinn entsprechend vorzutragen. Das ist erlernbar, und es wird schon in der Schule praktiziert, allerdings bleibt es dort oft dabei, die Einzelwörter der Reihe nach auszusprechen, ohne dass auf größere Sinnzusammenhänge geachtet wird. Hier gibt es auch keine wirklichen Zuhörer, sondern nur Mitleser. Ein typischer „Leseton" entsteht, der mit authentischem Sprechen nicht viel zu tun hat.

Unauthentisch sprechen heißt also, Texte vorzulesen, deren Sinn man im Moment des Sprechens gar nicht erfasst. Dies passiert sogar mit den eigenen Texten. Auch „Schönsprecher", bei denen es am wenigsten auffällt, sind häufig davon betroffen: je mehr Form, desto weniger Sinn, je weniger Sinn, desto mehr Form. Wo eine sinnvolle Vorstellung über das fehlt, was ein paar Sätze vorher und nachher passiert, kann das Ergebnis meistens nicht überzeugen. Auch das Primavista-Lesen, das fehlerfreie Vorlesen, ohne den Text einmal im Voraus durchgelesen zu haben, hat seine Grenzen.

E1 GLIEDERUNG

Vorlesen können heißt zunächst, in Pausen gliedern können. Unwillkürliche Pausen lassen oft nicht die Abfolge der Gedanken erkennen. Im „reihenden" Lesen geben wir nicht die Schritte wieder, in denen der Gedanke entstand. Die Gliederung ist oft willkürlich. Die Pausen lassen gleichlange Einheiten entstehen und kümmern sich nicht um den Sinn, zum Beispiel:

> *Der / Minister hatte auf / einmal keine Ahnung, woher / das Geld stammt.*

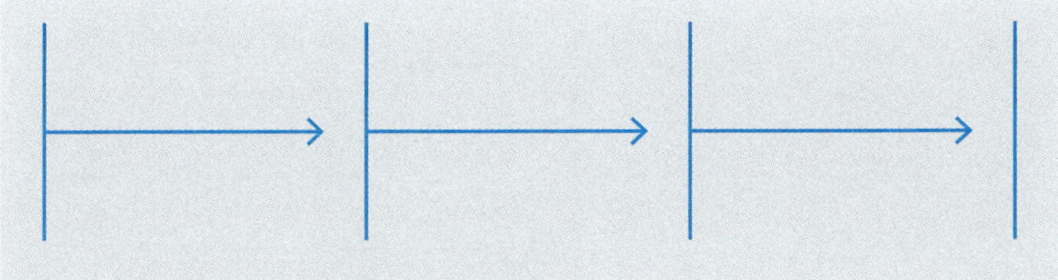

Abb. 11: Vorlesen ohne Sinnschritte

Dagegen setzt Vorlesen nach dem Sinn die Gliederungspausen konsequent nach Sprechdenkeinheiten; sie trennen die Sinnschritte:

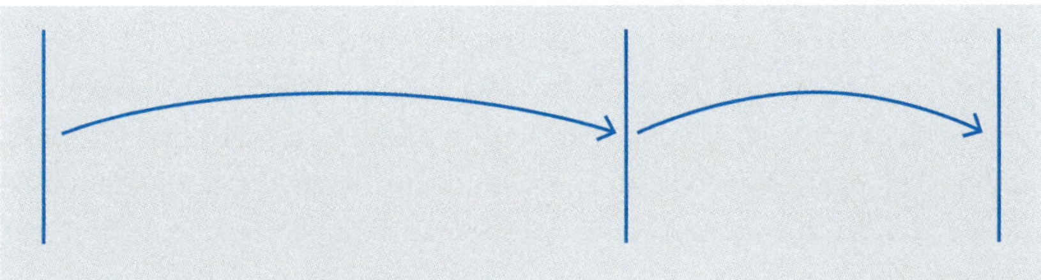

Abb. 12: Vorlesen mit Sinnschritten

Jeder dieser Spannungsbögen hat mindestens einen Gipfel, auf den das Sinnangebot hinläuft, die Betonung. Danach wird diese Spannung wieder gelöst:

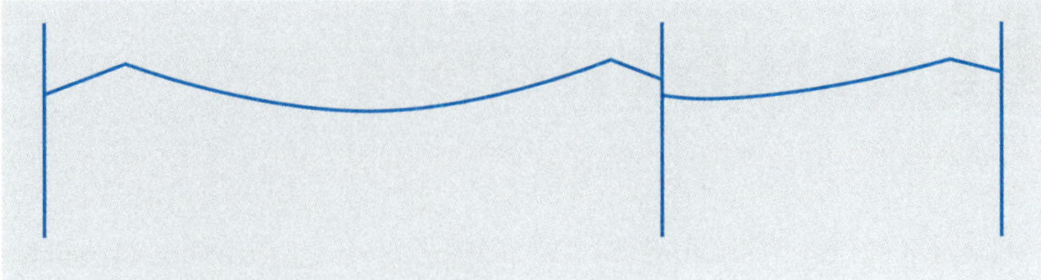

Abb. 13: Nach jedem Sinnschritt eine Pause

Nur diese richtige Gliederung – nach jedem Sinnschritt eine Pause – lässt den Hörer verstehen. Dazu hilft auch eine fallende Sprechmelodie vor diesen Pausen. Aber nicht immer sind die Pausen sinnfördernd:

> *Seit drei Wochen sind alle aktuellen Artikel online /*
> *d. h. auf einer Datenbank / in der Cloud erreichbar.*

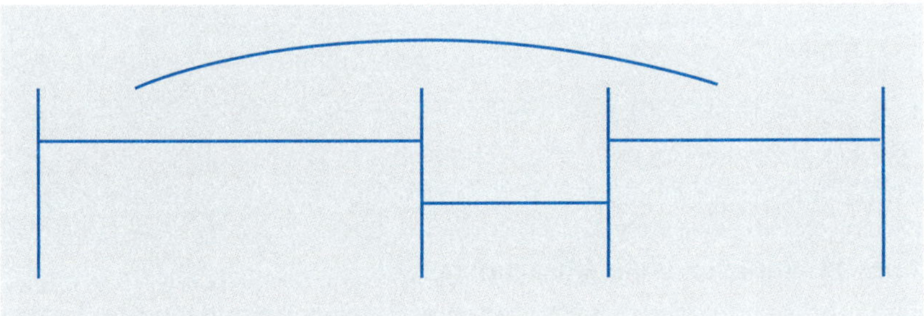

Abb. 14: Pausen ohne richtige Sinngliederung

„In der Cloud" ist hier in den Sinnschritt eingeschoben. Die Pause im Text nach „Datenbank" gab an, dass „auf einer Datenbank" eine Erklärung von „online" ist. Die Sinngliederung müsste aber eine andere sein: „online" steht präzise nur für die Cloud und nicht für die Datenbank, beides gehört zusammen. Eine veränderte Sinngliederung macht das deutlich:

> *Seit drei Wochen sind alle aktuellen Artikel daher online /*
> *d. h. auf (aus) einer Datenbank in der Cloud / erreichbar.*

Besser hörverständlich wäre es, die Erklärung in einem gesonderten Sinnschritt anzugeben, am besten nachgestellt:

Seit drei Wochen sind alle aktuellen Artikel daher online auf einer Datenbank erreichbar, d. h. in der Cloud.

Abb. 15: Gesonderter Sinnschritt

Die Pausen zwischen den Sinnschritten dürfen aber auch nicht zu lang sein, dann zerfällt der Sinn. Sinnschritte, die eng zusammengehören, kann man allerdings im Einzelfall zu einem längeren Satzverbund vereinen.

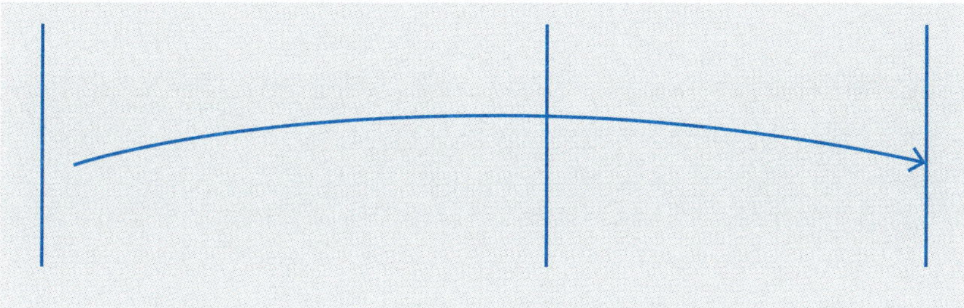

Abb. 16: Sinnschritte vereint im Spannungsbogen

Die Sinngliederung hat Konsequenzen für den Körper. Auch die Spannung muss den Schritt zusammenhalten können. Was inhaltlich zusammengehört, müssen wir auch auf einem Spannungsbogen sprechen können; der Sinn gibt die Spannung vor. Sinnschritt, Atem und Körperspannung sind normalerweise in denselben Schritten gegliedert. Eine Probe für mögliche Sinnschritte kann sein, den Text halblaut vor sich hinzusprechen. Wenn die Stimme dann im freien Aussprechen abfällt, ist der Schritt abgeschlossen. Wenn die Melodie weiter weist, ist der Schritt noch nicht abgeschlossen und es sollte keine Pause gemacht werden.

Sinnpausen sind zugleich Atempausen. Generell gilt: großer Atemzug vor und nach zusammengesetzten Sinnschritten (Vollzäsur), mittleres Nachatmen zwischen Sinnschritten (Halbzäsur). Kürzer geatmet wird nur als „Notpause", wenn die Sätze zu lang sind, was aber in Hörtexten nicht vorkommen sollte. Um in den Pausen den Atem für den Sinnschritt planen zu können, muss man lernen, beim Vorlesen die Atemspannung zu lösen. Dieses „Abspannen" ist Voraussetzung für die Sprechdenk- und die Stimmqualität. Es ist daher ein folgenschweres Missverständnis, zu Beginn möglichst viel Luft zu nehmen. Der Atem muss nur für einen Gedanken reichen.

Auch innerhalb dieser Sinnschritte kann es kleinere Pausen geben, die aber nicht die Sinnschritte trennen. Durch solche Staupausen werden einzelne Wortblöcke, die „Bilder im Kopf", getrennt. Manchmal kann man hören, dass zusätzliche Pausen aus ästhetischen Gründen gesetzt werden, und mancher will dadurch freies Sprechen vortäuschen. Das dient nicht immer dem Verstehen, denn trotz der Staupausen muss natürlich der Sinnschritt erhalten bleiben. Die Staupause darf nicht als Sinnpause hörverstanden werden. Dann ergeben sich dadurch merkwürdige, nicht selten fatale Konsequenzen für den Hörer, er wird irritiert. Ein Beispiel:

DOWNLOAD: HÖRBEISPIEL 16
» Satz mit fataler Konsequenz
» www.sprechen-und-moderieren.de

Bundestagspräsidentin Bas warnte vor
Gästen aus Politik und Wirtschaft /
vor einer neuen Welle des Rechtsextremismus.

Sinnschritte bestimmen

Es liegt erst einmal nahe, die Pausen streng nach den Punkten und Kommata zu setzen. Satzzeichen aber sind nicht immer Sprechzeichen. Zudem sind sie nicht immer sinnvoll, in vielen Typoskripten oft nicht richtig. Und nicht immer fallen Interpunktion und Sprechdenkgliederung zusammen. Andere, spezielle Sprechzeichen sind hilfreich, zum Beispiel ein senkrechter Strich nach jedem Sinnschritt. Ein jeder Sprecher sollte seine eigene, für ihn unmittelbar verständliche Notation entwickeln – andere Sprecher müssen sie gar nicht verstehen.

DOWNLOAD: HÖRBEISPIEL 17

» Zwei Sätze mit gleicher Wortfolge

» www.sprechen-und-moderieren.de

Die/der Sprechende gibt mit dem Sinnschritt an, was er meint. Insofern ist die sprecherische Gliederung nicht vollständig Regeln unterworfen, streng genommen gibt es deshalb auch keine falschen Pausen – sinnwidrig macht sie nur im Einzelfall ungeschicktes Vorlesen. Auch innerhalb des Sinnschrittes kann der Sprecher durch Pausen anzeigen, was er meint. An verschiedenen Stellen gesetzte Staupausen ergeben verschiedene Inhalte. Ein erfundenes Beispiel, in dem ein Sinnschritt auf mehrere Weisen durch Staupausen in sich gegliedert ist, soll das zeigen. Die dadurch entstehenden Wortblöcke sind Akzentgruppen um je eine Betonung herum. So werden verschiedene „Akzente gesetzt". Ein skurriles Beispiel:

Weil der Mann der Frau stank …

Weil der Mann / der Frau stank …

Weil / der Mann der Frau stank …

Weil der Mann der Frau / stank …

Weil / der Mann der Frau / stank …

E2 BETONUNG

DOWNLOAD: HÖRBEISPIEL 18

» Zyklische Häufung von Betonungen

» www.sprechen-und-moderieren.de

*Die **Nato** berät auf einem **Sondertreffen** in **Brüssel** über den **Vorschlag** der **<u>USA</u>** / mit **Flugzeugen** des **Bündnisses iranische Stellungen** nahe der Grenze **<u>anzugreifen</u>**.*

Ein solcher „Singsang", die periodische Häufung „falscher" Betonungen, ist in der Medienlandschaft oft zu hören. Falsche Betonungen kann es genau genommen jedoch nicht geben, wenn wir mit den Betonungen anzeigen, was wichtig ist. Dies aber ist in diesem Beispiel nicht ersichtlich. „Falsche Betonungen" sind meist nur Ergebnis gedankenlos herunterleiernden Lesens, das die Hörer auf falsche Fährten locken kann. Würden wir auch frei sprechend die Akzente so setzen, dann sind diese nicht eigentlich falsch – subjektives Meinen ist nicht zu bestreiten. Oft werden Betonungen auch zu wenig differenziert. Dann müssen sich Zuhörende das Gesprochene gleichsam „zurechthören", was man nicht verlangen kann. Deshalb sollten wir Betonungen beim Vorlesen so setzen, dass sie dem ursprünglich Gemeinten entsprechen. Es gilt, die Betonungen zu treffen. Nur in diesem Sinne lässt sich von „richtiger" Betonung sprechen.

Was ist eine Betonung?

Mit Betonung ist oft der gesamte Sprechausdruck gemeint. Eigentlich ist die Betonung aber nur die Realisierung des Sinnkerns und eventueller Nebenaspekte. In diesen Akzenten gipfelt die gedankliche und die körperliche Energie. Betonungen sind sprecherisch hervorgehobene Silben.

Woraus bestehen Betonungen und wie werden sie wahrgenommen?

Was wir als Betonung produzieren und hören, besteht aus Melodie, Tempo, Artikulation und Dynamik (Lautstärke). Auch über das Stimm-Timbre, den Stimmklang, können wir theoretisch Wörter und Satzteile betonen, das kommt aber seltener vor.

Die schwierigste Betonung ist die Hauptbetonung. In hörverständlichen Sätzen erfolgt die Hauptbetonung meist im hinteren Teil. Sie dringt deutlicher ins Bewusstsein und wirkt am schwersten. Die betonten Silben sind höher, tiefer, langsamer, deutlicher und lauter als die Nebenbetonungen und unbetonten Silben.

- **Melodischer Akzent:** Die Sprechmelodie wird in der betonten Silbe signifikant verändert. Meist steigt sie in dieser Silbe an. Eine fallende Tonhöhe zeigt abgeschlossene Sinnschritte an:

  In Berlin hat heute der ***Bundestag*** ↘ *getagt.*

  Steigende Tonhöhe hingegen zeigt eine größere Bedeutung – sie fordert oder appelliert:

  Dabei wurde die niedrigste ***Nettoneuverschuldung*** *in der Geschichte der* ↗ ***Bundesrepublik*** *beschlossen.*

  Bei sachlicheren Texten steigt die Tonhöhe nur wenig, bei emotionalen Texten oder Phasen steigt sie höher.
- **Temporaler Akzent:** Geringeres Tempo zeigt immer ein größeres Bedeutungsgewicht an; in der betonten Silbe wird das Sprechtempo verlangsamt. Auch kurze Pausen vor sehr wesentlichen Begriffen stellen das Wort als wichtig heraus, sie dürfen allerdings nicht übertrieben sein, weil sie sonst den Sinnschritt zerreißen.
- **Artikulatorischer Akzent:** Die betonten Silben bzw. Wörter werden im Gegensatz zum Rest des Textes deutlicher, präziser ausgesprochen und heben sich dadurch ab.
- **Dynamischer Akzent:** Die Lautstärke nimmt in der betonten Silbe zu. Diese Steigerung der Dynamik ist das deutlichste Zeichen der Betonung. Auch hier ist in den Medien die Übertreibung besonders weit verbreitet. Der Nachdruck im Wortsinne kann dabei schnell aufdringlich wirken. Zu Beginn der Sätze ist dieser Nachdruck meist falsch, wenn er wie eine Betonung wirkt, aber keine ist.

Die Praxis am Mikrofon zeigt, dass vor allem dynamische, melodische und temporale Akzente (inkl. Pausen) wirken. Dynamische Akzente liegen vor allem in den Hauptbetonungen. Sie sollten dennoch sehr fein abgestimmt werden (zum Beispiel in Kombination mit melodischem Akzent). Größere dynamische Amplituden werden oft von der Tontechnik ausgeglichen, zum Beispiel durch Kompressoren, die das gesamte Signal auf eine gleichbleibende Lautstärke bringen. Artikulatorische oder gar rein stimmliche Akzente sollten eher Ausnahmen bleiben.

Wichtig: Betonungen sind eine komplexe Angelegenheit. Die unterschiedlichen Sprechgestaltungsmittel kombinieren sich: Wenn ich etwas langsamer spreche, dann werde ich eventuell gleichzeitig auch lauter – oder ich senke zusätzlich meine Sprechmelodie.

Regeln zur Satzbetonung

Regeln der Satzbetonung stehen hier als Vorschläge, um sinnerfassendes Lesen zu erleichtern. Alle Betonungsregeln sind am freien Sprechen orientiert. Beim halblauten und schnellen Lesen lassen sich die Betonungen oft schon leicht herausfinden. Wichtig ist aber grundsätzlich, den **Kontext** der jeweiligen Einzelsätze zu bedenken – die wenigsten Sätze stehen nur für sich allein.

Grundsätzliche und neutrale Betonung

1. Es gibt nur eine Hauptbetonung pro Sinnschritt. Alle weiteren Akzentuierungen sind Nebenbetonungen und werden in jedem Fall schwächer gesprochen. Aus Zweitwichtigem werden Nebenbetonungen. Ob es sie gibt und wie viele es geben soll, hängt davon ab, wie dicht der Satz geschrieben ist. Lange, überladene Sätze verlangen mehrere Betonungen. Aber: Je mehr betont wird, desto schwerer ist es für das Gegenüber, die Kernbotschaft zu verstehen.
2. Die Hauptbetonung bekommt immer der Begriff, der die dominierende Vorstellung des Sinnschrittes wiedergibt. Die Hauptbetonung ist immer das Neue im Satz. Sie steht meist im hinteren Teil des Satzes.
   a. Eine und mehrere Nebenbetonungen liegen auf dem Zweitwichtigen.
   b. Vor allem auf dem letzten Glied des ersten Wortblocks liegt meist eine Nebenbetonung.

3. In Adverbialverbindungen wird das Verb betont:

   tief ***schlafen****, bequem* ***sitzen***

4. Ist der Kontext der Situation (zum Beispiel „schlafen") schon etabliert, liegt die Betonung auf dem Adverb:

   tief *schlafen*

5. In Verbal-Nominalgruppen wird meist das Nomen eines Wortblockes betont. Die nähere Bestimmung dominiert vor dem Verb:

   den ***Hut*** *aufsetzen, den* ***Text*** *schreiben*

   Das gilt auch für stehende Wendungen:

   in ***Erinnerung*** *bringen, in* ***Rechnung*** *stellen*

6. Das Verb kann die Hauptbetonung tragen, wenn es der Sinnkern ist:

   Bundeskanzlerin Merkel hat den Staatsminister im Kanzleramt Meier aus dem Amt ***entlassen****.*

   Die Opposition hatte ihn für verschiedene Affären verantwortlich gemacht und seinen Rücktritt vehement ***gefordert****.*

   Beim zweiten Satz wird angenommen, dass schon von dem Minister und seinem Rücktritt die Rede war. Insofern ist in vielen solcher Ausnahmen eine Betonung auf dem Verb am Satzende möglich, aber eben nur dann, wenn es der Sinnkern ist. Aber noch einmal: Die Betonung des Endverbs darf nicht Ausdruck reihenden Lesens sein.

7. In Wortblöcken und allen Beifügungsgruppen (Termini) wird das letzte Glied betont:

   Bereitschaft zu Verhandlungen Brüssels mit ***London*** *… / Bundesaußenministerin Annalena* ***Baerbock*** *…*

8. Bei Verb-Ergänzungsgruppen liegt die Betonung auf dem letzten Glied:

   *Er lernte sie schätzen und **lieben**.*

9. Es gibt sogenannte nicht-akzentuierbare Wörter wie „weil", „deshalb", „aufgrund von". Diese werden nicht betont. Auch Gelenkwörter wie „dies", „das", „weil", „und", „aber", „denn" sollten nicht betont werden. Sinnfördernd ist deren Betonung nur, wenn Gegensätze herausgestellt werden sollen:

   dies** – und nicht **jenes

10. Bei Steigerungen und Aufzählungen wird das letzte Glied betont:

    *wieder und wieder und **wieder** / Ich mag gern Äpfel, Bananen und **Kiwis**.*

11. Bei Gegensätzen werden beide Glieder betont, das letzte schwerer. Oft ist dennoch das Bejahende als dominierend zu sprechen:

    ***Handeln** statt Reden*

12. Verneinungen werden normalerweise nicht betont:

    *keine **Zeit**, nichts **Neues**, kein **Problem**, nicht **zugehört***

Kontrastive, unterscheidende Betonung
Grundsätzlich wird das betont, was noch nicht als bekannt vorausgesetzt werden kann. Bekanntes kann im Text liegen, aber auch außerhalb des Textes. Das schon Bekannte erhält, wenn überhaupt, nur eine Nebenbetonung. Kontrastive Betonungen setzen wir, wenn alles Weitere des Satzes bekannt ist. Häufigster Fall ist das „Nach-vorn-Gehen" von Akzenten in Nominalgruppen, deren letzte Begriffe bereits genannt waren:

*... die **Beiträge** der Bundeswehr im Rahmen der Nato.*

Während nach Regel 7 „Nato" betont werden würde, rückt je nach Kontext die Betonung dieses Wortblockes nach vorn: zunächst auf „Bundeswehr", ist dieser Begriff bekannt, auf „Beiträge".

Emphatische Betonung
Solche emotionalen Betonungen stehen manchmal auch am Beginn des Sinnschrittes:

*Ein **schlechtes** Buch ist das! (Literaturkritiker Marcel Reich-Ranicki)*

Hierfür gibt es keine Regeln mehr. Solche „abweichenden" Betonungen darf man nicht verwechseln mit den stereotypen und manierierten Betonungen, wie sie vielfach vorkommen:

***ak**tiv, **in**teressant*

Richtig ist:

*ak**tiv**, interes**sant***

Thema und Rhema

In der Linguistik wird eine Äußerung nach einem „Thema" und einem „Rhema" aufgegliedert. In einem Aussagesatz trifft etwas Bekanntes (Thema) auf eine neue Information (Rhema). Nach diesem Modell bauen wir im freien Sprechen automatisch die meisten unserer Sätze. Fürs Sprechen ist die Struktur vorteilhaft, weil damit Sätze nicht überladen werden – und fürs Hören angenehm, weil sie klar verständlich sind.

„Thema" bezeichnet das Element im Satz, von dem wir inhaltlich ausgehen. Das „Thema" führt auf das „Rhema" (griechisch „Ausspruch/Lehre") hin, das die Neuigkeit und damit den Kern der Aussage beinhaltet.

Das Wetter in Italien ist im Moment sehr schlecht.
Deshalb müssen wir unseren Urlaub leider absagen.

„Das Wetter in Italien" ist das Thema, über das ich sprechen möchte, „sehr schlecht" ist das Rhema, das für meinen Zuhörer neu ist. „Urlaub" ist das Thema, „leider absagen" das Rhema.

Das Thema bekommt immer eine Nebenbetonung. Das Rhema trägt die Hauptbetonung.

> *Im Radio (THEMA=NB) läuft gerade mein Lieblingsstück (RHEMA=HB).*

Oft wird das Rhema eines Satzes zum Thema des nächsten Satzes:

> *Am Münchner Hauptbahnhof wurde heute Morgen eine Bombe entschärft. Der Sprengsatz befand sich in einer Reisetasche. Das Gepäckstück war laut Polizei an einem Fahrkartenautomaten in der Schalterhalle abgestellt worden.*

Das Thema kann auch gleich bleiben:

> *Die AKP wurde bei der Wahl am vergangenen Wochenende in den Städten Ankara und Istanbul nur zweitstärkste Kraft. Sie möchte nun eine Neuauszählung durchsetzen.*

Oder es gibt einen thematischen Sprung:

> *Tausende Menschen wollen heute gegen rasant steigende Mieten auf die Straße gehen. Dazu finden in mehreren deutschen Städten Protestmärsche und Kundgebungen statt. FDP-Chef Lindner kritisierte die Aktionen.*

Aber Achtung: Ist in einer Äußerung kein Rhema auszumachen, also nichts Neues vorhanden, dann kann man diese Äußerung problemlos streichen.

Thema	Rhema
Das Alte	Das Neue, Frische
nebenbetont	hauptbetont
1–2 Wörter	2–3 Wörter
wächst immer weiter	wird zum Thema

Abb. 17: Unterschied Thema und Rhema

Übungstext:

- Teile den folgenden Text in Sinnschritte auf.
- Suche das Rhema und markiere es farbig.
- Sprich den Text laut und versuche die passende Betonung zu treffen.
- Nimm dich selbst dabei auf und höre es anschließend ab: Hast du dich wirklich nur auf das Wichtigste beschränkt oder haben sich (wieder) unnötige Betonungen eingeschlichen?
- Mit der Schnellsprechübung kannst du deine Ergebnisse vergleichen.

  Die Bewegung „Fridays for Future" protestiert heute in Berlin gegen das Klimapaket der Bundesregierung. Etwa 30 Demonstranten blockieren seit heute morgen die Zufahrt zum Bundeskanzleramt. Sie haben sich an den Zaun des Gebäudes gekettet. Sie fordern eine weitere Überarbeitung der geplanten Maßnahmen. In etwa einer Stunde will das Kabinett erneut über seine Klimapolitik beraten. Das ist die vierte Sitzung zu diesem Thema in diesem Monat.

Praxis Essentials:

- ☐ Sprich deinen Text zur Übung in einem rasenden Tempo. Dabei triffst du die Hauptbetonungen fast von allein!
- ☐ Wenn du Wörter von deinen Aussagen kürzen müsstest, welche Wörter bleiben am längsten stehen, damit der Inhalt noch bleibt? Auch hier triffst du im besten Fall deine Hauptbetonungen (meistens Substantive).
- ☐ Befrage und formuliere deinen Text laut und konkret: WER macht WAS WO? Dein Text gibt dir immer die Antwort.
- ☐ Packe eine Aussage deines Textes in dein Kurzzeitgedächtnis. Gehe bewusst weg von deinem Manuskript, stelle dir eine Zielperson vor und sprich deine Aussage zu ihr (dialogisches Sprechen „Hör mal zu", „Also: ...", „Pass mal auf: ...", „Es ist so: ...").
- ☐ Hast du deine Betonungen gefunden und willst sie sprechen: Sprich deine betonten Wörter einfach mal langsamer. Oder kombiniere dein Sprechen des betonten Wortes mit einer pointierten Handbewegung.

☐ „Schmal" und „breit" sprechen: Versuche einmal, deinen gesamten Text wie einen fein nuancierten Tanz zu betrachten. Langsamere und lautere Sätze wechseln sich mit schnelleren und leiseren Sätzen ab. Das breite und schmale Hindurchfließen produziert ein harmonisches, aber variantenreiches Gesamtbild.

Wichtig: Nicht immer gibt es DIE eine Möglichkeit, einen Text sinnvoll zu betonen. Interpretationsspielraum bleibt immer. Wichtig ist nur, dass ich eine Entscheidung treffe, mit der ich in einen Text gehe und klare Betonungsziele vor Augen habe. Je konkreter die sind, desto besser werde ich meine Zuhörer*innen durch den Inhalt führen. Und wenn man sich unsicher ist: Solange ich weiß, WAS ich sage, also gut bei meinem Inhalt bin, wird sich immer etwas Sinnvolles übertragen.

Sprechmelodie

Saskia dreht ein Unboxing-Video für ihre Follower. Sie erzählt frei, während sie die Produkte eines Nahrungsergänzungsmittelherstellers vor der Kamera auspackt. Im Schnitt bemerkt Saskia, dass ihre Stimme ganz selten nach unten geht. Sie macht kaum echte Abschlüsse, hängt eine Aussage an die nächste. Dabei möchte sie doch auch mal einen Punkt setzen und zu Luft kommen.

Saskia sollte zunächst im Vorfeld ihren Text trocken proben, sich ihn laut vorsprechen. Sie muss lernen und sich immer wieder dazu zwingen, ihre Sätze gut abzuschließen und wirklich bewusst immer mal wieder einen Punkt zu setzen. Wenn die Stimme immer oben bleibt, ist das auf Dauer für beide Seiten ermüdend.

Die Intonation zeigt den Hörenden, wie Sinnschritte bzw. Sätze zu verstehen sind: als Aussagen oder Fragen, ironisch oder zweifelnd. Diese Stimmungen sind wichtig für das Verstehen, sie sind an den Satzenden zu hören. Hier lösen wir die Spannung des Satzes. Es gibt drei verschiedene „Kadenzen" am Satzende:

- **Fallend:** Eine fallende Stimme zeigt ein Gedankenende an. Aber auch, um Langsätze in kürzere Denkschritte aufzulösen, können wir, etwa nach dem ersten Wortblock, die Stimme fallen lassen. Also nicht nur beim Punkt die Stimme senken! Wird innerhalb des Sinnschrittes ausnahmsweise die Stimme gesenkt, sollte allerdings die Spannung gehalten bleiben. Bei hoher Satzdichte trägt diese Spannungslösung im Satz zur Verständlichkeit bei. Das ist gerade in einem Satz wie diesem günstig, der untypisch das Wichtigste am Anfang bringt:

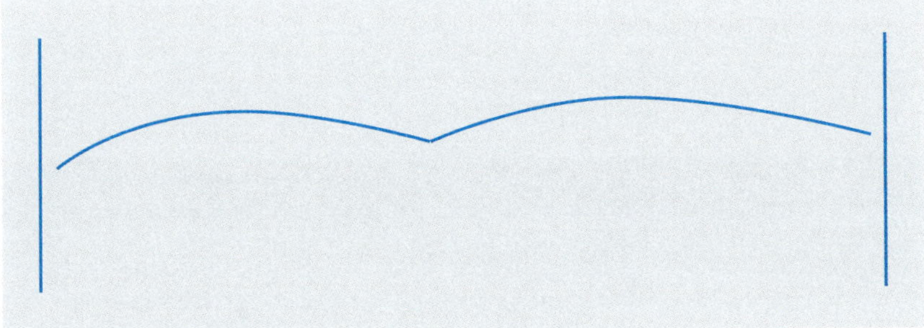

Abb. 18: Stimme innerhalb des Satzes senken

Mehr als zehn Prozent ↘ / musste jeder vierte Handwerksbetrieb im letzten Quartal hinnehmen.

- **Schwebend:** Die Stimme bleibt in der Schwebe und weist weiter. Auf diese Weise verbinden sich Sinnschritte zu größeren Einheiten. Eine solche schwebende Melodie wirkt nicht abgeschlossen.
- **Steigend:** Die Melodie geht abschließend nach oben. So spricht man fälschlich zwischen zwei Sinnschritten, wenn man das Ende des Sinnschrittes nicht rechtzeitig erkannt hat. Auch Unsicherheit kann die Stimme am Satzende heben lassen. Der Versuch, beim Komma bewusst immer die Stimme zu heben, wirkt meist albern oder belehrend:

  … will den Monarchen auf den Vorwurf ansprechen ↗ /
  er sei für den KGB tätig gewesen.

Bei Auswendiggelerntem wird die Stimme oft gehoben. Aber auch beim Vorlesen wirkt dies wie etwas Nicht-enden-Wollendes.

Schließlich: „Am Fragenende die Stimme hoch!" stimmt so nicht. Nur Entscheidungsfragen schließen meist hoch:

Hast du das ↗ gesehen?

Auch Zweifel lässt sich dadurch ausdrücken, dass wir die Stimme heben. Schwebende und Hochschlüsse können aber auch kontaktfördernd und aktivierend sein. Ergänzungsfragen, Fragen mit „wer", „wen", „wohin", „was" etc. schließen dagegen eher fallend:

Wer kommt da?

Was hat die GroKo dazu gebracht?

Praxis Essentials:

- ☐ Bilde kurze Sätze bzw. Sinnschritte.
- ☐ Schließe deine Aussagen immer gut mit fallenden Betonungen ab, aber versuche gleichzeitig die Spannung zu deinem Gegenüber zu halten.
- ☐ Male mithilfe deiner Gestik die eigene Sprechmelodie nach.
- ☐ Versuche, insgesamt lebendiger und abwechslungsreicher, aber sinnbezogen zu gestalten (siehe nächstes Kapitel).

E3 SPRECHAUSDRUCK

Wenn die Satzform mündlich ist, bleibt noch der Sprechausdruck als Hebel. Sprechen ist eine körperliche Aktion, sie unterstützt die Wirkung. Im Sprechausdruck spiegelt sich die Persönlichkeit und Professionalität der Sprechenden. Wer sinnerfassend sprechen will, muss neben den Betonungen den Sprechausdruck variieren können. Dazu gehören die Sprechmelodie, die Lautstärke, das Tempo, die Artikulation und schließlich der Stimmklang. Die Fähigkeit zur Variation ist entscheidend.

Sprechmelodie

Wenn von „Betonung" und „Betonungsfehlern" gesprochen wird, ist meist die Melodie gemeint. Tatsächlich äußern sich Leseprobleme immer in der Melodie – oft als „Singsang". Die Melodie gehört aber wesentlich zur Wirkung des Vorlesens oder Moderierens. Sinnvolle Wechsel in der Melodie tragen dazu bei, dass das Ergebnis nicht monoton wirkt. Die Sprechmelodie, wie wir sie im freien Sprechen anwenden, verläuft zwischen vier und sieben Halbtönen. Generell gilt: Das Sprechen wirkt nur dann authentisch, wenn sie dem Sinn folgt.

Die typisch deutsche Satzmelodie zeigt den folgenden Verlauf: Mit dem Satzbeginn wird gleichsam als Thema die Spannung aufgebaut, danach ist die Melodie flach, im Mittelteil also fast monoton. In der Hauptbetonung im hinteren Teil hebt oder senkt sich die Stimme. Danach fällt sie und löst ihre Spannung.

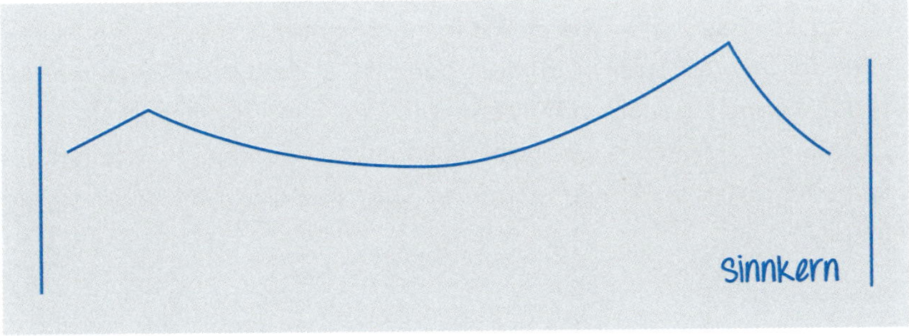

Abb. 19: Hauptbetonung im hinteren Satzteil

Die jeweilige Hauptbetonung fungiert hier als Ziel, das man schon vor dem Beginn des Sprechens im Auge haben sollte und worauf man in einem klaren Bogen zusteuert. Unsere Sprechmelodieverläufe, wie wir sie im Alltag im freien Sprechen anwenden, sind hier das beste Vorbild.

Dynamik

Lautstärke bzw. Laut-leise-Wechsel beim Sprechen können die Sprechwirkung steigern. Diese Dynamik ändert sich im besten Fall schon innerhalb eines Satzes. Sie steigert sich zur ersten Betonung hin und am Ende von Sinneinheiten; präzise nach der Hauptbetonung sinkt die Dynamik.

Eine überhöhte Dynamik kann vor allem vor dem Mikrofon übertrieben und aufdringlich wirken. Um das zu vermeiden, sollte die Stimme vor dem Mikrofon niemals lauter als in einem Eins-zu-eins-Gespräch sein. Auch tontechnische Eingriffe wie zum Beispiel ein Kompressor (sorgt für einen hohen Durchschnittspegel) greifen erheblich in die Dynamik einer Stimme ein. Je nach Format und Sender werden solche Mittel mehr oder weniger eingesetzt.

Tempo und Tempowechsel

Auch unser Sprechtempo vermittelt Sinn: wichtig oder weniger wichtig. Wichtiges sprechen wir langsamer, weniger Wichtiges schneller.

Oft meint man, etwas sei zu schnell gesprochen. Meist aber sind nur Gliederungen oder Pausen sinnwidrig: Nicht Verstandenes erscheint deshalb oft als zu schnell gesprochen. Bekannt ist: Je langsamer man versucht zu lesen, desto mehr Pausen setzt man. Das Sprechtempo ist meist nicht entscheidend. Sind die Betonungen sinnvoll, kann man durchaus sehr flüssig sprechen.

Ein immer gleiches Tempo wirkt für die Zuhörer*innen ermüdend. Wichtig ist, dass ähnlich wie im Alltag ein variantenreicher Rhythmus entsteht, der an die Betonungen gekoppelt ist. In der Musik nennt man so etwas „Agogik“: feinste Veränderungen des Tempos machen ein Stück erst spannend, nicht das roboterhafte unnatürliche immer gleiche Tempo! Psycholinguisten fordern ein mittleres Sprechtempo von 250 Silben pro Minute.

Stimmklang
Wir verändern den Klang der Stimme durch Variationen der Spannung und durch Mundbewegungen. Er ist abhängig vom Befinden des Sprechers. Die individuelle Klangfarbe der Stimme, das Timbre, ist dagegen ausschließlich konstitutionell (angeboren, anatomisch) oder habituell (erlernt). Vor dem Mikrofon ist grundsätzlich der authentische Stimmklang zu bevorzugen, also der, der sich in unserer Indifferenzlage (individuellen Sprechstimmlage) bewegt. Spielen wir eine Rolle, so können wir unseren Stimmklang durch Druck, Luft, Mundbewegungen etc. so verändern, dass wir zum Beispiel älter oder aggressiver/böser klingen. Auch die sogenannten „Trickstimmen" entstehen durch ein geändertes Timbre, zum Beispiel um Puppen oder Zeichentrickfiguren einen stimmlich speziellen Charakter zu geben.

Artikulation
Gute Artikulation ist die halbe Miete: Eine klare Aussprache, die uns leicht von den Lippen geht, gehört zu einem professionell authentischen Eindruck dazu. Ständiges Überartikulieren baut Distanz auf. Allerdings kann durch eine gezielte Überdeutlichkeit ein Wort oder eine Wortgruppe hervorgehoben bzw. betont werden. Phonetisch ist die Standardlautung der größte gemeinsame Nenner, dialektale Färbungen sind umstritten, geben aber den Sprecher*innen oft ein authentisches Profil.

Wichtig: Die Sprechgestaltungsmittel Melodie, Dynamik, Tempo, Artikulation und Stimmklang können wir im Alltag kaum einzeln beeinflussen. Sprechen wir beispielsweise lauter, werden wir zugleich oft auch höher und schneller – und umgekehrt. Der Akt des Sprechens ist ein komplexes Phänomen, nur einzelne Bestandteile isoliert zu verändern, ist sehr schwierig.

Praxis Essentials:

- ☐ Riskiere doch ruhig mal was: „Feeling like a fake can be a sign of growth." Erst wenn man das Gefühl hat zu übertreiben, ist es oft genau richtig. Ein gefühlt übertriebener Ausdruck macht einen guten, authentischen Eindruck!
- ☐ Übertreibe mal stark in der Trainingssituation! Das hilft, von eingefahrenen Mustern wegzukommen. Sprich in Rollen, mit großen Emotionen und kraftvollen Gesten!
- ☐ Schaffe bewusst Abwechslung: schmal sprechen (flüssig und leiser als der Rest des Textes) vs. breit sprechen (langsamer und lauter als der Rest des Textes).

E4 SINNERFASSEND LESEN

Vorlesen muss sich am Sprechdenken orientieren, soll es natürlich klingen. Rein sprechtechnische Fertigkeiten helfen da nicht weiter. Es gibt Einiges zu beachten, damit man nicht unbewusst oder reihend vorliest. Vor allem längere und dichtere Sätze verlangen sichere Fähigkeiten des Lesens, denn hier sind sinnwidrige Gliederung und Betonung besonders folgenreich. Das führt zu Betonungshäufung und damit in ein Dilemma: Alles potenziell Wichtige zu betonen, hieße, das Verstehen durch Häufung zu erschweren. Weniger zu betonen, könnte dahin führen, dass einzelne Bilder verloren gehen. Als Betonung soll das wiederkehren, was beim Schreiben der Sätze der Kern des Gedankens war. Ziel ist es, trotz Text mit den Zuhörer*innen zu sprechen.

Sinnerfassendes Lesen geschieht auf zweierlei Weisen gleichzeitig. Die schon vorliegende Formulierung verlangt zunächst nur das bloße Augenlesen. Danach gehen wir vom Schriftbild zur Klangvorstellung und schließlich bis zur Bewegungsvorstellung des Aussprechens. Wir entwickeln so aus den Wörtern eine Reihe aus lautlichen Vorstellungen. Im wirklich „meinenden" Lesen kommt eine zweite Aktivität hinzu, die das zu Lesende „zu eigen" macht, im Gegensatz zum Nur-Artikulieren. Das geht nur dann, wenn man den Text kennt. Dann fügen wir das nun (wieder) eigene Sinnangebot in die fertige Sprachform des Textes ein. Den Klang- und Bewegungsvorstellungen des Augenlesens ist damit das Mitteilungsziel an die Seite gestellt – als dann kaum zu verfehlende Hauptbetonung. Im Idealfall wiederholen wir das Formulieren der Textproduktion, wir denken den Text neu. Dieses Lesen ist damit Augenlesen und Sprechdenken in einem.

Sinnerfassendes Lesen ist vorausschauendes Lesen, denn die Gliederung durch Pausen sollte den ursprünglichen Gedanken entsprechen. Dazu müssen wir den gesamten Sinnschritt und wenn möglich bereits den Beginn des nächsten Schritts erfassen. Es ist nicht nötig, dass die gesamte Wortbildfolge gleichsam auswendig im Bewusstsein ist, die Hauptbetonungen und die Pausen genügen meist. Nachdem das Ende des einen Satzes ausgesprochen ist, sollte man in der Atempause schon den Sinn des nächsten Satzes erfassen. Das erhält die Sprechspannung über den gesamten Text, die die Präsenz möglich macht. Vor allem die richtige Dosierung des Atems verlangt Übung und Routine, um die Spannung über den gesamten Text halten zu können. Anfänger sollten sich ihre Atempausen ganz bewusst vornehmen und auch im Manuskript notieren.

Praxis Essentials:

- ☐ Sitze oder stehe möglichst aufrecht!
- ☐ Suche zu Beginn deine normale Sprechtonlage. (Denke dabei an aktives Zuhören bei einem Telefonat, mit rückbestätigenden Wörtern wie „hm, hm … ah, ja … so, so …".)
- ☐ Sprich so wie in einem Eins-zu-eins-Gespräch. Dieser Aufwand reicht in der Regel für das Mikrofon. Stell dir vor, ein Freund oder eine Bekannte sitzt dir direkt gegenüber: Wie laut, wie deutlich, wie schnell spricht man in so einer Situation?
- ☐ Mache gezielte Pausen und atme zwischen den Sinnschritten.
- ☐ Markiere Betonungen und Pausen in deinem Text.

Den Text vorbereiten

Zunächst muss die Situation klar sein: Wer spricht zu wem? Und wie will ich den Text sprechen? Aus welcher inneren Haltung heraus? Aus der Situation ergibt sich die Redeabsicht. Ist sie nicht klar, dann ist nur ein Sprechverhalten am Werk, das Raum für pseudoprofessionelle Sprechmuster schafft. Dadurch wäre der Ausdruck nur aufgesetzt.

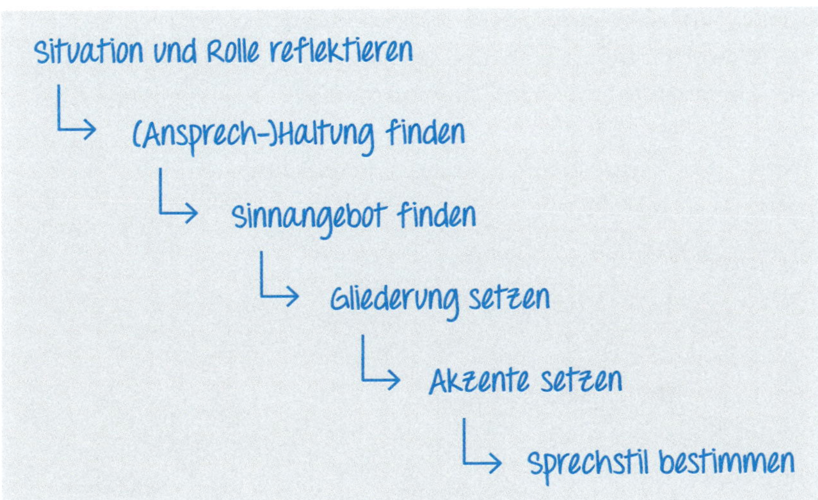

Abb. 20: Performen mit klarer Redeabsicht

Vor dem Präsentieren sollten sich Körperhaltung, Atmung, Stimme und Artikulation aufeinander einspielen. In dieser Vorbereitung kann man auch Tempo und Dynamik testen. Außerdem ist zu überlegen, wo die Betonungen sein können. Günstig ist es dabei immer, sich zunächst das Satzende anzuschauen, weil im zweiten Teil des Satzes meist die Hauptbetonung liegt. Weiter vorn kann man die Nebenbetonungen markieren. Grundsätzlich gilt: Möglichst früh wirklich sprechen und nicht nur mit den Augen lesen! Und immer wieder den Schritt weg vom Manuskript wagen, um über den Text hinaus zu kommen und echte Kommunikation mit einem (vielleicht auch nur imaginären) Gegenüber entstehen zu lassen.

Sprechzeichen

Mit einer Notation aus einfachen Zeichen lassen sich Gliederung, Betonung und evtl. Melodie eintragen. So kann man die eigentlichen Pausen leichter erkennen. Satzzeichen sind nämlich nicht unbedingt Sprechzeichen! Beim Sprechen sollte man sie manchmal sogar ignorieren. Die Sprechzeichen lenken nicht vom Sinn ab, wie zu befürchten ist, sondern unterstützen seinen Ausdruck, indem sie das mit dem Text Gemeinte wieder aufzufinden helfen. Niemand kann vollständig notieren. Man sollte nur so viel notieren, wie für einen flüssigen Lesevorgang notwendig scheint. Wie viel eingezeichnet wird, hängt auch von der vorhandenen Zeit und von der Routine ab. Die Zeichen an sich können sehr individuell sein, sie müssen nur für ihren jeweiligen Urheber funktionieren.

Hier ein paar Beispiele für sinnvolle Sprechzeichen:

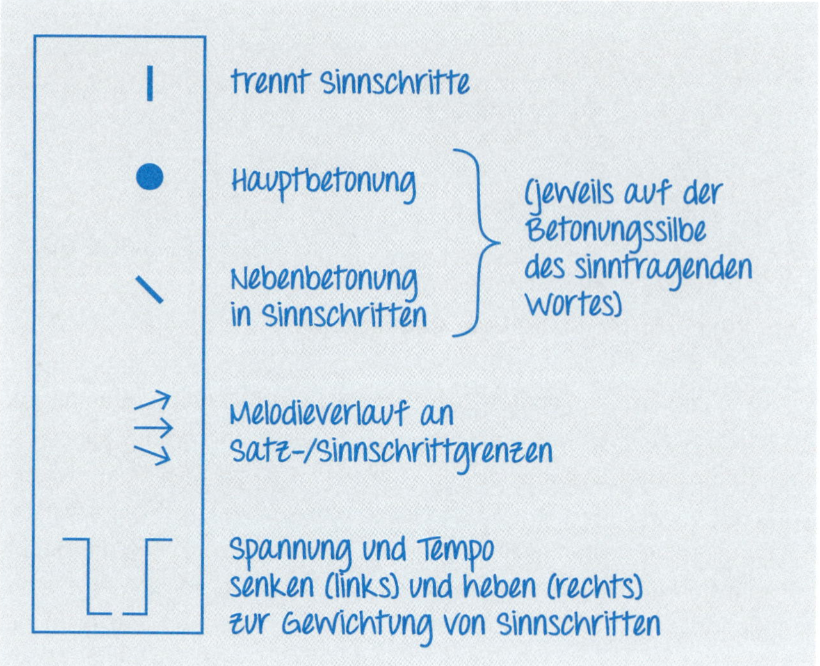

Abb. 21: Sinnvolle Sprechzeichen

Wichtige Regeln für das Textesprechen

- Die Sinnschritte sollten hörverständlich durch Zäsuren getrennt werden. Möglichst nur zwischen diesen Sätzen oder Halbsätzen atmen!
- Allerdings muss man nicht unbedingt für jeden Sinnschritt neu atmen. Es genügen Halbzäsuren, d.h. strukturierende Pausen ohne Atmer (im Gegensatz zu Vollzäsuren: Pausen mit Atmer).
- Wir können jedoch mehrere Sinnschritte durch eine weiterweisende Melodie verknüpfen.
- Relativsätze werden meist angebunden. Gedankliche Einschübe dem vorhergehenden Sinnschritt zuordnen.

- Während des Lesens am besten auf die Betonungen als Ziel hin denken.
- Nicht innerhalb von Sinnschritten atmen!
- Wortblöcke (Termini) werden auf dem letzten Wort betont (Bsp.: Die Organisation für Sicherheit und Zusammenarbeit in **Europa** …).
- Staupausen vor und nach wörtlicher Rede setzen.
- Auch Zitate müssen sprecherisch kenntlich gemacht werden. Dazu zum Beispiel das Sprechtempo verlangsamen und die Spannung erhöhen. Auch eine Staupause vor und nach dem Zitat kann das deutlich machen.
- Eingeschobene Zwischensinnschritte bzw. Nebensätze sollten melodisch herausgestellt, etwas schneller und evtl. leiser gelesen werden.
- Bei Redeankündigungen am Satzende die Stimme heben. Allerdings darf die Stimme nicht zu hoch sein, das wirkt künstlich. Optimal wäre eine schwebende Melodie. Die Ankündigung eines O-Tones sollte ihn in den gesamten Text integrieren.

Praxis Essentials:

- ☐ Drucke deine Texte in einem übersichtlichen Format aus (doppelter Zeilenabstand, Schriftgröße 14). Als Anfänger nicht vom Screen lesen!
- ☐ Versuche, so früh wie möglich den Text wirklich laut zu sprechen, ein reines Augenlesen ist nur geeignet für das Verstehen des Inhalts.
- ☐ Entwickle eine eigene Notation für deinen Text. Setze deine Sprechzeichen gezielt und sparsam ein, überfrachte den Text nicht!
- ☐ Vergiss nie dein (imaginäres) Gegenüber! Setze immer auch deine Gestik großzügig ein.

E5 LIVEREPORTAGEN

Redakteur*innen des aktuellen Bereichs müssen häufig an die Orte ihrer Berichterstattung, wenn es gilt, einen direkten, schnellen Einblick in ein brisantes Geschehen zu vermitteln. Die jeweilige Liveschaltung wird auf Grund der Kompetenz der Redakteurin/des Redakteurs durchgeführt. Diese Kompetenz muss auch eine sprachliche und sprecherische sein, um erkannt zu werden. Kameratraining ist dabei unbedingt nötig, um die folgenden Schwierigkeiten abzubauen:

- Livesituationen brauchen vor allem psychische und physische Entspannung. Dazu sollte man eine kurze Konzentrationsphase einlegen und sich körperlich zunächst aufrichten, um sich dann zu lockern. Auch ein paar bewusste tiefe Atemzüge helfen dabei, zu sich zu kommen.
- Eine gute physische Konstitution ist entscheidend für das Bestehen solch schwieriger Situationen. Wer live und/oder im Freien spricht, sollte aus der Körpermitte heraus atmen. Um die Tonhöhe der Stimme zu kontrollieren, sollte man den Körper gut aufrichten, die Füße gut auf dem Boden spüren, die Rumpfatmung einsetzen und sich in seine individuelle optimale Sprechstimmlage einchecken, zum Beispiel mit rückbestätigenden Äußerungen des aktiven Zuhörens wie „Hm", „Aha" oder „So, so". Auch der leise Brustton der Überzeugung hilft: einfach mit einer Hand die Vibrationen auf dem Brustkorb erspüren, so kommt die Stimme runter und gewinnt an Resonanz.
- Der Verlauf der Reportage muss pointiert geplant werden, denn was eine Reportage trägt, ist ihre rhetorische Anordnung: Was sage ich in welcher Abfolge? Die wichtigsten Punkte lassen sich auf einer Karteikarte grafisch darstellen.
- Aufsager werden vielfach auswendig gelernt. Das lässt den Sprechausdruck oft monoton werden. Wenn die Sprachform fertig vorliegt, kann der Sprechausdruck nicht mehr aus authentischem Sprechen erwachsen. Dann ist Platz für professionelle Sprech-

muster, die das Eigene des Sprechers verdecken könnten. Die typische „Reportersprechе" entsteht ganz schnell.

- Wer wirklich frei spricht, hat es mit allen Schwierigkeiten von Satzplanung und Redeplanung zu tun; der Kamerastress tut ein Übriges. Dennoch ist freies Sprechen, wie beim Moderieren, unbedingt geraten, gerade weil Aufsager und Liveberichte in einer sehr „direkten" Sprechsituation aufgenommen werden und daher der Sprechausdruck keine Abweichung von einer authentischen Sprechweise verträgt. In TV-Aufsagern ist es leider nicht möglich, mit vollständig ausgearbeiteten Stichwortkonzepten zu arbeiten. Deshalb sollten wir freies Sprechen vorher mit dieser Methode üben, damit die Satzplanung auch vor der Kamera gelingt.
- Schon aus technischen Gründen ist es wichtig, beim Aufsager das Mikrofon mit einer Hand ruhig zu halten. Die Gestik der freien Hand unterstützt das Sprechen. Soweit es der Bildausschnitt zulässt, sollte man sich daher leichte Bewegungen wenigstens der freien Hand gestatten. Ein guter Bereich dafür ist in der Höhe des Bauchnabels zu finden.

E6 SPRECHEN ZUM BILD

Das Bild ist die heilige Kuh des Fernsehens – und generell visueller Medien. Schnell wird von den Machern vergessen, dass sich gerade erst durch einen gesprochenen Off-Text der Inhalt voll zeigt. Ohne Erklärung im Off fehlt Beiträgen oft die Seele.

Geht gut vorbereitet in eine Aufnahme: Zunächst sollte vor jeder Sprachaufnahme der Timecode eingetragen sein, eine am unteren Bildrand durchlaufende digitale Zeitangabe, mit deren Hilfe die jeweiligen Textteile platziert werden. In dieses Zeitfenster hinein wird der Text eingepasst. Stimmt der Timecode nicht, wird in die Umschnitte, gar in die O-Töne hinein gesprochen. Anderenfalls müsste man schneller sprechen, was nicht hörverständlich wäre. Je präziser also der Timecode und die Textmenge dosiert sind, desto leichter lässt sich der Text sprechen.

In gesprochenen Fernsehtexten muss der Sprechausdruck den Bildern angepasst sein. Das verlangt gelegentlich, dass nicht regulär betont wird. Was durch das Bild bekannt ist, muss meist nicht mehr betont werden, zum einen wegen des Inhalts, zum anderen, um die Stimmung der Bilder wirken zu lassen, etwa in einem Beitrag über Naturphänomene. Andererseits kann es vorkommen, dass der eigentliche Inhalt nicht im Bild transportiert wird, sondern vor allem im Text des Off-Sprechers. In diesem Fall sind die Bilder nur Füllmaterial, und dem Sprecher kommt plötzlich mehr inhaltliche Verantwortung zu (Beispiel: komplexe politische Sachfragen).

Voice-over

Hier **zeige** ich die Person, die ich spreche. Im Gegensatz zum Synchronisieren von Menschen („Ich **bin** die Person, die ich spreche.") bleibt bei einem guten Voice-over immer noch ein bisschen Distanz zu der Person übrig, die ich übersetze. Das Sprechen von Übersetzungen auf fremdsprachliche O-Töne erfordert es aber, die Stimmungen sprecherisch anzupassen, manchmal mehr als sonst im journalistischen Sprechen. Ein Beispiel:

> *Meine Geschichte ist auch die Geschichte der Grillen. Als ich ins Gefängnis kam, habe ich sie beim Hofgang zirpen hören … Als es wieder Sommer wurde, wollten sie nicht mehr in die Freiheit zurück. Sie verloren ihre Farbe und wurden farblos wie wir.*

Das sagt ein bulgarischer Strafgefangener in depressiver Apathie. Wer als Moderierender an dieser Stelle zeigt, wie viel Stimme er hat, überstimmt den Sinn, der sich hier wesentlich aus der Stimmung konstituiert. Der Sprechausdruck muss also in diesem Fall leise und verhalten sein. Das heißt nicht, dass der Sprecher mitleiden soll, das wäre Schwulst – eine Gratwanderung, die man beherrschen muss, und gerade in diesen Nuancen der Empathie beweist sich wirkliche Professionalität. Deshalb werden für Voice-over-Texte oft professionelle Sprecher*innen engagiert. Im Aktuellen macht das meist der Reporter selbst, hier kommt es weniger auf die Stimmungen an als auf die Information an sich.

In längeren Voice-over-Passagen sollte etwas vom Original frei zu hören sein, damit die Stimmung des Originals immer wieder für die Zuschauer nachvollziehbar bleibt. Das bietet sich auch bei Neueinsätzen des Originals und emotionalen Äußerungen (Lachen, Weinen, kurze emotionale Äußerungen) an. Den Sprechausdruck sollte man immer nur mäßig dem Original anpassen. Die Stimme im Voice-over darf nicht vollkommen „nachspielen", trotzdem sollte sie einen natürlichen und authentischen Sprechstil anstreben.

E7 DER TELEPROMPTER

Herzlich willkommen beim „Magazin am Abend"! Schön, dass Sie mit dabei sind!

Wir haben heute folgende Themen für Sie vorbereitet:

Wir waren für Sie in der größten Biogasanlage des Landes …

Und so weiter. Solche zum Glück noch einfachen Sätze müssen wirklich nicht vorgelesen werden. Allenfalls in Nachrichten hat der Teleprompter seine Berechtigung: „Hier 30 Sekunden über die Bundesbank, dort 40 Sekunden Streit in der Koalition, ein paar Sekunden für die Tschetschenen und ein paar mahnende Worte an Saddam Hussein, da wird gewählt und dort explodieren Bomben: Wem – außer dem Computer – fließt ein solches Potpourri schon munter aus der Seele?", schreibt Wolf von Lojewski in dem Moderatorenbuch *Achtung Aufnahme!*.

Aber auch der Wunsch nach Unfehlbarkeit rief den Teleprompter (oder auch „Autocue") auf den Plan. Ein Gerät, das den Text während des Sprechens auf einen halbreflektiven Spiegel vor die Kameralinse projiziert. Der Sprecher kann also in die Kamera blicken und gleichzeitig seinen Text ablesen. So wird freies Sprechen im Wortsinne „vorgespiegelt". Der Teleprompter entbindet vom Sprechdenken und man kann sich vorstellen, dass er nicht gerade der Kommunikation dient.

Früher ließ man eine Textrolle laufen und spiegelte sie auf die Kameralinse. Inzwischen werden die Texte dazu digital eingegeben und im Studio über einen Rechner in den Teleprompter übertragen. Der ältere Papier-Teleprompter hatte noch den Vorteil, dass man auf dem Text Betonungszeichen eintragen konnte, der elektronische Autocue lässt oft nicht einmal mehr diese Möglichkeit.

Vor allem die Pausen lassen sich während des Vorlesens schwer bestimmen. Die Textgliederung hat nichts mit dem Sprechdenkvorgang gemein – schon in einem einfachen Satz:

Der Türkei ist kürzlich

vorgeworfen worden, bei ihren

Angriffen auf kurdische Siedlungen in

Syrien deutsche

Waffen verwendet zu

haben. Dadurch ist es

zu Spannungen im deutsch-türkischen

Verhältnis gekommen.

Hier ist es auch schwieriger, die richtigen Betonungen während des Lesens zu treffen.

Die Moderatoren-Vorleser denken im Moment des Sprechens nicht immer noch einmal, was sie reden. Die Betonungen verraten das. Das nochmalige Sprechdenken beim Vorlesen ist schwer möglich, zumal die Sätze zerhackt aus der Maschine kommen. Man weiß am Anfang des Satzes im Moment des Sprechens selten, wie er endet. Das Vorlesen von abgestandenem Text fördert eine Bewusstlosigkeit, die Dialog unmöglich macht.

So klingt das vom Teleprompter Gesprochene häufig wie „vorgelesen", nicht selten auch wie auswendig gelernt. Damit täuscht es eine hohe Sicherheit sprachlicher Gestaltung vor, die kaum glaubhaft ist. Trotzdem verschärft der Teleprompter oft alle Probleme des Vorlesens.

Aber der Blickkontakt, so heißt es bei dieser Gelegenheit immer, sei der ist besser! Was einmal als Durchbruch in die (vorgespiegelte) Authentizität gedacht war, bringt aber auch in diesem Punkt Probleme: Beim Lesen vom Teleprompter ist der Blick in die Kamera auf den Text gerichtet. Wer so spricht, kann sich einen Zuschauer schwerlich vorstellen. Text vorlesen oder für Zuschauer einen Gedanken entwickeln ist ein gewaltiger Unterschied. Durch den Prompter wirkt der Blickkontakt manchmal uneindeutig, die Augen suchen, sie leben nicht. So wirkt der Blick starr. Vorlesen vom

Teleprompter treibt zusätzlich das Sprechtempo an. Selbst wenn der Text nicht zu schnell läuft, fühlt man sich angetrieben, weil der Atem nicht ganz so locker wie beim freien Sprechen ist. Wer vom Teleprompter lesen will, hat unnatürliche Bewegungen zu befürchten: Der Kopf bewegt sich rhythmisch, manchmal auch nur die Augen. Vielfach können die Zuschauer den Lesevorgang gleichsam mitverfolgen. Häufig findet man ein rhythmisches „Abnicken" des Gesprochenen.

Praxis Essentials:

Wer unbedingt vom Teleprompter ablesen will, sollte Folgendes beachten:

- ☐ Gliedere die Textgrafik so, dass die Zeilenenden auch die Enden der Sinnschritte bzw. Sätze sind.
- ☐ Lies den Text im Teleprompter vorher durch und korrigiere ihn gegebenenfalls.
- ☐ Trotz Prompter solltest du immer ein gedrucktes Manuskript auf dem Tisch haben.
- ☐ Markiere nach Möglichkeit Pausen und Betonungen.
- ☐ Senke gelegentlich den Blick und notiere die entsprechenden Stellen im durchlaufenden Text.

Für Teleprompter-Apps und Programme gelten übrigens dieselben Regeln wie im TV-Studio. Solange es geht, sollte man auf den Prompter verzichten oder vielleicht auch einfach den Versuch wagen, den Prompter nur mit Stichworten zu befüllen, um sich selbst zum freien Sprechen zu zwingen und sich mehr auf sein Gegenüber konzentrieren zu können.

Blicke in die Kamera

Die Kamera ist die Verbindung zu den anderen. Mit einem Blick ins Smartphone erreichst du Nähe. Sonst fühlt sich dein Gegenüber auf Dauer allein. Auch wenn du etwas vom Papier abliest, brauchst du eine möglichst klare Ansprechhaltung. Dein Blick darf nicht nur auf das Papier gerichtet sein, er sollte möglichst oft die Kamera erreichen. Die Frage ist nur: wie und wann? Ständig in die Kamera zu blicken, wirkt ohnehin nicht natürlich, denn im Gespräch gibt es immer Phasen des Überlegens. Auf ein Manuskript oder Stichwortkonzept zu blicken, ist nur dort angebracht, wo etwa Zahlen oder komplizierte Begriffe nachzulesen sind.

Es liegt nahe, an den Satzanfängen oder zu Beginn von Abschnitten in die Kamera zu blicken, um die Zuschauer anzusprechen. In der Mitte des Satzes kann man dann wieder auf den Text sehen. Auch am Ende längerer Sätze sollte der Blick in die Kamera gerichtet sein, schon weil er die Hauptbetonung ausspricht. Wenn auch der Beginn des nächsten Satzes wieder mit Blickkontakt gesprochen werden soll, verlangt das ausgeprägte Fähigkeiten vorausschauenden Lesens.

Der Blick kann ebenso wie der Sprechausdruck dialogisch sein, wenn er ruhig genug ist und nicht nur hilflos und schematisch die Kamera erreicht. Das geht am besten frei redend nach Stichwörtern (vgl. Kap. F). Wer in die Linse schaut, sollte sich deshalb eine vertraute Person als Gegenüber vorstellen, denn das hilft noch am ehesten, einen authentischen Kontakt herzustellen. Auch die Mimik vor der Kamera muss den Inhalten folgen. Das heißt, lächeln nur dort, wo man sonst auch lächeln würde. Umgekehrt ist nicht jeder bierernste Blick kontaktfördernd. Vor allem aufgesetzte Wichtigkeit stößt viele Zuschauer ab.

FREI SPRECHEN UND MODERIEREN

F1 **106** Texte präsentieren

F2 **108** Stichwortkonzepte

F1 TEXTE PRÄSENTIEREN

Volontär Peter hat seine ersten Schichten in der Nachrichtenredaktion. Plötzlich kommt eine Eilmeldung rein – Peter soll für die nächste Sendung noch schnell einen Aufsager machen. Die Zeit ist knapp. Peter kopiert den Text von der Nachrichtenagentur, macht kurz zwei kleine Änderungen und begibt sich ins Studio. Jetzt muss es schnell gehen, die Aufnahme läuft schon, aber Peter kommt überhaupt nicht mit dem Text zurecht: Die Sätze sind viel zu lang und kompliziert, manche Wörter sind Peter fremd, er kommt nur mit Mühe und vielen Stockungen durch den Text.

Peter macht sich selbst das Leben schwer. Er braucht Mut zum eigenen Text, zum freien Formulieren, weg von der Vorlage. Allerdings befinden sich audiovisuelle Medien seit ihren Anfängen in einem Dilemma: Beiträge werden getextet, damit sie von einer Kontrollinstanz (Chef*in vom Dienst, leitende*r Redakteur*in etc.) abgenommen werden können. Gerade bei komplexen Themen ist das sicher sinnvoll, aber es steht leider dem individuellen Ausdruck im Weg.

Wer wirklich glaubwürdig sein will, muss mit den Zuhörer*innen oder Zuschauer*innen denkend sprechen. Das geht nur frei. Markantes Beispiel ist die Magazinmoderation. Hier gibt es aber ganz massive Widerstände: Meist wollen die Produzenten die „letzten Worte" der Moderation wissen. Spricht der Moderator frei, ist das nicht auf ein Wort genau möglich. Das kann aber nicht als Argument gegen das freie Sprechen gelten. Der Gedankengang soll durchaus geplant sein, der Schluss besonders. Es genügt aber, wenn die Produktion den Schlussgedanken kennt, der kann als „letztes Wort" fungieren. Der frei gesprochene Schlusssatz der Moderation kann inhaltlich als Zeichen zum Abfahren der Beiträge ausreichen – als „letzter Gedanke".

Vor den methodischen Hinweisen seien die „Fehler" beim freien Reden noch einmal erwähnt: Stockungen im Sprechablauf, Füllwörter und Fülllaute, lautes und sinnleeres Atmen, Wortfindungsschwierigkeiten, vor allem der Verben, der Wunsch, druckreif zu sprechen, damit zusammenhängend: zu lange Sätze anzufangen, ohne den Satzkern parat zu haben, Wiederholungen, zu langes, phasenweises Formulieren. Es fehlt also an profundem Handwerk, das nicht vordringlich im „Sprechtechnischen" liegt, sondern im Zusammenhang von Denken, Atmen und Aussprechen. Um das zu verhindern, hilft es nicht, freies Sprechen vorzutäuschen. Wer frei spricht, muss niemals alltagssprachliche „Bemerkungen" vorformulieren; sie authentisch abzulesen, gelingt nur selten:

Tja und da fällt mir noch ein …

Weithin wird freies Reden als Wiedergeben von Auswendiggelerntem missverstanden. Frei Sprechen in der Öffentlichkeit audiovisueller Medien bedeutet nicht, dass wir ohne jede Formulierungshilfe sprechen. Auch für das freie Sprechen sind Anhaltspunkte nötig, die das Sprechdenken leiten. Wer mit Methode frei reden will, braucht Stichwortkonzepte, die das originäre Sprechdenken unterstützen. Wer mit Konzept spricht, liest nicht Text ab – ist aber auch nicht während des Sprechens allen Problemen der Satzplanung ausgesetzt.

F2 STICHWORT-KONZEPTE

„Ganz frei" reden geht meist schief. Ohne Stichwörter ist man bald beim Auswendiggelernten (vgl. Wachtel 2021). Allenfalls noch beim Theater geht das an, und auch dort ist das schon schwer. Wer Inhalte glaubwürdig vermitteln will, muss in der Situation sprechdenken. Das Auswendiggelernte ist kaum glaubwürdig zu sprechen. Zudem löst frei Sprechen eines der ganz großen Probleme in den Medien: das Problem des Timings. Texte wegen des Timings vorzuformulieren, ist die häufigste Ausrede dafür, dem Zuschauenden etwas vorzulesen. Nach dem unten folgenden Beispiel aber kann prinzipiell jeder Sprecher 12 oder auch 18 bis 20 Sekunden reden: In der längeren Fassung kann der eine oder andere Gedanke hinzukommen, das Tempo und die Breite können zunehmen. Diese Variabilität ginge niemals mit vorgelesenem Text, wenn es heißt „noch Zeit!" oder auch „schneller!" oder „kürzer!".

Freies Sprechen schafft mündliche Sprache

Schon diese folgende einfache Textgrafik in Treppenform ermöglicht Sprechdenken in der aktuellen Situation, auch wenn vielleicht noch wichtige Teile fehlen (vgl. Geißner 1986):

Biden
↳ US-Präsident
↳ unterstützen
↳ Proteste im Iran

Aufruf an iranische Regierung
↳ Menschenrechtsorganisationen erlauben
↳ beobachten und berichten

Hier ein kleines Experiment, das versucht, die Vorteile von Stichwortkonzepten mit klassischen Nachrichten zu verbinden. Das nächste Beispiel ist eine komplizierte Meldung. Häufig kommen solche Inhalte in Moderationen und Aufsagern vor – und werden sogar dann noch als formulierter Text konzipiert. Heraus kommt so etwas:

Als endgültigen Schritt bezeichnete der brandenburgische Ministerpräsident und SPD-Präsidiumsmitglied Woidke den Beschluss des SPD-Parteivorstands, einen UN-Einsatz der Bundeswehr auf reine Friedensmissionen der Blauhelme zu beschränken. In einem Interview der „Berliner Zeitung" plädierte Woidke dafür, dass die Grundgesetzänderung, an der sich die SPD beteilige, so präzise ausfällt, dass Blauhelm-Aktionen möglich würden, weitergehende Aktionen aber nicht. Die Beiträge der Bundeswehr im Rahmen der westeuropäischen Union müssten strikt auf Europa begrenzt bleiben, sagte der Politiker.

Sinnerfassendes Lesen einer solchen Meldung ist durch die hohe Satzdichte nur schwer möglich. Die folgende, veränderte Fassung in Stichwörtern lässt sich frei reden. Sie lässt sich dann zudem weitaus besser verstehen – ein schönes Ziel, das in der Diskussion um das frei Reden gern vergessen wird. Wie diese Meldung in ein Stichwortkonzept übertragen aussieht, zeigt die folgende Abbildung.

Die Sinnkerne sollten mit einem Kreis versehen sein, um sie rechtzeitig sehen zu können. Um sie herum werden die Sätze geplant. Die nötigen Verben sind enthalten. Vor allem ist mit einem solchen Stichwortkonzept die Wortstellung nicht festgelegt. So kann man die Sätze – je nach Situation – knapp aussprechen oder ausgiebig entfalten. Auch Tempo und Sprechausdruck sind variabel. Jetzt ließe sich sogar die Meldung frei sprechen.

Dennoch bleiben einige Probleme: Die Nebensätze sind eingeschoben, das ist ja beim freien Sprechen nicht immer so. Wäre diese Information von vornherein frei sprechend entstanden, wäre das vermutlich nicht so. Eine nach dem Stichwortkonzept entstandene Fassung könnte etwa folgendermaßen formuliert sein:

Der brandenburgische Ministerpräsident Woidke nannte den heutigen Beschluss des SPD-Parteivorstands einen endgültigen

Schritt. Danach sollen UN-Einsätze der Bundeswehr auf reine Friedensmissionen beschränkt bleiben. Auch an einer Grundgesetzänderung würde sich die SPD beteiligen. Diese müsste aber so präzise ausfallen, dass Friedensaktionen möglich würden. Weitergehende Aktionen seien danach aber nicht möglich. Woidke sprach ebenfalls von den Beiträgen der Bundeswehr im Rahmen der westeuropäischen Union. Diese müssten strikt auf Europa begrenzt bleiben.

Brandenburgischer Ministerpräsident Woidke
↳ nennen
↳ **endgültigen Schritt**
↳ Beschluss des Parteivorstandes

UN-Einsatz der Bundeswehr
↳ **reine Friedensmission**
↳ beschränken

Interview der „Berliner Zeitung"
↳ plädiert
↳ **dafür**

Grundgesetzänderung
↳ **SPD beteiligen**

Aber
↳ **so präzise**
↳ ausfallen

Woidke
↳ Beiträge der BW
↳ **in westeuropäischer Union**

auf Europa
↳ **begrenzen**

Nicht nur in audiovisuellen Medien, auch in der Wirtschaft etwa, in Veranstaltungen, in denen Manager*innen sprechen, werden ganze Reden in Stichwort-Pyramiden geschrieben – oder besser in Trichtern (vgl. Wachtel 2021):

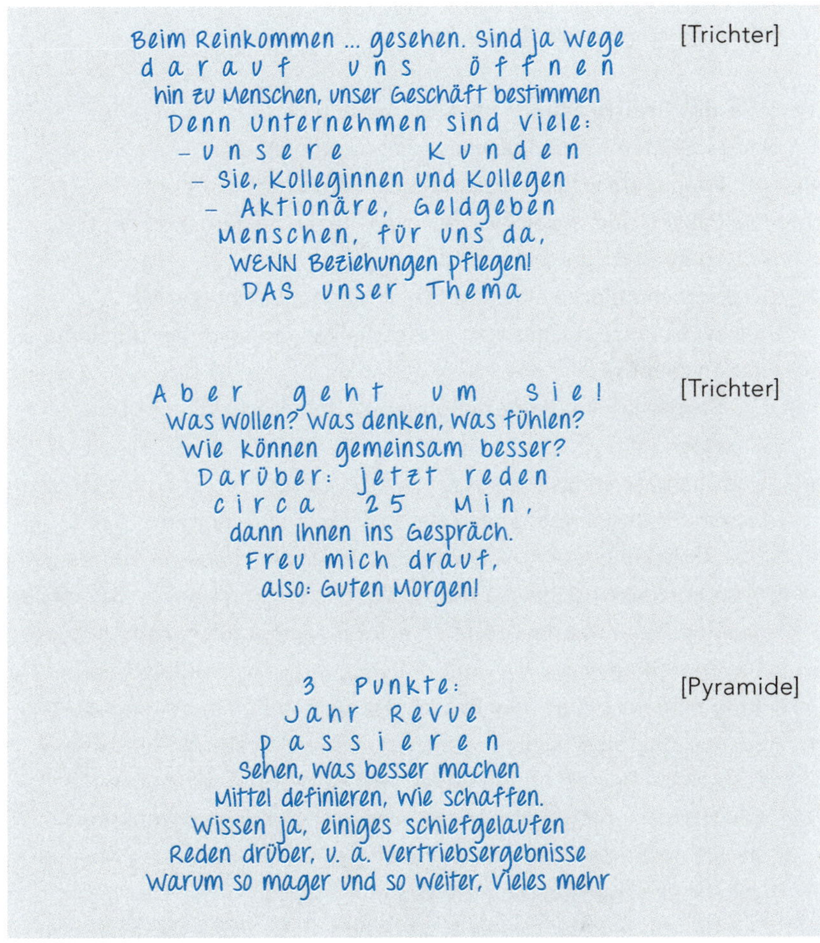

Abb. 22 Stichwortkonzept in Trichtern und Pyramide

Diese Grafiken sind nur Beispiele. Viele Varianten sind denkbar. In Sendungen, in denen hohe zeitliche Variabilität erforderlich ist, bietet es sich an, links eher die wesentlichen Punkte aufzuschreiben, rechts eher weitere Vertiefungen, die man ad hoc weglassen kann. Auch lassen sich in der Vorbereitung organisatorische Querverweise anbringen, etwa „O-Ton abspielen" oder „Musik leiser".

Vorteile des Freisprechens nach Stichwörtern

- Es lässt sich häufiger aufschauen als beim Vorlesen.
- Mit Stichwörtern kann setzend-fortlaufend formuliert werden. Die Pausen sind meist zwischen den kurzen Sätzen.
- Die Grafik lässt die Sinnschritte erkennen.
- Die Sprechmelodie einer Aufzählung kommt nicht vor. Mit Stichwortkonzept kann man vorausdenken, ohne immer die Stimme heben zu müssen.
- Die Striche lassen die Beziehungen zwischen Sätzen sofort erkennen.
- Das Stichwortkonzept zeigt nur einen Sinnkern pro Schritt oder Satz. Das verhindert lange, phasenweise Satzkonstruktionen.
- Die „Treppen" geben zwar Vorschläge zur Wortfolge, beim freien Aussprechen wird meist automatisch das Wichtige an das Satzende gesetzt. Planung und Betonung erfolgt nach den Sinnkernen.
- Der Sprechausdruck wird authentisch. Es muss keine falschen Betonungen mehr geben. Die Betonungen entstehen in der Situation.
- Ein und dasselbe Stichwortkonzept kann man verschieden „timen". Zusätzliche Bemerkungen lassen sich einflechten, aber auch Kürzungen sind leichter möglich, ohne schneller sprechen zu müssen. Das ist besonders beim Moderieren wegen der Sendezeit wichtig. Mit abgelesenen Texten wäre das nicht möglich.
- Die Gefahr des Abschweifens ist gering. Zusätzliche Sätze werden sich kaum sehr weit vom Konzept entfernen.
- Mit Stichwortkonzepten ist es möglich, grammatikalisch vollständig zu sprechen, wenngleich es auch nicht immer nötig ist. Die Wortfindung gelingt leichter. Vor allem die Verben, nach denen wir oft suchen, sind enthalten.
- Fachsprachen und Sprachmuster sind seltener.

- Verlegenheiten des freien Redens wie Stockungen und Fülllaute („ähm") lassen sich vermeiden, weil alles für die Satzplanung Notwendige vorliegt.
- Atmen und Denken stimmen überein, weil das Konzept die Sinnschritte grafisch verdeutlicht. Nach Stichwörtern muss man nicht „leer", ohne Vorausdenken, atmen.

Stichwortkonzepte unterstützen vor allem Moderation, Livereportage und Aufsager. Aber auch für so manches Genre, in dem fast immer Text vorgelesen wird, eignet sich diese Methode, zum Beispiel auch für live oder vorproduziert gesprochene Studioberichte. Wer für das Vorlesen eher untalentiert ist, kann schnell den „Singsang" des Vorlesens umgehen, wenn sie/er nach Stichwörtern frei spricht.

Praxis Essentials – Stichwortkonzept:

- ☐ Verwende nur Stichwörter, nie ganze Wendungen.
- ☐ Vergiss nicht die Verben im Konzept.
- ☐ Beginne nicht mit dem Satzkern zu reden.
- ☐ Zeichne einen Kreis um den Satzkern.
- ☐ Schreibe Gelenkwörter an den Anfang der Treppen (aber, auch, trotzdem …).
- ☐ Definitionen, Zitate, Namen, Zahlen und juristisch Relevantes darfst du ausnahmsweise ausformulieren.
- ☐ Entzerre die Wörter, um sie leicht lesen zu können.
- ☐ Verwende Karteikarten (DIN A5) beim Moderieren vor Publikum (oder auch vor der Kamera).
- ☐ Nummeriere die Karten durch, benutze nicht die Rückseite.
- ☐ Schreibe deine Wörter nicht immer in der endgültigen Abfolge auf.
- ☐ Verdeutliche grafisch die einzelnen Redeabschnitte.
- ☐ Benutze Zeichen für Verweise auf Vorhergehendes und Kommendes.
- ☐ Formuliere evtl. Anfang und Ende aus.
- ☐ Benutze Grafisches wie Smileys oder kleine, einfache Zeichnungen.
- ☐ Das Wichtigste ist, dass du mit einem Blick deine Gedanken verstehen, denken und sprechen kannst!

MODERATION

G1 **119**
Frei ist besser als Text

G2 **121**
Wer moderiert, ist Marke

G3 **125**
Moderationen sind Werbetexte

G4 **131**
Redeplanung: Aufbau von Moderationen

G5 **147**
Gut wird nur selbst Geschriebenes

G6 **150**
Abmoderationen

G7 **152**
Moderierendes Sprechen in Nachrichten

G8 **154**
Texthänger – Blackouts überwinden

Leonie Berger will über ihr kleines Architekturbüro ein Imagevideo drehen und auf YouTube stellen. Dazu schreibt sie Moderationen und Texte für Interviews ihrer Mitarbeiter*innen, die sie bei der Arbeit filmen will, verbunden mit einem ansprechenden Statement in die Smartphone-Kamera. Aber bei einem ersten Probevideo merkt sie schnell, dass sie zu viel Text hat und das ganze etwas langatmig und nicht frisch genug rüberkommt.

Leonie will Sicherheit und sitzt in der Falle: Vorgeschriebene, in ein festes Korsett gepresste Texte können schnell ungeschickt und verkrampft wirken. Ein erster hilfreicher Schritt könnte sein, die Hälfte zu kürzen und sich einen Stichwortzettel zu schreiben. Das trägt wesentlich zur Auflockerung bei, auch der Blick wird frei. Das gilt genauso für Fragen im Interview. Neben dem Stichwortzettel kann sich der Interviewer dann ganz aufs Zuhören konzentrieren und auch spontane Fragen zulassen.

Moderation ist eine hochkomplexe Tätigkeit, die Übung, Routine und eine gute Vorbereitung erfordert. Die Moderationen selbst sollten kurz und knackig sein, Richtwert ist eine halbe Minute; allenfalls ist eine ganze Minute in komplexeren Nachrichtenmoderationen angebracht. Die Moderation muss zuspitzen können. Tatsachen, Interpretationen und Hintergründe sollte der Moderator so formulieren, dass sie die Aufmerksamkeit vieler Zuhörer*innen oder Zuschauer*innen wecken. Das Moderate in der Moderation ist die Anbindung der Inhalte an die Situation von Zuhörenden und Zuschauer*innen und die Hinführung zu journalistischen Produkten. Die Magazinmoderation, die hier Paradigma ist, soll:

- eine angenehme Atmosphäre schaffen
- für Beiträge interessieren
- keine wesentlichen Aussagen der Beiträge vorwegnehmen
- auf das Wesentliche hin zuspitzen
- Strittiges aufzeigen, aber offenlassen
- in Einzelfällen Meinung einbringen
- bildliche Sprache verwenden
- Earcatcher verwenden (z.B. passende überraschende Bilder, eigene Erfahrungen oder knackige Zitate)

Moderation ist ein Gespräch mit imaginären Zuhörenden

Sprach- und Sprechstil einer Moderation müssen authentisch und der Alltagsrede ähnlich sein. Das bedeutet aber nicht, alle Ungereimtheiten alltäglichen Redens vor Mikrofon und Kamera zuzulassen. Authentisch sprechen heißt ebenso nicht anbiedern oder belehren. Vor allem muss der Moderator/die Moderatorin seine/ihre Person einbringen, viel stärker als in anderen Genres. Wer will, kann sogar die Zuschauer*innen direkt ansprechen, indem er eigene Meinungen und Gefühle verbalisiert.

Moderation heißt, die eigene Wirkung kennen

Die Nähe zur Alltagsrede birgt aber die größte Gefahr der Moderation in sich: das Labern. Darum ist die Kenntnis der eigenen Wirkung notwendig und vor allem geeigneter Methoden der Satz- und Redeplanung.

Moderat im Sinne von verbindlich sein bedeutet nicht, es jedem recht zu machen. Gute Moderation kann durchaus etwas sein, an dem man sich reibt. Oft genug hält sie gerade dadurch Zuhörende und Zuschauer*innen vor Lautsprecher und Bildschirm.

Moderation heißt Verbindlichkeit

Moderat sein heißt auch verbindlich sein, im Sinne von: meinen, was man sagt. Die Verbindlichkeit des Moderierenden ist auch eine im Wortsinne, Moderierende sind Vermittelnde: Sie müssen Beiträge mit Musik, sich selbst mit den Zuschauer*innen und den Inhalten der Beiträge verbinden können. Das gilt vor allem für die Themen untereinander. Nur platt dagegen sind Moderationen, die um jeden Preis Ungereimtes reimen und verschmelzen, wie zum Beispiel:

> *Ja und beim Thema Umweltverschmutzung sind wir auch schon beim Wetter …*

Verbinden heißt allerdings, dass sich Zuhörende/Zuschauende immer neu an verschiedenen Themen orientieren können. Dazu sind sprachliche Hilfen unumgänglich:

> *Wie immer zeigen wir Ihnen auch am Ende dieser Sendung eine besondere Art, mit Alltagsärger fertig zu werden.*

Moderationen müssen Orientierung und Struktur schaffen

Moderationen müssen Orientierungen im Umfeld der Sendung geben können. Dazu sind Hintergrundinformationen nötig, die es den Hörer*innen gestatten, Themen und Meinungen auch selbst in Beziehung setzen zu können. Das unterscheidet die Moderation vom Kommentar. Moderationen mit einem hohen Meinungsanteil können in größeren politischen Magazinen vorkommen. Viele andere Moderationen verlangen, dass die eigene Meinung zurückgehalten wird, vor allem dann, wenn Strittiges noch nicht geklärt ist. Meinung hat auch dort keinen Platz, wo lediglich Beiträge an- oder abgesagt werden. Moderationen haben aber immer auch eine subjektive Komponente, weil sie auf der eigenen Persönlichkeit beruhen. Immer sollte gute Moderation sachlich sein.

„Gut verkauft" heißt es von manchen Moderationen. Gemeint sind dann die Moderationen selbst und dass es gelungen ist, für die Beiträge zu interessieren. Die Moderatoren müssen Beiträge verkaufen und für Beiträge werben. Seriöse Moderatoren versuchen deshalb, darauf Einfluss zu nehmen, dass das „Verkaufte" Qualität hat. Ist der Moderierende selbst nicht davon überzeugt, sollte er auch nicht dafür werben.

In Moderationen kommen alle drei Formen des Sprechens vor: Vorlesen, frei Sprechen und auswendig gelerntes Sprechen. Das Auswendiggelernte ist kaum glaubwürdig zu sprechen; es ließe sich nur durch gutes Schauspiel verbessern. Deshalb sollte man Moderationen möglichst nicht auswendig lernen. Auch der Teleprompter fördert nur die Nöte des Vorlesens zutage. Außer in Nachrichtensendungen lässt sich alles nach Stichwörtern frei moderieren. Jemandem vorzulesen, ist für einen Magazinmoderator absurd.

G1 FREI IST BESSER ALS TEXT

Holt Euch aus dem Korsett des vorformulierten Textes heraus: So manche schriftsprachlich entstandene Moderation liest sich nicht wirklich verständlich. Die redaktionelle Abnahme verlangt „Text", die Beurteilung will Schriftlichkeit. Die aber steht dem Sprechdenken beim Moderieren im Wege. Und frei Moderieren, das geht mit geschriebenen Moderationen eben gar nicht. Allenfalls lässt sich „Spontaneität" vorspielen. Das aber führt nicht zu Glaubwürdigkeit. Dennoch wird dogmatisch am Vorlesen festgehalten. Das hat vornehmlich psychologische Gründe, denn der Text verleiht ein Gefühl von Sicherheit. Anfänger können deshalb ablesen. Auch manche schwierige wissenschaftliche oder politische Themen verlangen scheinbar nach Vorformuliertem. Allerdings, noch mehr als in anderen Sprechsituationen, behindert in der Moderation das Vorlesen den eigenen Sprechstil.

Abgelesen wird auch in der Nachrichtenmoderation, die eigentlich keine Moderation ist. Gelegentlich werden auch nur Teile der Moderation abgelesen. Das bringt unterschiedliche Sprechstile mit sich: Die eigentliche Moderation darf erzählerisch sein, moderierte Meldungen sollten weniger umgangssprachlich und auf einer höheren Aussprachestufe gesprochen werden. Der Sprechstil des Ablesens darf sich aber nicht zu weit vom freien Sprechstil entfernen. Moderatoren müssen das „Schreiben fürs Hören" erlernen.

Moderieren heißt authentisch sprechen. Wie schon im vorigen Kapitel gezeigt, bereitet auch das Vorlesen eigener Texte manche Schwierigkeiten. Zudem wird beim Ablesen in professionellen Sprechmustern angeblich „moderativ" vorgelesen. Dieser Stil kultiviert oft genug nur den Singsang eines ungeschickten, reihenden Lesens, zu hören an den „bunten Meldungen", die „bunt" klingen sollen. Der Moderierende darf aber nicht ausschließlich nach dem pseudoprofessionellen Sprechmuster „Moderation" reden. Manches formatierte Moderationsschema fördert das leider, obwohl moderieren authentisch sprechen heißt. So klingen viele Moderatoren gleich und das macht vorgelesene Moderationen vollends unratsam. Auch Pannen zeigen einen hilflosen Moderator, wenn er nur am Text hängt. Man sollte beim Moderieren möglichst nicht ablesen, denn den wirklich authentischen Ausdruck garantiert allein das freie Sprechen (vgl. Kap. 6). Dazu sollten vor allem die erwähnten Meldungen in Stichwörtern mit ins Studio genommen werden.

G2 WER MODERIERT, IST MARKE

Du musst selbst verstehen, was du moderierst, das ist das Wichtigste. Notfalls musst du dir das Verständnis noch durch Recherche erarbeiten. Die Stimme ist manchmal nur deshalb dünn, weil die Sicherheit oder weil die Überzeugung fehlt. Wenn wir nicht durchdenken, wovon wir sprechen und wie wir es inszenieren wollen, dann ist alle Fehlerlosigkeit sinnlos. Nur, wer sich selbst authentisch in Szene setzt und inhaltlich sicher ist, kann sich langfristig als Moderatorenmarke etablieren und wird ein breites Publikum wirklich überzeugen.

Weg von Standardmoderationen

Ob Moderation und Sendung tatsächlich durchdacht sind, erkennt man an den Mustern – vor allem an den Sprachmustern. Sie haben in Moderationen nach wie vor Konjunktur. Dazu gehören so schöne Formulierungen wie „so der Minister", „vor Ort", bedenkenlos eingesetzte Superlative, all die „ultimativen" Events und die fest am Substantiv klebenden Attribute wie die „folgenschweren" Unfälle, „entspannten" Atmosphären, die immer „verheerenden" Katastrophen. Am Sprachmuster erkennen wir die Standardmoderator*innen.

Auch im Auftritt gibt es Muster: der Investigative, der bös dreinblickt, die mit dem immerwährenden Lächeln, der Unbeteiligte, der Sprechakrobat und viele andere. Oft kopieren wir Vorbilder, die wir kennen, um unsere eigene Unsicherheit zu überspielen. Aber das Original bist du selbst!

Es kommt auf die Überzeugungskraft an

Wer frei spricht, hebt sich ab. Heute, wo wir aus einer Vielzahl von Programmen auswählen können, wo es also auf die Überzeugungskraft von Köpfen ankommt, wird der Mensch zur Marke. Zudem führt der Moderator. Das kann er nur professionell, wenn er sich von fremden Texten frei macht. Die Identifikation des Hörers und Zuschauers gelingt nur bei

Persönlichkeiten. Das wiederum setzt Unverwechselbarkeit voraus (vgl. Wachtel: *Die Kunst des Authentischen*, 2018). Gestik, Haltung und Bewegung im Studio sind allerdings technisch begrenzt. Da bleiben nur Sprachstil und Sprechstil, die unverwechselbar sein müssen.

Stichwörter als Grundlage einer freien Moderation

Günther Jauch war einer der wenigen, die vornehmlich frei nach Stichwörtern moderierten. Die Ursachen für Jauchs Moderationstechnik liegen im Beginn seiner Karriere begründet. Er hat früh gelernt, frei zu moderieren: „Natürlich habe ich zu Beginn auch jedes Wort aufgeschrieben. Als ich aber jeden Tag mehrere Stunden vor dem Mikrofon saß, war es irgendwann auch ein Akt der Faulheit, nicht mehr alles bis ins Letzte vorzuformulieren, sondern mich stattdessen zu konzentrieren." Jauch hat das dann zur Methode erhoben, während das Gros der Kollegen beim Vorlesen geblieben ist: „Ich glaube sogar, dass der Teleprompter mit dazu beiträgt, dass viele Moderatoren gar kein eigenes „Gesicht" mehr haben. Das starre Vorlesen führt dazu, dass die meisten diesen Ausdruck draufhaben, bei dem man nicht mehr erkennt, wer eigentlich redet. [...] Wer nur vorliest, verzichtet auf die Verzahnung zwischen Denken und Sprechen. Authentizität und damit Glaubwürdigkeit funktionieren aber nur, wenn ich hinter dem Sprechenden auch den Denkenden vermuten darf." Erst so sei eine professionelle Ansprache möglich, die nicht nur auf formale Korrektheit schiele. Gerade die Livesituation brauche nicht das Vorlesen. Es behindere den Moderierenden gerade in der aktuellen Ansprache der Zuschauer: „Auch wenn es wie ein Widerspruch klingt: Während einer Livesendung habe ich noch nie einen Teleprompter benutzt, und bei den (seltenen) Aufzeichnungen stelle ich zu meiner Überraschung fest, dass sich die Versprecher während der Nutzung des Teleprompters häufen. Es liegt schlicht daran, dass man sein Gehirn beim Vorlesen ausschaltet und dann auch oft ganz falsch betont." Jauchs Rat an alle, die frei moderieren: „Stichwörter sollten immer die Grundlage einer prinzipiell freien Moderation sein."

Reagieren und entscheiden – gute Vorbereitung ist das A und O

Vor allem angehende Unterhaltungsmoderator*innen wünschen immer wieder leidenschaftlich „Schlagfertigkeit". Diese (vielleicht) oder auch Konzentration kann man gerade noch trainieren. Manchmal wird sogar nach Originalität verlangt – aber die ist schon nicht mehr lehrbar; auch „Witz" muss schon Witz sein, wo er trainiert werden soll. Unterhaltung lässt sich nicht lehren, wohl aber Magazinmoderation.

Was sich gut vorbereiten lässt, ist der Inhalt. Der Moderator sollte das Anmoderierte kennen – was in manchen Magazinen keineswegs selbstverständlich ist. Vor allem muss er die ersten Worte bzw. das erste Bild aufnehmen, um darauf das Ende der Moderation ausrichten zu können. In Krisensituationen kann man die Nervosität am besten bekämpfen, indem man sich vorbereitet. Schnelle Entscheidungen setzen Wissen und Überblick voraus. Dazu muss man mehr wissen als der „Text". Das Stichwortkonzept muss so gut sein, dass das Sprechen selbst professionell gestützt ist. In kritischen Situationen lassen sich nur die guten Stichwortkonzepte ad hoc modifizieren.

In der Panne erweisen sich die Könner*innen. Hier steht alles im Wege, was nicht selbst und frei vorbereitet ist. Wenn die Zuspielung nicht kommt, kann man zum Beispiel in wenigen freien Worten aufgrund der Stichwörter einiges zum Thema erklären. Das darf nur höchstens eine Minute dauern, dann muss ein anderer Gegenstand anmoderiert werden. Auch wenn der Beitrag abbricht, sollte nach einem erneuten Versuch das Thema gewechselt werden. Selbstverständlich gelingt das Pannenmanagement denen am wenigsten, die (im Fernsehstudio) nur das Moderieren mit der Lesemaschine kennen. Der Wechsel ins Leere ist oft ein Blick in den Abgrund, vor allem für die Zuschauenden, die einen hilflosen Menschen erleben, wo sie eben noch so flotte und „kompetente" Worte hörten. Auch hier sollte man erklären, warum oder wenigstens dass das vorkommen kann, und schnell weiter. Dasselbe gilt, wenn die Leitung für ein Schaltgespräch streikt.

Besonderheiten im Fernsehstudio

Alles Räumliche muss definiert sein: wo stehe ich wann, wie laufe ich, wie sitze ich. Hier darf das Format nicht allein bestimmen, auch der Moderierende sollte mitreden können. Auch Stuhl und Tisch müssen vor allem in der Höhe stimmen. Immer muss der Blick auf den Kontrollmonitor unverstellt sein. Immer am Rotlicht vergewissern, welche Kamera läuft. Am reizvollsten ist freies Stehen, es wird zu Recht häufiger praktiziert. Die Stichwortkarten dienen hier als Vehikel für die Hände.

Alle Kamerawechsel sollten genau abgesprochen sein. Das wiederum darf nicht dazu führen, dass keine authentische Bewegung mehr möglich ist. Die „Gänge" durch das Studio sollte man zwar proben, zur „Moderatorendarstellung" darf journalistische Arbeit aber nicht werden. Insbesondere der Körperausdruck braucht die Balance zwischen Probe und ungekünstelter Freiheit. Man sollte vorab ausprobieren, ob Gänge überhaupt glücklich sind. Nicht jeder kann unter Beobachtung natürlich laufen. Dazu muss man genaue Kenntnis über die jeweilige Kamera haben, die auf Sendung ist.

Besonderheiten im „Studio" Wohnzimmer

Mit dem Handy in der Hand wird unser Wohnzimmer zum Studio. Auch hier muss alles Räumliche genau definiert sein. Mit dem Unterschied, dass es oft nur eine Kamera gibt, die im Smartphone oder PC/Laptop. Auch hier braucht es eine ausgewogene Balance zwischen Proben und ungekünstelter Freiheit. Die Wahl des Bildausschnitts ist spielentscheidend. Möchte ich zum Beispiel, dass die Hände mit ins Bild kommen, sollte ich auch ausgewogen gestikulieren. Aber viel gestikulieren ohne die Hände im Bild wirkt unprofessionell. Der Betrachtende sieht allenfalls nur ein heftiges „Schulterzucken".

G3 MODERATIONEN SIND WERBETEXTE

Wie bekommen wir die besten Quoten, die meisten Likes, die meisten Follower? Die Verantwortlichen in den Sendern – und die von Internetplattformen heute ebenso – wissen das: auf zwei Ebenen. Erstens: Moderator*innen, die pointiert moderieren, bekommen die besseren Quoten. Zweitens: Die Moderation soll weniger informieren als davon überzeugen, das Folgende anzusehen oder anzuhören.

Nehmen wir Anmoderationen von TV-Beiträgen, die alle das eine Ziel haben, nämlich die Landung auf dem Beginn des Anmoderierten: die hinführende Moderation. Diese Art der Moderation beginnt mit einer einfachen Feststellung, einer allgemeinen Bemerkung oder einem simplen Spruch. Damit wird eine gemeinsame Basis zwischen Zuschauer und Moderator aufgebaut: Es geht um etwas weithin Bekanntes und Akzeptiertes – ein Umfeld, in dem sich die Zuschauenden problemlos zurechtfinden. Danach folgt Satz für Satz die Eingrenzung des eigentlichen Themas. Die Moderation wird immer konkreter und landet auf dem Zielsatz: „Rauchen schadet der Gesundheit. Das wissen wir alle. Es steht ja auch auf jeder Packung. Eindringlich wird da beschrieben, welche schlimmen Krankheiten die Raucher erwarten. Doch manche lassen diese Warnungen völlig kalt. Helmut Schmidt zum Beispiel. Der ehemalige Kanzler hatte seine ganz eigene Philosophie vom Umgang mit der Zigarette."

Die Aufgabe der Anmoderation ist also nicht nur Information, sondern sie ist vor allem ein Feld für Werbung. Ihre Aufgabe ist es, Argumente für das Ansehen des Beitrages vorzutragen. Das geschieht meist indirekt, über sprachliche Originalität, vor allem aber über die gezielte Führung zum Beitrag. Die Anmoderation muss die Vereinigung von Zuschauerinteressen, „Verkaufs"-Argumenten für den Beitrag und der Persönlichkeit des Moderators schaffen.

Reden in Trichtern: Das Zielsatz-Prinzip

Viele Moderationen leiden an einem Missverständnis journalistischen Textens: Fälschlicherweise werden auch Moderationen an den Maximen des Nachrichtenschreibens orientiert – und sind damit Opfer eines dogmatisch verstandenen Leadsatz-Prinzips. Dann beginnt die Moderation mit der „News" (die oft zum Zeitpunkt des Magazins so „new" nicht mehr ist), vielfach ignoriert sie auch den Einstieg des Beitrages oder sie steht ihm entgegen. Hinter dem Leadsatz-Prinzip steht das Bild einer Pyramide; das Wichtigste zuerst, danach kommen Details, alles andere unten ist streichbar.

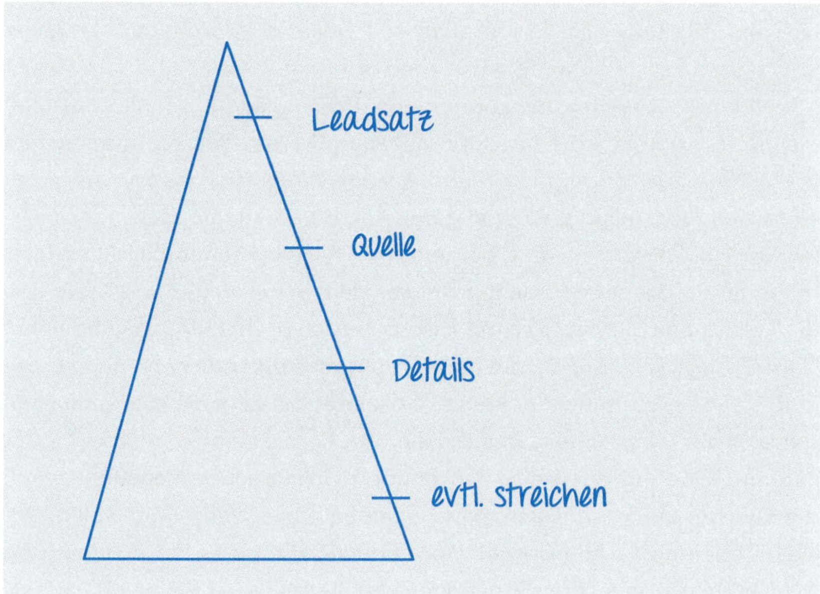

Abb. 23: Leadsatz-Prinzip

Das ist der Aufbau, wenn man informieren möchte: das Wichtigste zuerst. Überzeugen oder zu irgendetwas motivieren sollte man so nicht. Überzeugen geschieht umgekehrt: erst hineinholen und danach hohe Gültigkeit herstellen („Flughöhe", Wachtel 2017) und dann auf einen Punkt hin verdichten. Dieses „Zielsatz-Prinzip" (Wachtel 2021) stellt die Pyramide auf den Kopf, nicht nur die von Nachrichtenjournalisten, auch von Strategieberatern und den allermeisten Power-Point-Präsentationen. Es entsteht eine Art Trichter:

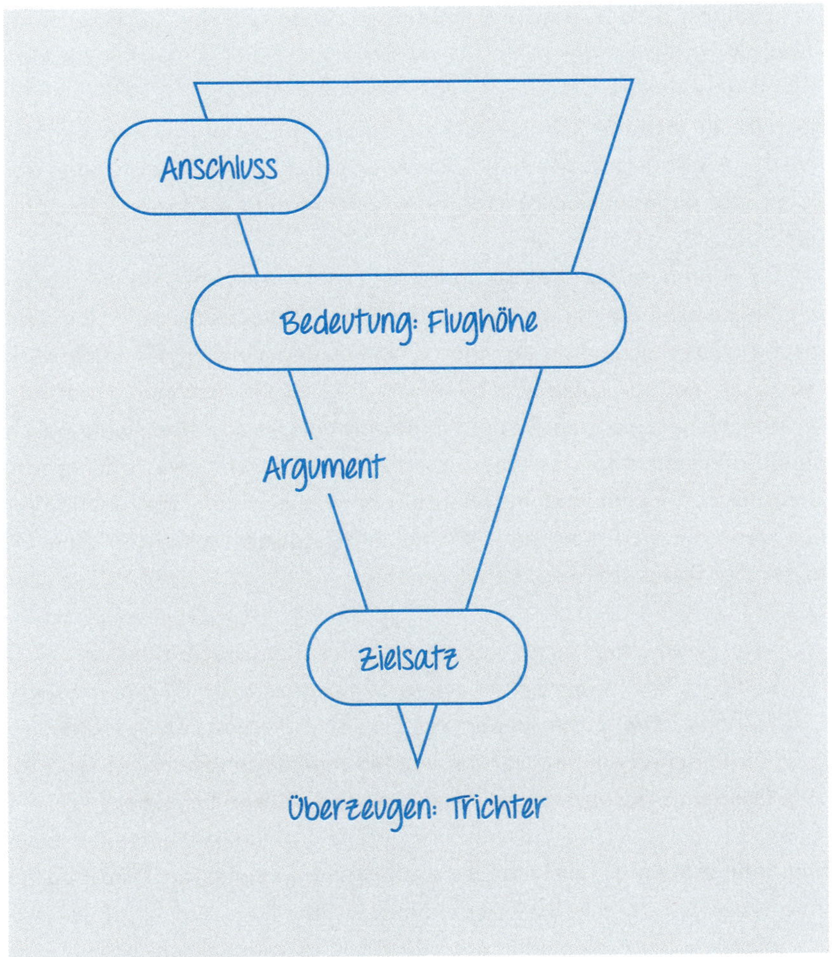

Abb. 24: Trichter zum Überzeugen

Der Trichter ist die richtige Struktur zum Überzeugen, während das Umgekehrte, die Pyramide, zum Informieren gedacht ist. Das ist keine generelle Absage an die informierende Moderation wie in Nachrichtenmagazinen. In vielen anderen, aufgelockerten Magazinen ist aber die Aufgabe des Moderationstextes verfehlt, wenn er zu Anfang Fakten darbietet – das muss der Beitrag tun.

Die Anmoderation braucht die rhetorische Anordnung in einem Trichter. Die Schritte dieses Trichters sollten Sinnschritte sein, die im Idealfall immer kürzer werden und auf einen Zielsatz hin pointieren.

Dazu solltest du den Beginn des Beitrags sehen und den Text laut sprechen; so lässt sich der Dialog vorwegnehmen. Danach suchst du eine Aussage (oder eine Frage etc.), die direkt auf den Anfang hinführt. Danach lassen sich die Schritte suchen, die darauf hinführen. Zum Schluss muss man überlegen, wie die Moderation selbst an die Erwartungen der Zuschauer angebunden werden kann. Gesprochen wird sie wieder umgekehrt.

Zu Beginn darf die Moderatorin die Zuschauererwartungen ignorieren. Sie muss sogar den Beitrag für möglichst viele Zuschauer interessant machen. So entscheidet sich schon beim Einstieg alles. Immer eignen sich dazu Sprichwörter, auf jeden Fall etwas, das sich die Zuschauer vorstellen können, das sie kennen. In der Anmoderation ist ausnahmsweise auch eine direkte Anrede möglich. Auch die Zuschauer mit „wir" anzureden, ist möglich. Vorsicht ist damit allerdings immer geboten, das funktioniert nur, wenn diese Gemeinsamkeit wirklich vorausgesetzt werden kann. Im folgenden Beispiel gelingt das nur mäßig:

> *Wir lieben Orgelmusik, weil sie uns so sehr an unsere Kindheit erinnert. Wir beginnen mit einem Orgelkonzert von Georg Friedrich Händel. Es wird interpretiert von Daniel Chorzempa an der Alten Katholischen Kirche von Haarlem. Mit dem Organisten musiziert das Concerto Amsterdam unter der Leitung von Jaap Schröder.*

Vielmehr solltest du dich fragen, was dich persönlich an dem Beitrag interessiert, was macht ihn so spannend für dich?

In diesen Beispielen gelingt die Einbindung des Zuhörenden sehr gut: Durch emotionale Empathie:

> *Sie ist jung, vielseitig, lebensfroh: die Kölner Pianistin Olga Scheps. Als Kölnerin muss sie ja Karneval feiern, aber sie macht das auch ausgesprochen gern. Wie der große Scherzkeks Mozart: Klassik lieben und trotzdem albern sein. Musikalisch konzentriert sich Olga Scheps aber gern auf Komponisten der Romantik, neben Chopin auch Tschaikowsky, Schubert und Schumann. Sie hören sie hier bei RADIO CLASSICO mit den 12 Walzern für Klavier Opus 77 von Franz Schubert …*

Durch Aktualitätsbezug die Zuhörerschaft abholen/an die Hand nehmen:

> *Die US-Amerikaner*innen halten uns ja im Moment durch die Wahl mal wieder ganz schön in Atem – alle Blicke sind auf Amerika gerichtet, der Kampf ums Präsidentenamt droht wieder zu einer „never ending story" zu werden. Da bleiben wir doch musikalisch einfach auch in dieser schillernden „Grand Nation" und in diesem in letzter Zeit auch manchmal sehr fremden – aber doch eigentlich auch sehr faszinierenden Land. Wir steigen also ein mitten ins 20. Jahrhundert, ins Reich der Musicals von Leonard Bernstein und George Gershwin …*

Durch eine kleine Geschichte, die neugierig macht:

> *Die Brüder Anthony und Joseph Paratore sind ein international bekanntes Klavierduo. 4 Jahre sind sie auseinander, schließen ihr Klavierstudium in Boston ab. Sie beginnen aber zuerst eine solistische Laufbahn. Bis eine Lehrerin in New York ihr geniales Zusammenspiel entdeckt, wie sie gleichsam „zusammen zu atmen" scheinen. 1974 gewinnen die Paratore-Brüder den ersten Preis beim Internationalen Musikwettbewerb der ARD als erstes Klavierduo überhaupt. Sie hören die beiden jetzt hier in KULTUR GLOBAL in einer Bearbeitung der ersten Sinfonie C-Moll von Felix Mendelssohn Bartholdy für zwei Klaviere zu vier Händen …*

Eine Ausnahme gibt es, bei der dennoch das Leadsatz-Prinzip die Moderation diktieren darf und muss: wenn es der Moderatorin zukommt, über eine wirkliche Neuigkeit zu informieren. Wenn eine ganz aktuelle Meldung ins Studio gereicht wird, muss das Wichtigste zuerst gesagt sein, etwa so:

> *Vor zwanzig Minuten ist die Filiale der Beamten Bank in Zuffenhausen überfallen worden. Drei Täter haben Geiseln genommen und sich im Gebäude verschanzt. Unsere Reporterin Caroline Meyer ist vor Ort …*

Der gute Moderationstext braucht also eine klare Struktur:

- einen Einstieg, der neugierig macht
- eine logische und knackige Satzfolge, die mitnimmt
- eine klare Pointierung auf den Beginn des Beitrags hin

Oder, sehr verkürzt ausgedrückt, es ist wichtig, in folgenden Schritten zu denken:

A: Aufhänger
B: Begründung
C: Zentrieren
D: Durchführen
E: Endsatz

Praxis Essentials:

- ☐ Benutze eine einfache Sprache aus deinem eigenen Wortschatz, mit kurzen Sätzen und nicht mehr als 8 bis 12 Wörtern.
- ☐ Finde einen persönlichen Bezug zum Thema.
- ☐ Sei kreativ: Jede Moderation sollte bereits mit dem ersten Satz eine Identifikation mit dem Thema möglich machen.
- ☐ Formuliere eine Anmoderation, die anregt und neugierig macht.
- ☐ Konstruiere keine zu langen Sätze, sondern schreibe in kleinen Kniffen, indem du die Dinge auf die Spitze treibst.
- ☐ Fühle dich unbedingt selbst wohl dabei, entspanne dich und habe Spaß.

G4 REDEPLANUNG: AUFBAU VON MODERATIONEN

Sie sind eine typische Erscheinung unserer Gesellschaft: alleinstehende Frauen und Männer, die Singles! Doch hinter diesem selbstbewussten Begriff verbergen sich nicht selten Einsamkeit und Angst. Für viele Singles sind es gerade die Tage um Weihnachten, die die Zeit allein bedrohlich machen. Darum haben sich in Fulda Singles zu einer Freizeitgruppe zusammengetan. Steffen Werner berichtet …

So eine Anmoderation wird täglich gesprochen. Ihr Redeverlauf ist eine Kette, deren Glieder miteinander verknüpft sind. Sie weist keine Brüche auf, sie ist stringent. Der erste Satz verbindet Inhalt, Moderator und Zuhörende miteinander. Die Moderation führt auf ein konkretes Ereignis hin und fordert mit dem letzten Satz zum Zuhören auf. Die Kreise verdeutlichen die Teile der Rede: Einstieg, Argumentation/Darstellung und Zweck.

Nicht immer können Moderationen so einfach sein. Das Beispiel kommt ohne das ausgetretene „Sie kennen das alle" aus und nimmt doch viele mit. Überzeugend müssen sie aber auch dann wirken, wenn sie Komplizierteres aussprechen. Wie auch immer Moderationen aufgebaut sind, die Redeplanung muss gute Gründe zum Zuhören angeben.

Die Anmoderation kann auf verschiedenen Wegen zum Ziel kommen
In jedem Fall muss die Moderation die Erwartungen lenken, auf einen Punkt hin fokussieren. Entweder kann sie vom Allgemeinen auf das Besondere kommen, oder sie führt vom Besonderen zum Allgemeinen.

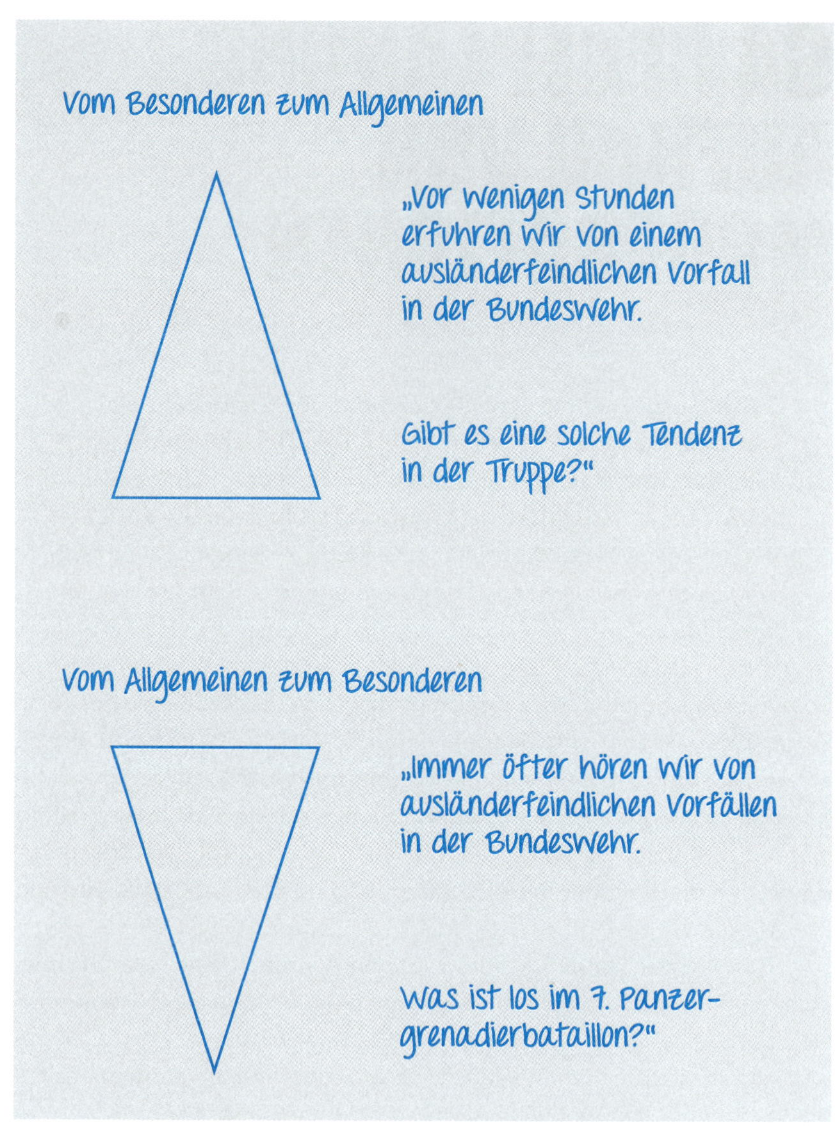

Abb. 25: Moderation auf einen Punkt hin fokussieren

Der Einstieg: „Tja, da sind wir wieder!" genügt nicht. Ungünstig sind auch Themen, die nicht jeden interessieren. Zu vieles wird nicht in eine gemeinsame Situation mit dem Hörer gestellt und lädt deshalb nicht zum Zuhören ein. Auch die folgende Moderation könnte viele Zuhörer weghören lassen:

Mülldeponien – das sind die Sorgenkinder der Kommunalpolitiker.

Immer wieder kommt es in Programmmoderationen vor, dass im ersten Satz das gesagt wird, was der Zweck der ganzen Moderation ist, ohne vorher Gründe anzugeben, warum gerade das interessant sein sollte:

Im Programm von XY sehen Sie nun …

Abholen und fragen

Am sichersten ist es, wenn die Moderation an weithin Bekanntes und Akzeptiertes anschließt. Gemeinplätze eignen sich dazu sehr gut. Gemeinplätze dürfen nur nicht zu platt sein – zum Beispiel im Fußball: „Der Ball ist rund …" Um Moderation, Beitrag und Zuhörer in eine gemeinsame Situation zu stellen, sollten Moderatoren allerdings nicht die Zuschauer oder Zuhörer vereinnahmen: „Wir/Sie wissen doch alle …" oder „Sie kennen doch sicher auch …" Das betrifft auch Bemerkungen wie: „Sie wissen ja …" Noch schlimmer: „Sie haben doch gestern … gesehen!" Moderation muss Interesse wecken, und Fragen sind das Salz des Interesses. Besser ist also an dieser Stelle zu fragen: „Geht es Ihnen vielleicht manchmal auch so, dass …?" Es dürfen nur nicht zu viele Alternativfragen auf einmal sein, wie im folgenden Beispiel:

Der Sommer naht, die Fitnesswelle rollt und das Fahrrad wird aus dem Keller geholt. Natürlich sicher abgestellt vor dem Biergarten oder dem Geschäft. Wie würden Sie reagieren, wenn Ihr Drahtesel zusammen mit etlichen anderen auf einen Laster gepackt und abtransportiert wird? Wird sich ein aufmerksamer Zeitgenosse finden, der protestiert – oder lässt sich das Fahrrad ohne Widerspruch davonfahren?

Bekommen die professionellen Banden Probleme oder funktioniert das alles nach dem Motto „Frechheit siegt"?

Im Einzelfall ist auch das Gegenteil des Gemeinmachens mit dem Publikum möglich, nur will das gekonnt sein. Manche Moderationen erregen Aufmerksamkeit, weil man sich an ihnen reibt. Eine Moderation kann gerade durch provokante Thesen oder originelle Fragen Aufmerksamkeit erregen. Die Anmoderation einer Hörfunk-Filmkritik begann so:

Lacht niemand über Ihre Witze? Vergessen Sie die Pointen? Ziehen Sie sich grässlich an? Wenn ja, dann sollten Sie den neuen Film von Helge Schneider sehen …

Diese Anmoderation ist gut situiert. In jedem Fall hat die Moderation Aufmerksamkeit, vielleicht Spaß geweckt. Es kann aber auch sein, dass andere Zuhörende sich fragen „Und wenn nicht?" Schließlich endet das Beispiel:

Der Film ist ab morgen zu sehen. A. K. hat sich's angetan.

Zum Schluss wird ironisch gesagt, dass ein Kollege jetzt darüber informieren wird. Ironie in Moderationen bringt immer eine gewisse Frische mit sich. Das Beispiel ist originell und stellt damit das Pendant zum Eingangsbeispiel dar.

Oft beginnen Moderator*innen, ohne sofort zu sagen, was sie mit den Zuhörenden zu tun haben, d. h. die Anbindung fehlt: Sie wissen in diesen Fällen nicht, warum sie dieses oder jenes Thema interessieren sollte, es nimmt sie nicht in die Rede hinein. Deshalb sollte man nicht ohne Anknüpfung einsteigen. Natürlich kann man nicht alle erreichen, man sollte aber auch niemanden ausschließen. Im Einzelfall ist ein Einstiegssatz angebracht, der möglichst viele heranführt. Ein gutes Beispiel ist die folgende Anmoderation zu einem Beitrag über Arzneimittel:

Viele von uns haben in dieser kalten Jahreszeit gesundheitliche Probleme …

Füllsätze und Füllwörter kommen in frei gesprochenen Moderationen immer wieder vor, wenn Beziehungen nicht ganz klar sind und dennoch hergestellt werden sollen: „bezüglich dessen", „dergestalt, dass" etc. Solche Floskeln und Stereotype vertragen die Zuhörer und Zuschauer nur sehr bedingt, nämlich nur dann, wenn sie im Moment des Aussprechens lebendig sind:

Da wären wir wieder.

Tja und jetzt was Neues: Thomas Bäumer war dabei …

Also denn … Na denn …

Floskeln sind zwar typisch mündlich, häufen sie sich jedoch, wird die Moderation geschwätzig und betulich. Zu vieles wird sprachlich nicht reflektiert, wie die zahlreichen Modefloskeln, die kritiklos wiederholt werden. Mancher versucht, dieser Stereotypie zu entkommen. Nicht immer ist dies von Vorteil:

Das jedenfalls meint unser Reporter beobachtet zu haben.

Pointieren

Warum gibt es eigentlich genau 10 Gebote und nicht 15? Ganz klar: Weil Moses, schusselig wie er war, eine Steintafel mit den restlichen fünf Geboten versehentlich zerdeppert hat … Das alles und noch viel mehr erfahrt ihr in „Mel Brooks verrückter Geschichte der Welt".

Klar, schlüssig und auf einen Punkt hingeführt. Die Schritte müssen auf diese Weise logisch aufeinander folgen. Vor allem der Schluss muss aus dem bereits Gesagten folgen. Wie in jeder guten Rede ist das Ende der Moderation der Punkt, an dem sich die Wirkung zeigt. Der implizite Schlusssatz jeder Moderation muss sein: „Sie sollten den folgenden Beitrag hören/sehen", denn davon müssen die Zuhörer/Zuschauer überzeugt werden. Er muss nicht immer so ausführlich ausgesprochen werden, aber alle Schlusssätze müssen diese Aufforderung in sich tragen. Der Schlusssatz kann eine These sein, wenn sie überzeugend hergeleitet ist:

Die Partei driftet nach rechts.

Der Zielsatz als Schluss der Moderation

Die Moderation darf nicht stumpf, sondern sie muss spitz enden. Wie oben am Beispiel des Trichters gezeigt: Der Zielsatz kann auch eine Frage sein und so die Moderation beenden. Appelle an die Zuhörenden sind allerdings selten Aufgabe der Moderation, es sei denn …

Wie viel muss noch geschehen, damit die Verantwortlichen aufhorchen?

Oder die Aufforderung, zum Beispiel etwas zum Schreiben bereitzulegen.

In jedem Fall sollte der Schlusssatz die Spitze der Moderation sein. Steht dieser Zielsatz in der Mitte, lässt er sich oft nicht überzeugend herleiten. Ungünstig sind stumpfe Zielsätze, die das Vorherige gar zurücknehmen. Nicht selten wird auch mit einem Gedanken neu angesetzt, der nicht mehr ausgeführt werden kann. Das Ende ist dann unwirksam.

Der Schluss muss sich sowohl am Beitrag ausrichten als auch eine Pointe der Moderation selbst sein. Deshalb sollte das Ende zuerst geklärt sein, noch vor der weiteren „Sortierung" der Inhalte. Weil die Moderation rhetorisch ist, braucht sie diese Zuspitzung auf das Ende hin. Dazu sollte man sich die ersten Worte oder das erste Bild vergegenwärtigen und daraufhin anordnen, je nachdem ob das erste Bild oder der erste Satz am stärksten ist. Ein Beispiel, bei dem auf das Bild pointiert wird: Das erste Bild des Beitrages zeigt eine Zirkustruppe inmitten ihrer Wagen, und die Arbeiter sind mit ein paar Hunden und Pferden umgeben. Der letzte Satz der Moderation könnte sein:

… ob sie wirklich in Wohnwagen leben, inmitten ihrer Tiere.

Dieser auf den Beitrag zielende Schlusssatz der Moderation, die „Landung" auf dem Beitrag, sollte die ganze Moderation bestimmen. Die Landung nimmt mit und verbindet Anmoderation und Beitrag. Weil beides zusammengehört, sollte man keine Informationen aus dem Beitrag vorwegnehmen. Die Moderation soll nur einen Aspekt des Beitrages als Aufhänger benutzen. Sie darf aber nicht die Zielthese des Beitrages vorwegnehmen. Das meinen wir mit „rhetorisch anordnen" (vgl. Wachtel 2009) oder dem „Zielsatz-Prinzip" (vgl. Wachtel 2021).

Folgende Beispiele zeigen einen falschen Aufbau – und wie er sich vermeiden lässt. Die einzelnen Schritte sind nummeriert und hier vorab interpretiert:

1. Wir haben das ja schon angesprochen.
2. In München brennt ein bisschen die Hütte.

3. Da gewinnt die Mannschaft mal –
4. wie gestern.
5. Da geht in der Verbandsetage das Kasperltheater weiter.
6. Die Spieler,
7. Sie erinnern sich vielleicht,
8. haben seinerzeit so 'ne Art Maulkorb bekommen.
9. Könnte ja sein, dass der Spielerrat sich irgendwann zusammensetzt und sagt:
10. Lieber Vorstand: Jetzt müsst ihr mal den Mund halten!
11. Auf jeden Fall ist es Zeit für den ultimativen Bayern-Report.

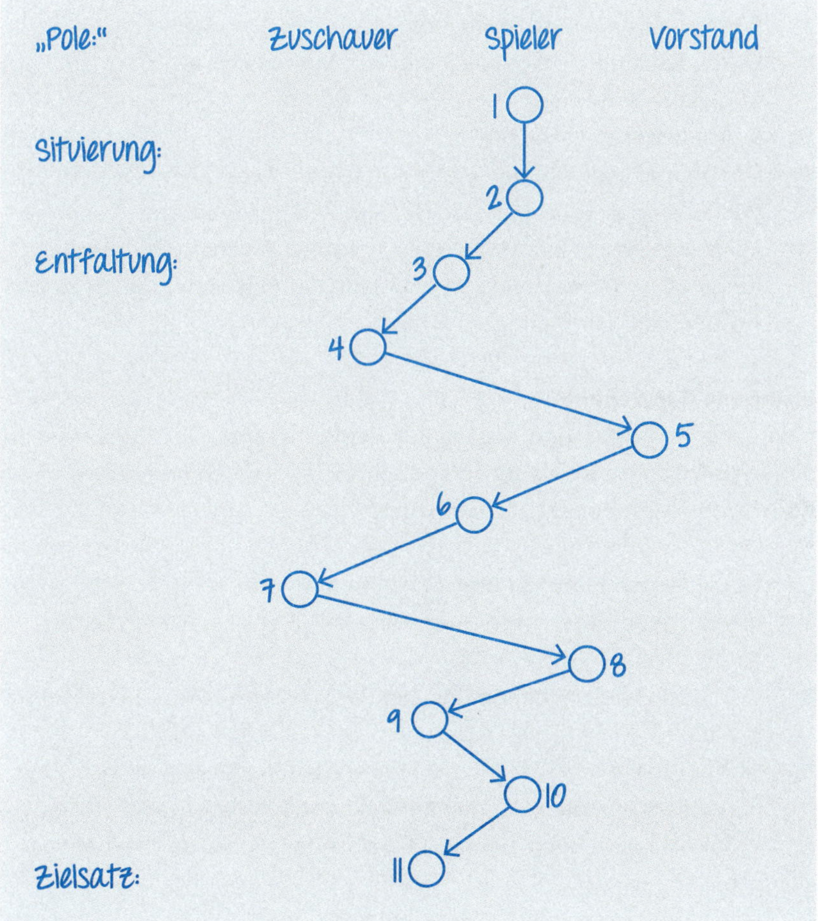

Abb. 26: Struktur einer Moderation

In dieser Struktur einer Moderation aus einem TV-Sportmagazin sind verschiedene „Pole" zu erkennen, Gegensätze, die die Darstellung entfaltet, deren Für und Wider sie diskutieren lässt:

1. gelungene Situierung durch Hinweis auf Gemeinsames
2. anschauliche Einführung, der FC Bayern wird assoziiert
3. der erste inhaltliche Spannungspol
4. Rückverweis auf Bekanntes
5. der zweite Spannungspol
6. Dieser Satz nimmt den Inhalt des zweiten wieder auf. Das ist hörverständliche Redundanz.
7. Rückverweis auf evtl. Bekanntes
8. Dieser Satz führt anschaulich die Aspekte zusammen.
9. origineller Vorschlag
10. Kernsatz der „Geschichte"
11. Der Zielsatz lädt ein, den Beitrag zu sehen. Alles dient hier dem Verkaufen des Beitrages: das Hereinholen der Zuschauer, Verweise auf Bekanntes. Diese Moderation hat keine Brüche oder Abschweifungen. Die Redeplanung ist stringent, der Schlusssatz spitzt zu und verweist auf den Beitrag.

Stringenz der Aspekte

Eine andere Moderation aus einem Radiomagazin. Der Verlauf ist so umfangreich, dass er als Beispiel auch für andere Genres, etwa einen Korrespondentenbericht, dienen könnte:

1. Es könnte die Ruhe vor dem Sturm sein,
2. die in diesen Tagen nach dem Massaker über dem Nahen Osten liegt.
3. Unklar ist immer noch, ob und wie der Friedensprozess weitergehen kann.
4. Abbas sagt, er erwarte jetzt konkrete Gesten, die seinem Volk, den Palästinensern, den Glauben an den Frieden wiedergeben sollen.
5. Israel will heute noch einmal 400 Palästinenser aus der Haft entlassen.
6. Aber Abbas sagt, dies reiche nicht aus.

7. Und er hat noch einmal gesagt, die israelische Armee sei an dem Anschlag von Hebron beteiligt gewesen.
8. Er legte aber keine konkreten Beweise vor.
9. Gleichzeitig wurde bekannt, dass der Imam der Moschee bereits vor Wochen den israelischen Sicherheitskräften mitgeteilt haben soll, dass es Hinweise auf Anschlagspläne israelischer Siedler gegen die Moschee gebe.
10. Die Lage im Nahen Osten bleibt also angespannt.
11. In Israel wächst die Angst vor Racheakten.
12. Die Behörden warnen vor Anschlägen und veröffentlichen Vorsichtsmaßregeln.
13. Aus Tel Aviv Marc Schuster.

Die rhetorische Analyse könnte Folgendes ergeben:

1. anschaulicher Beginn
2. Rückverweis
3. Lenkung auf Spezielles
4. der erste Pol: Die Palästinenser werden mit einem Standpunkt dargestellt.
5. der zweite Pol: Israel. Grafisch ist er schon auf die Friedenslinie hin interpretiert.
6. zurück zum ersten Pol: Abbas
7. ein näherer Umstand, der eher zum Bürgerkriegsthema gehört
8. Erläuterung mit Einschränkung
9. nicht von Abbas, dennoch eine Aussage, die gegen den Frieden spricht
10. Zusammenführung, als Zwischen-Zielsatz
11. Herleitung und Erläuterung
12. weitere Einzelheit: Vorsichtsmaßregeln
13. Namensnennung des Autors

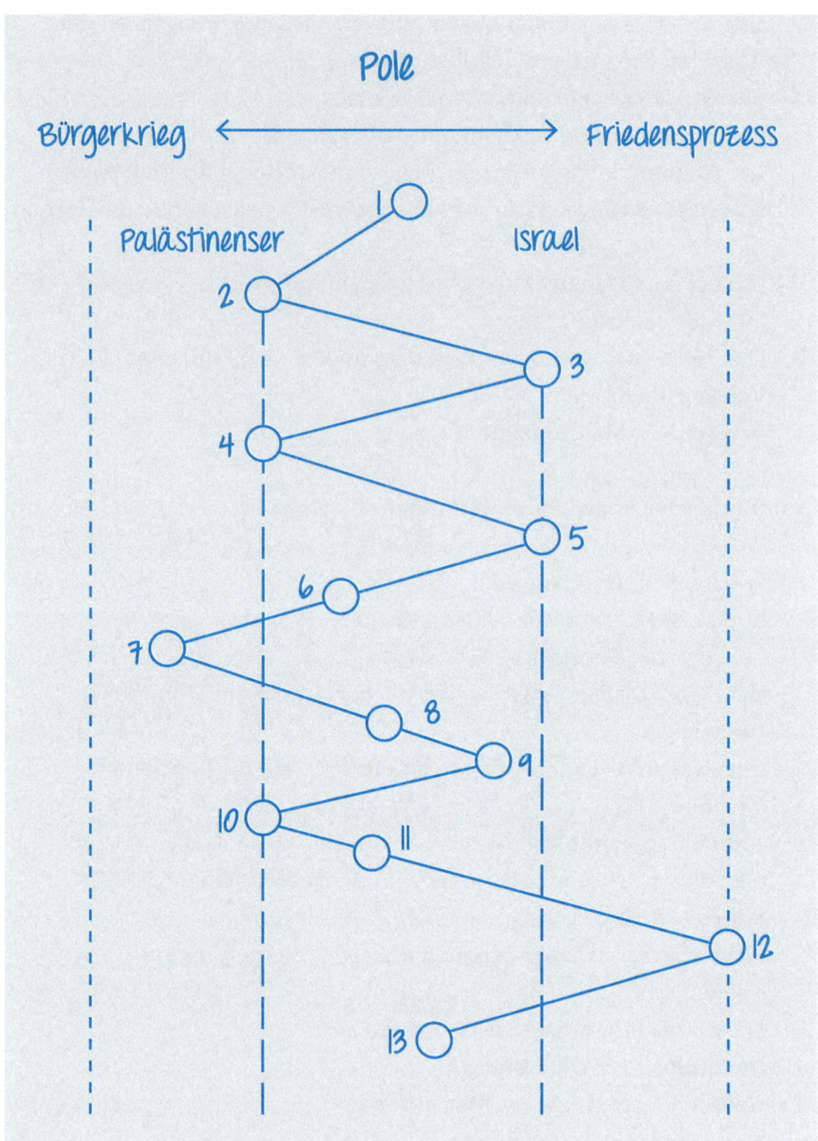

Abb. 27: Pointierte, eher komplizierte Moderation

Die Themen sind deutlich auszumachen. Dass vier „Pole" vorkommen, erschwert allerdings das Hörverstehen. Unsicherheit bei der grafischen Zuordnung deutet darauf hin, dass diese Moderation zu kompliziert sein mag. Gut ist dagegen, dass die Neuigkeit „Die Lage im Nahen Osten bleibt angespannt" (10) nicht am Anfang genannt wird, wie in so vielen leider als „Leadsatz-Prinzip" missverstandenen Moderationen. Wirkungsvoll ist hier auch die deutliche Verengung am Ende. Auch diese Moderation ist pointiert. Sie „landet" auf dem Beitrag, der beginnt mit:

> *„Vorsicht! So lautet Regel Nummer eins …"*

Bauformen

> *„All Men Are Brothers" – unter diesem Titel hat sich die Créme de la Créme der internationalen Musikszene zusammengefunden, um einem ihrer Idole die Ehre zu erweisen. Gemeint ist Curtis Mayfield, der durch einen tragischen Unfall seit drei Jahren gelähmt ist. Auf „A Tribute to Curtis Mayfield" singen unter anderem: Whitney Houston, Phil Collins, Eric Clapton, Rod Steward und Elton John je einen Song von Curtis Mayfield. Alles weitere von N.N.*

An diesem weiteren Beispiel lassen sich mehrere Varianten des Redeverlaufs verdeutlichen. Eine andere Variante beginnt direkt mit Curtis Mayfield – sie geht vom Einzelnen zum Besonderen:

1. Curtis Mayfield – einer der ganz großen Musiker der 1970er- und 80er-Jahre.
2. In Europa immer schon eher ein Geheimtipp, scheint er eher vergessen zu sein.
3. Denn: Nach einem schweren Unfall vor drei Jahren ist er an Bett und Rollstuhl gefesselt.
4. Nun haben sich große Namen von heute gefunden,
5. die in Curtis Mayfield ihr Idol ehren.
6. „All Men Are Brothers" heißt die Platte mit Whitney Houston, Phil Collins, Eric Clapton, Rod Steward, Elton John und anderen – Curtis Mayfield zu Ehren.
7. Maike Hausmann hat ihn besucht.

Es wäre auch ein umgekehrter Redeverlauf denkbar:

1. Whitney Houston, Phil Collins, Eric Clapton, Rod Steward, Elton John und andere klingende Namen.

2. Wenn diese Damen und Herren zusammen auf einer Platte singen, dann muss es einen besonderen Anlass geben.
3. „A Tribute to Curtis Mayfield" ist der Untertitel einer Platte, die sie alle ihrem Idol gewidmet haben.
4. Curtis Mayfield ist nämlich nach einem Unfall vor drei Jahren an Bett und Rollstuhl gefesselt.
5. Er singt auch selbst mit.
6. Wie die Platte zustande kam, darüber berichtet Maike Hausmann.

Diese „umgedrehte" Variante endet noch nicht spitz, die Nennung der Autorin ist eine Notlösung für den Schlusssatz. Derselbe Beginn könnte einen pointierteren Weg nehmen:

1. Whitney Houston, Phil Collins, Eric Clapton, Rod Steward, Elton John und viele andere klingende Namen.
2. Wenn sie zusammen auf einer Platte singen, dann muss es einen besonderen Anlass geben.
3. Curtis Mayfield.
4. Diesem, ihrem Idol singen die Damen und Herren ein Ständchen.
5. Curtis Mayfield ist nach einem Unfall vor drei Jahren an Bett und Rollstuhl gefesselt.
6. Auf „All Men Are Brothers" singt er sogar selbst mit …

Der Einstieg, die Namensnennung der heutigen Größen, weckt auch in dieser Variante einige Aufmerksamkeit. Zusätzlich „landet" hier das Ende der Moderation direkt auf dem Beitrag – im Musikbeispiel, in dem Curtis Mayfield singt.

Um zu solchen Moderationen zu kommen, gibt es eine gezielte Planungsmethode. Vor dem Aussprechen und noch vor dem Ausfertigen des Stichwortkonzeptes sollte man dazu die Inhalte grafisch verdeutlichen. Zwei verschieden gut angeordnete Wege zeigt diese Grafik:

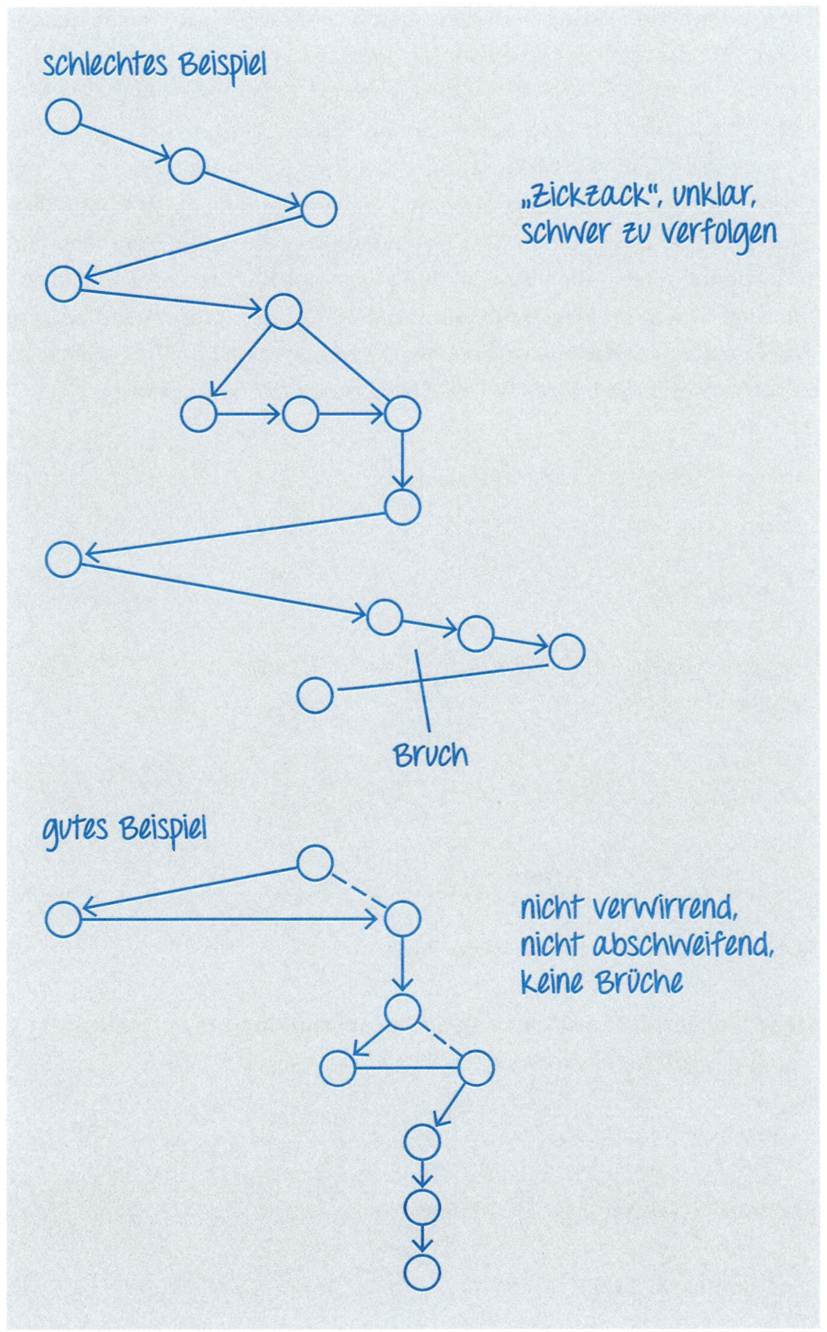

Abb. 28: Redeplanung

Ein Problem der Redeplanung ist damit allerdings noch nicht ausgeräumt: Oft lässt sich das Ende der Moderation nicht sicher genug ansteuern. Weil alles auf den Schlusssatz hinausläuft, sollte man ihm besondere Beachtung schenken. Die Redeplanung rhetorischer Texte – nicht nur im speziellen Fall der Moderation – beginnt an ihrem Schluss. Ist die Moderation auf diese Weise geplant, kann man sicher sein, das inhaltlich anvisierte Ziel zu erreichen. Der Planverlauf ist damit dem Sprechverlauf entgegengesetzt – eine Abwandlung des viel benutzten „Fünfsatzes" von Erich Drach und Hellmut Geißner: Wenn Anmoderation und Beitrag eine Einheit sind, dann liegt es nahe, die Moderation vom Beitrag her zu denken. Vom Ende her planen, das ist dazu das Wirkungsvollste.

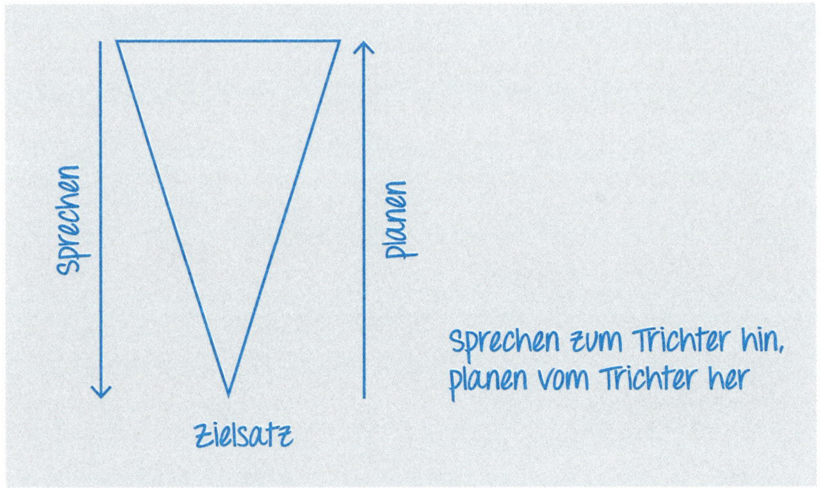

Abb. 29: Sprechen zum Trichter hin

Standardisierte Begrüßungen und Verabschiedungen vermeiden

Am Mikrofon begrüßt sie ...

Heute im Studio: ...

Von wo auch immer Sie uns zugesehen haben ...

Alles wird gut!

Bis morgen, wenn Sie mögen.

Das sind feste Formeln, die oft nur vereinnahmen. In Trainings wird immer mehr darauf geachtet, dass solche standardisierten Formeln nicht mehr verwendet werden. Denn letztlich handelt es sich um Floskeln, die immer wieder auftauchen und sich abnutzen. Vor allem sollten nicht mehrere Formeln aufeinander folgen. Moderierende müssen einen eigenen Stil entwickeln, passend zur jeweiligen Sendung.

Wie sollte eine Moderation entstehen?

Alles beginnt mit der Redeplanung. Danach erst folgt das genauere Stichwortkonzept für die Satzplanung. Am Anfang steht also eine gröbere Struktur, danach werden die möglichen Inhalte „sortiert". Man sollte früh den Zielsatz haben, der auf das erste Bild oder den ersten Satz des Beitrags hinführt. Er sollte die ganze Moderation bestimmen. Sinnvoll ist ein „Erzählen" des Inhaltes, wie im realen Gespräch. Deshalb beginnen einige Moderationstrainings mit einer einfachen „Story". Das lässt „Brüche" erkennen und vermeiden. Zuletzt sollte man den Anfang kreieren.

Wer unbedingt mit dem Teleprompter moderieren will, sollte erst die Inhalte frei für sich aussprechen. So lässt sich die beste Variante finden, die dem eigenen Stil gerecht wird, und kein bloßes Sprechmuster ist. Das Handwerk des Moderierens sollte aber immer vom freien Formulieren her kommen. Wer nicht sagen kann, warum man das, dies oder jenes ansehen oder anhören sollte, wird auch keinen guten Text schreiben können.

Moderiere für die anderen

Moderationen vor der Kamera sind Monologe. Es fehlt die Rückmeldung, wie sie im Gespräch vorkommt. Feedbacks von Menschen sind deshalb die einzige Möglichkeit, diesen Monolog vor der Kamera in ein Gespräch zu überführen. Rückmeldung lässt sich selbst vor der Kamera nicht „erheischen", nicht im Augenaufschlag, nicht im Anheben der Stimme und nicht mit einer „einladenden" Gestik, leider. Deshalb muss sich die*der Moderator*in seine Wirkung vor Augen führen.

Praxis Essentials:

- ☐ Wenn du deine Moderation planst, entwerfe zunächst eine grobe Struktur.
- ☐ Schreibe dann ein Stichwortkonzept.
- ☐ Finde erst den Schluss, dann den Anfang zum Schluss (Zielsatz).
- ☐ Wenn du dein Stichwortkonzept fertig hast, erzähle es dir immer wieder selbst, aber lerne es auf keinen Fall auswendig.

G5 GUT WIRD NUR SELBST GESCHRIEBENES

Gesprochene Sprache sollte für das Hören geschrieben sein. Deshalb muss die Sprache anders sein, einfacher, nicht verschachtelt. Während wir beim Lesen auch kompliziertere Sätze mit der entsprechenden Aufmerksamkeit relativ leicht verstehen, weil wir zurücklesen können, haben mündliche Sätze nur eine Verstehenschance. Die Gefahr des Missverstehens ist groß und das „Weghören" von Nichtpassendem ohnehin die Regel. Deshalb muss das Verstehen von vornherein erleichtert werden. Prinzip einer Schreiblehre für das Hören ist also Einfachheit – ihr Ziel ist das Verstehen beim einmaligen Hören.

Sprechen ist immer situativ. Beim Sprechen und Zuhören stehen Informationen immer in Situationen. Die Frage ist, ob die Hörer*innen die Informationen einordnen können. Ist es zweifelhaft, ob die Kontexte vorbereitet sind, müssen die Texte selbst „situiert" werden, um sie sicher verstehbar zu machen. Es ist immer ratsam, einige Schritte voranzustellen, die die Fakten einordnen. Schließlich entsteht Sinn weder beim Sprecher noch beim Hörer durch Wortbedeutungen: Sinn entsteht allein durch Beziehungen zwischen Wörtern, vor allem aber zwischen Wörtern und Menschen. Und natürlich „zwischen Menschen". Deshalb müssen sich Moderator*innen in ihrem Text auch immer auf Bekanntes beziehen und darauf aufbauen. Psycholinguistische Forschungen belegen: Je mehr sich eine Äußerung der Umgangssprache annähert, desto verständlicher ist sie. Vor allem durch ungebräuchliche Wörter, Abkürzungen und Fremdwörter kommt es zu Erschütterungen des Hörverstehens und Schlussfolgerungsoperationen. Solche „Knicke", an denen Zuhörer*innen aussteigen, lassen abschalten. Wir hören eins nach dem anderen. Vor allem auch die Dichte von Sätzen – viele Informationen, mehrere Satzkerne – ist hinderlich. Deshalb erleichtern einfache und kurze Sätze das Hörverstehen.

Sind Moderationen nicht selbst verfasst, lassen sie sich kaum glaubwürdig präsentieren. In vielen Magazinen werden Moderationstexte auch von den Autor*innen der Beiträge geschrieben. Meistens muss von den Moderator*innen aber neu getextet werden. Nur den inhaltlichen Verlauf sollte man beibehalten, alles andere eher in den eigenen Sprachstil übersetzen. Letztlich schafft aber der Sprechausdruck den Sinn, also die Melodie, die Dynamik, mit der der Zielsatz ausgesprochen wird. Oder durch Tempo: Wie in der Musik verstärkt das Ritardando die Wirkung, beim Sprechen ist es ebenso. Besonders wirkungsvoll kann der Sprechstil beim Aussprechen des Zielsatzes sein. Er sollte dynamischer gesprochen sein, oder das Tempo kann zum Zielsatz hin reduziert sein, oder es kann vor ihm eine Pause geben.

Beispiel für eine gelungene Anmoderation –
im *heute-journal* vom ZDF:

> *Angela Merkel muss zwar nicht wie die sprichwörtliche Katze aus dem Haus sein, damit die Mäuse auf dem Tisch tanzen: Der Streit in der CDU tobte schon, als sie noch in Sicht- und Hörweite im Kanzleramt saß. Insofern ist es ihr vielleicht gar nicht so unrecht, ein paar Tage jetzt nach Indien entschwunden zu sein. Kritischen Fragen nach schlechten Wahlergebnissen und der Unzufriedenheit in ihrer Partei lässt sich auf Auslandsreisen bekanntlich besser ausweichen. Maria Weber berichtet …*

In eigenen gewählten Stichwörtern sähe das vielleicht so aus:

Katze aus dem Haus
Mäuse tanzen auf Tisch
so gerade bei Angela Merkel & CDU

Kanzlerin in Indien zum Staatsbesuch
vielleicht gerade recht sein

Denn: schlechte Wahlergebnisse und Unzufriedenheit in der Partei
auf Auslandreisen
besser ausweichen

Maria Weber berichtet

Praxis Essentials:

- ☐ Grundregeln „Schreiben fürs Hören": Schreibe in Sinnschritten, nicht in grammatischen Konstruktionen. Keine Angst vor inhaltlichen Wiederholungen, verdeutliche Beziehungen.
- ☐ Wandle ausformulierte Anmoderationsvorschläge in ein Stichwortkonzept um.
- ☐ Verwende eine möglichst bildreiche Sprache.
- ☐ Hab keine Angst vor spontanen, alltäglichen Formulierungen.
- ☐ Benutze deinen eigenen Wortschatz.

G6 ABMODERATIONEN

Abmoderationen sind kein Muss, aber ein Kann. Sie sind sinnvoll bei wirklicher emotionaler Ergriffenheit – oder bei einer Information, die wegen ihrer Aktualität nicht mehr in den Beitrag passt und ihn einordnet. Außerdem kann eine Abmoderation Servicehinweise enthalten. Ein Beispiel:

> *Die Premiere vom Lohengrin an der Staatsoper ist morgen um 19 Uhr, Vorstellungen finden den ganzen Sommer statt.*

Die Abmoderation kann auch von einem Beitrag zur nächsten Anmoderation überleiten. Sie verknüpft dann zwei Themen, oder sie schafft Distanz.

Beispiel für eine emotionale Abmoderation inklusive Beitragsüberleitung – Oliver Welke in der *heute-Show*:

Anmoderation:

> *Dass eine Bewegung in den USA sich überhaupt „Black Lives Matter" („Schwarze Leben zählen") nennen muss, das sagt doch alles. „Bitte bringt uns nicht um." Es ist kaum zu glauben, aber sowas hier gehört in Schwarzen Familien zur normalen Kindererziehung …*

Es folgt ein Film über ein 8-jähriges Mädchen, das den erlernten Satz aufsagt: „Ich bin unbewaffnet und habe nichts, womit ich sie verletzen kann." Das hier üben wir zu Hause, sagt der Vater.

Abmoderation von Oliver Welke:

> *Das ist wirklich herzzerreißend, ernsthaft. Und um Selbstgerechtigkeit vorzubeugen, natürlich gibt es auch in Deutschland Rassismus. (…) Aber was macht aktuell Hoffnung für die USA? Zum einen die Polizisten, die sich gerade mit den Demonstranten solidarisieren. Wie hier zum Beispiel der Polizeichef von New York …*

Die beste Abmoderation ist auch die Weiterführung des letzten Beitrages. Sie sollte daher an das letzte Bild oder an die letzten Worte anschließen.

Praxis Essentials:

- ☐ Wenn es passt: Finde den Mut zu einem emotionalen Kommentar in der Abmoderation.
- ☐ Gib zur Orientierung Hinweise auf das weitere Programm oder auf andere Serviceinhalte.
- ☐ Ergänze sie mit aktuellen Entwicklungen.

G7 MODERIERENDES SPRECHEN IN NACHRICHTEN

Volontär Marc kann Nachrichtentexte prima aufschlüsseln. Was das Finden von Betonungen angeht, Tempovariation, Atemzäsuren etc., ist er spitze. Alles scheint perfekt. Nur bei der Präsentation am Mikro wirkt der Text plötzlich seltsam energielos und ohne Temperament.

Bediene auch bei News die Energie des Textes: Da in Richtung „moderativeres Sprechen" zu denken, ist hilfreich. Denn auch Nachrichtentexte lassen sich moderativ und wertend sprechen. In vielen Sendern wird dies sogar ausdrücklich gewünscht. Die „Spreche" wird dadurch lebendiger, frischer, ist noch näher an den Hörer*innen. Eine Überbetonung oder ein melodischer Singsang ist damit aber nicht gemeint!

Eine Nachricht ist nur dann anschaulich, wenn ihre Energie in die Sprechhaltung geht. Eine traurige oder grausame Nachricht über ein Bombenattentat klingt anders als eine zum Beispiel gute Nachricht über die Bewilligung von Geldern für ein Theater, eine Museumseröffnung, den Erfolg einer Fußballmannschaft etc. Vor dem Präsentieren sollte man sich unbedingt bewusst machen, welche Haltung angebracht ist. „Würdig" bei Feierlichkeiten zum 30-jährigen Mauerfall, oder „ernst" bei einem Bombenattentat, auch „ironisch", wenn es mal wieder um lächerliche Machenschaften eines Politikers geht oder die Behauptungen und Lügen einer Partei etc.

Praxis Essentials:

- ☐ Bediene und spiegle die Energie des Textes.
- ☐ Finde für jede Meldung eine eigene (Sprech-)Haltung.
- ☐ Vergiss nicht, mit dem Text zu kommunizieren und immer ein imaginäres Gegenüber im Kopf zu haben.

G8 TEXTHÄNGER – BLACKOUTS ÜBERWINDEN

Schwarzblende und aus. Eines der authentischsten Phänomene ist der Blackout. Wir geraten so richtig aus der Spur. Das kann jedem passieren, es ist ganz authentisch. Es soll aber nicht zu sehen sein. Man kann einen Blackout zum Thema machen, aber nur dann, wenn es nicht anders geht. Erst, wenn er mehrfach vorkommt, wird er zum Problem. Blackouts zu vermeiden, ist eine Sache der Vorbereitung. Der Plan ist entscheidend. Jede*r weiß: Blackouts stellen sich ein, wenn man auswendig lernt, man verliert den Faden. Zu viel authentisch-spontanes Planen kann aber auch zu Blackouts führen! Wenn es doch passiert, gibt es vier Möglichkeiten (vgl. Wachtel 2018):

1. Wende dich dem Plan zu – und ignoriere das Loch.
2. Rekapituliere deinen letzten Gedanken und gehe dann zum nächsten Punkt über.
3. Nimm die Stichworte wieder auf.
4. Ändere deine Körperhaltung. Lasse deinen Atem bewusst fließen.

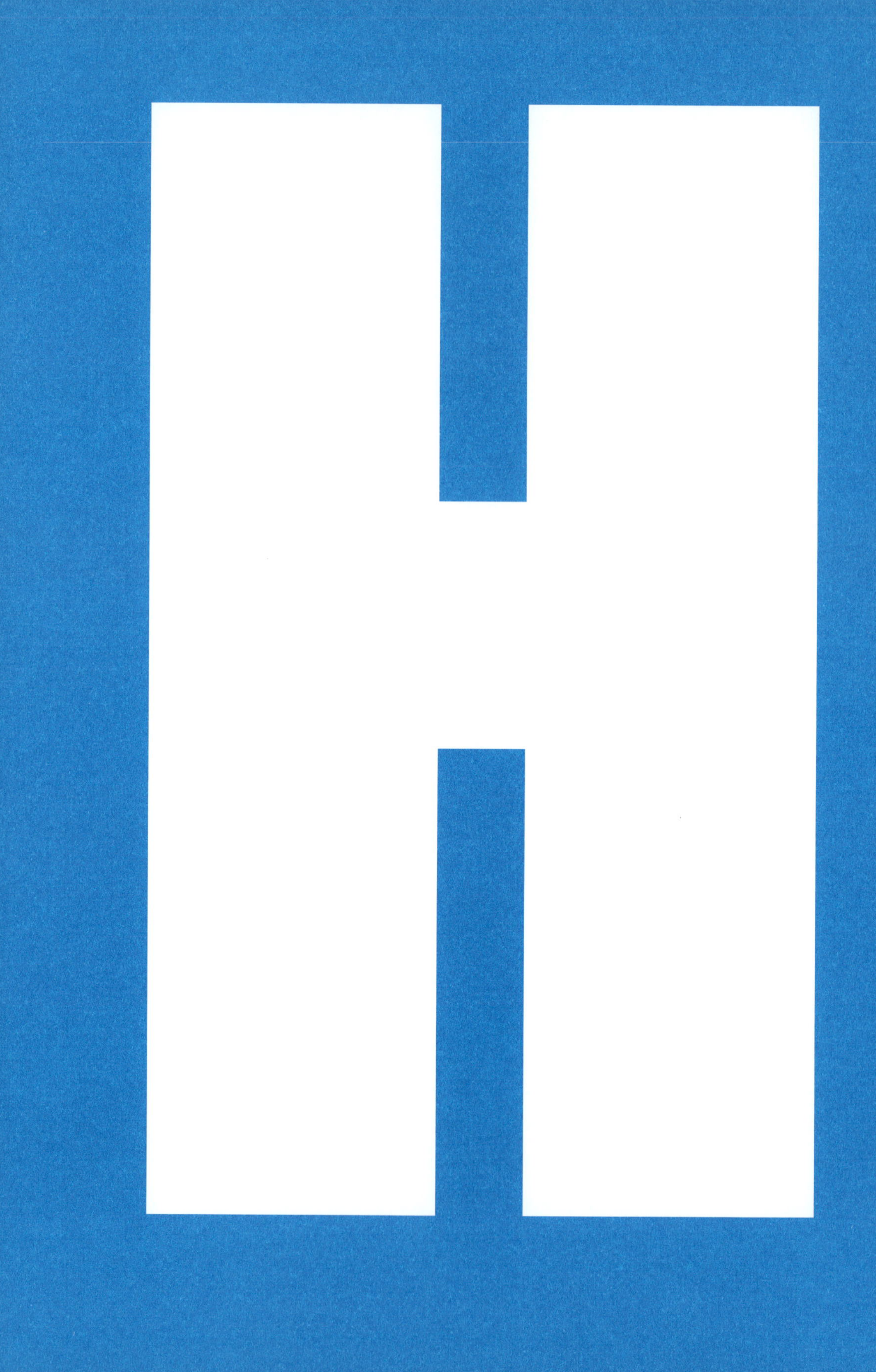

AUSSPRACHE, STIMME, SPRACH-AUFNAHME

H1 160 Aussprache

H2 165 Wortakzent

H3 167 Eutone Spannung

H4 169 Technikstress

H5 170 Wohnzimmersprechübung

H6 172 Atem

H7 174 Stimme und Stimmtraining

H8 182 Körper und Gestik

H9 185 Strahlkraft durch Präsenz

H10 191 Versprecher

Franziska merkt schnell, dass sie Moderationen zwar natürlich, aber irgendwie auch anders sprechen muss. Eben einfach lauter, größer, deutlicher. Franziska findet das enorm schwierig, denn ihr Tempo verlangsamt sich dabei ganz unnatürlich und alles hört sich schwerer und irgendwie auch künstlicher an.

Authentisch und professionell zugleich, das kann sich für dich erstmal völlig unnatürlich anfühlen. Gewöhnlich unbewusst ablaufende Vorgänge werden im Sprechtraining plötzlich bewusst, was einige Unsicherheit hervorrufen kann: an seine Aussprache und Stimme zu denken. Ohne diese Verunsicherung gibt es kein Lernen. Um Stimme und Aussprache verändern zu können, ist zunächst das Hören wichtig, genauer: das funktionelle Hören. Funktionell heißt, dass wir vom Gehörten auf die Funktion unserer Sprechorgane schließen. Normalerweise geschieht das nicht bewusst. Durch Hören-Lernen können wir aus dem Höreindruck eigenen und fremden Sprechens den eigenen Sprechausdruck verändern. Nur dazu übrigens ist Vor- und Nachsprechen angebracht. Analytisch, nach „Fehlern" suchend, hören zu lernen, das ist nur unter fachlicher Anleitung ratsam. Diese bewussten Höreindrücke verändern im Laufe der Zeit den eigenen Sprechausdruck.

Wer in den Medien spricht, sollte Stimme, Atem und Spannung mit Text, noch besser mit Stichwortkonzepten kennenlernen. Medienrhetoriktraining mit Übungen nur zum Sprechablauf, Geläufigkeit etwa, gar nur mit Artikulationsübungen zu beginnen, wäre falsch: Wenn es um (journalistische) Inhalte geht, scheidet *Der kleine Hey* (vom Anfang des 20. Jahrhunderts) aus. Für das Training von Atem, Stimme und Aussprache gibt es gute Übungsbücher und zusätzlich Ausspracheworterbücher.

Praxis Essentials:

- ☐ Beiße leicht mit den Zähnen auf den gebeugten Zeigefinger oder Daumen einer Hand und sprich deinen Text mit diesem „Hindernis" so laut und deutlich wie möglich, wie „für die schwerhörige Urgroßmutter". Du wirst erstaunt sein, wie leicht dir das Artikulieren anschließend fällt.
- ☐ Stell dir vor, du musst eine wichtige Botschaft durch eine Glasscheibe hindurchgeben, aber nur mit einer stark übertriebenen Lippenbewegung ohne Stimme.
- ☐ Flüstere deinen Text, aber mit der Absicht, dass ein imaginäres Gegenüber dich dennoch sehr gut verstehen kann. Gern auch über eine Distanz von ein paar Metern.

H1 AUSSPRACHE

Die Aussprache muss so präzise und korrekt sein, dass wir nicht missverstanden werden. Wird zum Beispiel „Magen" artikuliert und „nagen" gemeint, ist die Verständlichkeit gestört. Beim Verstehen hilft allerdings auch die Umgebung der Laute. Weicht die Lautbildung aber erheblich ab, sollte man sie verbessern, vor allem, wenn man professionell spricht.

Unsere Artikulation formt die kleinsten phonetischen Einheiten, die Laute. Die richtige Aussprache ist, wie die Rechtschreibung, im *Duden* (Band 6) vorgeschrieben. Ausspracheregelungen orientierten sich früher zunächst am Sprechen auf der Bühne, was sich aber für die Medien nicht plausibel machen ließ. Daher gibt es auch in den Aussprachewörterbüchern verschiedene Formstufen der deutschen Aussprache (Standardaussprache). Diese deutsche Standardaussprache ist für den gesamten deutschen Sprachraum definiert. Du solltest sie beherrschen, willst du nicht regional begrenzt bleiben.

Die deutsche Standardaussprache unterscheidet sich in einigen Punkten von den Eigenarten anderer Sprachen. Ausgangsbasis ist unter anderem ein lockerer Kontakt der Zungenspitze mit den unteren Schneidezähnen. Die Zunge wölbt sich beim Bilden der Vokale – bei „i" etwa vorn, bei „a" in der Mitte und bei „u" hinten. Eine stark gewölbte Zunge hat einen verdunkelten Klang zur Folge. Viele Dialekte enthalten diese Vokalverdunkelung. Eine Arbeit an der Aussprache muss diese Verdunkelung des Klanges generell verbessern.

Einige Dialekte kennen eine Verlagerung des gesamten Geschehens von Aussprache und Stimme nach hinten. „Vorn sprechen!" ist deshalb eine der ersten Forderungen der Sprecherziehung. Das betrifft nicht nur die Laute im engeren Sinne; vorn Sprechen meint auch eine Lockerheit des Kiefers, die eine Entspannung im Kehlkopf bewirkt. Das Deutsche verlangt eine relativ hohe Artikulationsspannung; unterspanntes, lasches und weiches Artikulieren gehört nicht zur Standardaussprache. Eine hohe Präzision ist also nötig, die allerdings nicht übertrieben sein darf. Vor allem dürfen die Lippen nicht breit gezogen sein. Eine leichte dialektale Färbung wird allerdings in vielen Sendern akzeptiert.

Problematisch ist vor allem die Verwechslung von „ch"- und „sch"-Lauten im „mittleren Westen“ und in Sachsen. Bei vielen Dialektsprechern ist der Unterschied schon im Sprachzentrum nicht vorhanden – sie haben ihn in der Umgebung nicht hören können. Es ist nötig, dafür die Hördifferenzierung zu schaffen – und den Unterschied zu üben. Der „ch“-Laut (am Wortende auch „ig“) muss leicht neben einem vorderen Konsonanten gebildet werden können:

> *Gleichsam, Bleichsucht, Riechsalz, gleichzeitig, Durchsage, reich sein, weich schließen, einen Elch schießen, mäßig Chancen, fleißig schaffen*

Das Deutsche erfordert eine relativ große Kieferöffnung, man nennt das anschaulich „Lautgriff“ für ausladende Artikulationsbewegungen. Der ausreichend geöffnete Mund verhindert auch, dass ein Teil des Klanges in der Nase entsteht. Das wäre falsch. Die deutschen Vokale kennen fast keine Nasallaute. Laute und Lautfolgen lassen sich nur annähernd mit Buchstaben beschreiben. Dadurch sind Vereinfachungen nicht zu vermeiden. Keineswegs muss jeder Buchstabe auch als Laut gesprochen werden, nicht jedes „h“ zum Beispiel soll zu hören sein.

Im Deutschen gibt es kein stimmloses „s“ am Wortanfang: „Semmel“, „Sicherheit“. Nur in wenigen Fremdwörtern oder Eigennamen spricht man ein stimmloses „s“ am Anfang, zum Beispiel in „Song“, vor allem wenn Bedeutungsunterschiede markiert werden sollen: der „Star“ im Film, aber der „graue Schtar“ der Augen. Vor Sprenglauten wie „p“ und „t“ wird „s“ am Anfang meist als „sch“ artikuliert.

Immer wieder sind die Endsilben der Wörter Stein des Anstoßes. Sie zeigen wichtige grammatische Beziehungen an, deshalb sollten sie ausgesprochen werden. Aber es gibt Ausnahmen: Das „e“ in Endsilben etwa kann in vielen Wörtern entfallen, zum Beispiel dann, wenn die Silbenanzahl erhalten bleibt, so zum Beispiel: „erhaltn“, „leckn“, „rettn“. Auch vor „l“ darf das schwachtonige „e“ wegfallen: „Mörtl“. Nach nasalen Konsonanten wie „m“, „n“ und „ng“ und nach „l“ und „r“ jedoch muss das „e“ gesprochen werden, so zum Beispiel in „kennen“, „kommen“, „Längen“, „wählen“ und „wehren“, ebenso nach Vokalen wie bei „schauen“ und „Seen“.

Nur selten sprechen wir Einzellaute wie „eh“, „ah“ usw., denn gesprochene Sprache besteht aus Wortblöcken ohne Pause. Nur bei Vokalen setzt die Stimme neu ein. Die wechselseitige Beeinflussung von Lauten bewirkt, dass die Laute auch durch die Nachbarlaute verändert werden. Im Deutschen wird progressiv assimiliert, d. h. Eigenschaften des vorhergehenden Lautes gehen auf den darauffolgenden über. Die Stimmlosigkeit des „s" in „das Bad" zum Beispiel wird auf das „b" übertragen. Das „b" wird härter als am Wortanfang, es wird aber nicht zu „p".

Schließlich werden Konsonanten am Wortende oder Wortblockende generell verhärtet und zudem stimmlos gesprochen: „Tak" für den Tag, „Bat" für das Bad und „Tot" für den Tod; Stab wird als „Stap" ausgesprochen. So gibt es im Deutschen im Auslaut auch kein stimmhaftes „s". Vor stimmlosen Konsonanten wird stimmlos artikuliert: „du erpst", „du lätst". Auch werden zwei gleiche Laute als ein Laut gesprochen, wenn sie aufeinandertreffen: „mittragen" als „mitragen".

Verschiedene Situationen verlangen auch verschiedene Grade der Standardaussprache. Vor dem Mikrofon sollte man die Aussprachestufe je nach Genre variieren können. Bei Nachrichten sollte zum Beispiel in einer höheren Formstufe, bei Moderationen in einer niedrigeren Formstufe gesprochen werden. Ausgeprägter Dialekt ist nur im Regionalprogramm akzeptabel.

Die häufigsten Aussprachefehler – ein Überblick

- Am Wortende wird „ig" als „ich" gesprochen, so z. B. „ruhig" als „ruich", auch „einich", „richtich". Das ist auch vor Konsonanten in derselben Silbe so, z. B. „beruhicht".
- Das Dehnungs-H wird fälschlicherweise mitgesprochen, zum Beispiel bei „Ehe" oder „sehen".
- Die Buchstabenverbindung „ch" soll in dem Wort „nächster" als „ch" ausgesprochen werden, nicht „näxter", im Gegensatz zu „Wachs", wo das „ch" als „k" gesprochen wird.
- Das „r" am Wortende nicht artikulieren; hier verschwindet das „r" fast völlig. In „wer" wird das „r" quasi als „ea" ausgesprochen. Das gilt auch dann, wenn ein Konsonant folgt: „Wert" wird zu „Weat". Nach kurzen Vokalen wird allerdings ein volles „r" gesprochen, z. B. in „Karren" oder „Karten".
- Die Buchstabenfolge „ng" wird am Wortende oft falsch als „nk" ausgesprochen. Zum Beispiel „jung", „lang", „Beachtung". Steht ein „ng", dann sollen „g" bzw. „k" nicht gesprochen werden.

- Stimmhafte Konsonanten vor R, L oder N werden plötzlich stimmlos gesprochen: Aus dem „Braten" wird ein „Praten", oder aus „bleiben" wird „pleiben". Das gilt auch umgekehrt: Aus dem „Proll" wird ein „Broll".
- Bei Fremdwörtern wie Chemie, China oder Chirurg wird vor allem im süddeutschen Raum ein K gesetzt. Richtig ist aber tatsächlich das vordere „ch", der sogenannte „Ich-Laut".

Wörter aus anderen Sprachen sollen gemäßigt eingedeutscht werden; Aussprache und Wortakzent sollte man der deutschen Standardaussprache angleichen. Gemäßigte Eindeutschung heißt auch, dass in Namen anderer Sprachen zum Beispiel nicht der eine Teil deutsch, der nächste Teil im Originalenglisch und der nächste plötzlich französisch ausgesprochen werden darf. „Agatha Christie" zum Beispiel sollte daher nicht so ausgesprochen werden, dass der erste Teil deutsch und der zweite Teil englisch wird und „Georges Simenon" darf nicht im Vornamen englisch und im Nachnamen französisch ausgesprochen werden. Uns geläufigere Sprachen wie Englisch und Französisch werden weniger stark eingedeutscht als weniger geläufige Sprachen. Generell gilt: Eigennamen (z. B. von Komponist*innen) unterliegen oft keinen Regeln, im Zweifelsfall hilft eine Recherche der Aussprache (Duden, Aussprachedatenbank der ARD, forvo.com usw.).

Praxis Essentials:

Mithilfe der folgenden Übungen wird deine Artikulation plastisch und präsent – und deine Stimme kann im vorderen (Mikro-)Raum frei klingen:

- ☐ Entspanne zunächst deinen Kiefer mit Lippenflattern.
- ☐ Gähne herzhaft in den hinteren Mund- und Rachenraum, sodass dein Kehlkopf (spürbar über die darauf gelegte Hand) nach unten sinkt.
- ☐ Kaue auf „kleinen Wolken" zwischen den hinteren Backenzähnen.
- ☐ Artikuliere plastisch zu einem*r imaginären Partner*in: „Meinst du mich?" „Ich? Ach!" Übertreibe bewusst emotional und artikulatorisch: „Du Lump, du! Du Schuft, du! Du Schlumpf, du!"
- ☐ Mache die Energie dieser Sätze hörbar und achte auf einen geöffneten Hohlraum im Rachen und Hals.
- ☐ Kaue wohlig auf dem Satz „Mollige Maronen murmeln monoton" – verweile dabei immer etwas länger bei den m-Lauten.
- ☐ Sprich sehr gedehnt folgende Vokalreihe (wie eine Katze): M – I – A – O – U. Alle Vokale sollten sich am Sitz des I orientieren (Vordersitz der Stimme).

H2 WORTAKZENT

Der Wortakzent ist die Betonung bestimmter Silben innerhalb von Wörtern. In gesprochenen Wörtern wechseln immer betonte und unbetonte Silben. Die Wortbetonung folgt Regeln, die größtenteils geschichtlich entstanden sind. Auch diese Regeln sind keine Dogmen; sie sind, wie die Regeln der Satzbetonung, der Situation und dem übrigen Text angemessen zu handhaben. Regelwissen allein reicht aber nicht aus. Schon das Vorlesen selbst bringt oft sinnwidrige Betonungen mit sich.

Regeln der Wortbetonung

- Der Wortakzent liegt auf der Stammsilbe.
- In einfachen und abgeleiteten Wörtern ist gewöhnlich die erste Silbe betont: „**of**fen", „**Blu**me", „**neh**men", „**Haus**halt", „**meh**rere".
  In zusammengesetzten Wörtern (Komposita) trägt meist das erste Wort als Bestimmungswort einen stärkeren Akzent als die folgenden Wörter (Grundwort): „**Bahn**hof", „**Haupt**bahnhof", auch z. B. „**Au**ßenwirtschaftsgesetz", „**Wirt**schaftsprüfungsgesellschaft".
  Manchmal muss aber der zweite Wortteil betont werden, wenn er in der Situation der bekanntere Begriff ist: „Bundes**in**nenministerium".
- Die Vorsilben „be-", „er-", „ent-", „ge-", „ver-", „zer-" usw. sind unbetont: „be**ach**ten", „ent**fal**len", „ver**lan**gen".
- Die Vorsilben „ab-", „an-", „aus-", „bei-", „ein-", „nach-", „wieder-" sind meist betont, weil sie die Bedeutung bestimmen: „**ab**holen", „**ein**kaufen", „**wie**derkommen". Allerdings: „wiederholen".
- Die Partikel „da-", „dar-", „durch-", „her-", „hier-", „hin-", „hinter-", „in-", „miss-", „ob-", „über-", „un-", „um-", „voll-", „vor-", „wieder-", „zu-" werden danach betont, welches der bestimmende Teil ist. Der jeweils bestimmende Teil wird betont: „her**vor**kommen", „her**bei**", „**voll**wertig", „voll**bracht**", „**Zu**fall", „zu**sam**men".
  Der differierende Wortakzent markiert einen Bedeutungsunterschied: „über**set**zen", „um**fah**ren", „**un**terlegen".
- Die Ableitungssilben auf „ur-", „ein-", „-ieren" sind betont: „Makula**tur**", „**ur**sprünglich", „Bummel**lei**", „hal**bie**ren".

- Abkürzungen sind auf dem letzten Teil betont: „ADA**C**", „BG**B**", „LK**W**", „SP**D**".
- Abweichungen von den allgemeinen Betonungsregeln entstehen bei der Betonung von Gegensätzen. Um den Gegensatz zu betonen, wird der Akzent vom Stamm auf die Vorsilbe verlagert: „be- und entladen"; ohne diesen Kontext: „be**la**den", „ent**la**den".
- Der Wortakzent bei Fremdwörtern wechselt je nach Herkunftssprache. In Wörtern aus dem Lateinischen gilt Endbetonung: „ak**tiv**". Allerdings geht die Eindeutschung nach vorn: „**kon**servativ".
- Insgesamt ist der Wortakzent der Satzbetonung untergeordnet.

H3 EUTONE SPANNUNG

Caro macht sich Sorgen, wenn sie an ihre erste Liverede vor Publikum denkt. Sie weiß, dass ihre Stimme bei Stress und körperlicher Anspannung schnell viel zu hoch und dünn klingt. Bei Aufregung stockt ihr der Atem oder sie muss nach Luft schnappen, sodass ihr die Stimme praktisch wegfliegt. Sie hat dabei immer das Gefühl, sie hat zu wenig Luft.

Caro sollte lernen, sich vor jedem öffentlichen Auftritt gut zu entspannen. Am besten auf allen drei Ebenen: körperlich, mental und stimmlich. Ist unser Körper tiefenentspannt, sind wir auch geistig flexibel und unsere Stimme kann sich in eine gute Mitte einschwingen (eutone Gesamtspannung).

Vor allem der Atem ist nicht von der Körperspannung zu trennen. Die Atemintensität bestimmt das Schwingen der Stimmlippen im Kehlkopf. Ein vertiefter Atem erzeugt auch ein harmonisches Schwingen der Stimmlippen. Durch eine eutone Spannung im Mittelkörper (Becken, Bauch, Hüften) lässt sich der Atem gut stützen und es fällt leichter, die Stimme bei Wortendungen und am Ende von Sinnschritten „abzuspannen". Abspannen bedeutet, dass wir über deutliches Artikulieren indirekt das Zwerchfell im Bauchraum in Aktivität und Schwingung versetzen. Dadurch kann sich Atemluft reflektorisch ergänzen, ohne dass wir bewusst nachatmen müssen. Wir befinden uns dann in einem harmonischen und ausbalancierten Atem- und Stimmfluss. Wir können dies gut beobachten, wenn wir eine Hand auf die Bauchdecke legen. Beim „Abspannen" von Explosivlauten wie P oder T bewegt sie sich nach innen und dann wieder nach außen, wenn neue Luft nachströmt. Das Zwerchfell schwingt dabei auf und nieder und folgt dem Prinzip von Spannen und Entspannen (Spannung aufbauen und wieder lösen). Unser Körper unterstützt uns in einem auch mental optimalen Vorgang: Nur wer loslässt, bekommt auch neue Kraft.

Informieren und Überzeugen sind nie allein rational motiviert. Der Sprechausdruck liefert immer auch Informationen über die Person und deren Befindlichkeit. Geistiges und Seelisches äußert sich in Körperlichem: Verkopftes klingt kopfig, Gesetztes klingt brustig, deutliches Meinen klingt gespannt und Unsicheres wird genuschelt. Eine überspannte, dünne Stimme hat keine Überzeugungskraft. Wir alle kennen aber den „Brustton der Überzeugung" als stimmigen Ein- und Ausdruck.

Während die Aussprache in peripheren Teilen des Gehirns gesteuert wird, entsteht die Stimme in tieferen Schichten. Es dauert deshalb auch länger, sie methodisch zu beeinflussen. Der ganze Körper bestimmt die Stimme, ihren Spannungsgrad und den Bewegungsimpuls. Es sind Impulse, Schübe von Körperenergie, die die Stimme steuern und Energie wiederum in Ton umsetzen. Phasen der Spannung wechseln sich mit solchen der Entspannung ab. Insbesondere ist Konzentration gefragt, eine positive Art von Spannung. Damit diese kanalisiert wird, ist es hilfreich, sich einige Minuten vor Aufnahme oder Sendung ganz bewusst auf sich selbst und die Inhalte zu konzentrieren.

Auch das Sprechdenken wirkt auf die Körperspannung. Wichtigeres verlangt höhere, weniger Wichtiges geringere Spannung. Ein „Zusammenhalten der Gedanken" bzw. des Gedankens im freien Sprechen und Moderieren bewirkt schon weitgehend, dass wir die Spannung halten.

H4 TECHNIKSTRESS

Im Studio gerät fast jeder unter Spannung, vor allem im Selbstfahrerstudio, denn gleichzeitig zu moderieren und die Sendung zu „fahren", erfordert hohes tontechnisches Können, Routine und Erfahrung. Da es nicht möglich ist, die wirkliche Livesituation vorab zu üben, gleicht es am Anfang einem Sprung ins kalte Wasser. Mit der Angst zu leben, mit der Technik abzustürzen, gehört einfach dazu. Es geht nicht „um Leben und Tod", Fehler passieren und mit der Zeit werdet ihr durch routiniertes Fahren ruhiger und gelassener. Dazu gehört auch, die entstandenen Fehler den Hörer*innen offen zu kommunizieren („Wir haben/hatten gerade ein technisches Problem ..."). Hinzu kommt, Moderationen vorher genau abzustoppen und während der laufenden Sendung exakt zu rechnen, um zum Beispiel pünktlich mit dem nächsten Signet zur nächsten Sendung enden zu können.

Gezielte Trainings im Voraus (auch von Havarien) sind empfehlenswert. Je besser ich die Technik im Studio beherrsche und auch in Notsituationen klarkomme, desto mehr kann ich mich auch wieder auf meine Inhalte konzentrieren.

Praxis Essentials:

- ☐ Lass dir Zeit und Ruhe für den Technikcheck.
- ☐ Übe am Anfang möglichst viel off air, aber mit On-air-Anspruch.
- ☐ Habe einen Notfallplan parat: Was sagst du im Störungsfall? Lege dir dafür ein, zwei Sätze zurecht.
- ☐ Atme tief und bleibe möglichst gelassen.

H5 WOHNZIMMER-SPRECHÜBUNG

Stress nimmt uns die Freude, im Hier und Jetzt anzukommen und uns in Szene zu setzen. Wer sich grundsätzlich vor Aufnahmen und in einer Livesituation gestresst fühlt, sollte nach Möglichkeit zunächst psychisch entspannen und Atem und Stimme lockern. Wer zu wenig Spannung hat, sollte sich seine Körpermitte mit Becken- und Zwerchfell, mithilfe von Atem- und Artikulationsübungen bewusst machen. Bei Anspannung hilft jegliche Art von Training, das in die tieferen Schichten wirkt (Yoga, Progressive Muskelentspannung, Feldenkrais, Alexandertechnik usw.). Ziel unserer Übungen im Buch ist es, schon innerhalb weniger Minuten im Wohnzimmer oder Studio in einen entspannten Wohlfühlmodus zu kommen.

Praxis Essentials – kurz vor der Aufnahme:

So bekommst du eine ausbalancierte Spannung von Körper und Stimme am Mikrofon (nimm dir möglichst fünf Minuten Zeit dafür):

- ☐ Dehne und strecke dich, gähne herzhaft.
- ☐ Verankere dich im Hier und Jetzt, beobachte deinen Atem, erde dich über einen guten Bodenkontakt der Füße.
- ☐ Puste imaginäre Gänsefedern auf der Hand oder auf dem Studiotisch herzhaft auf „f" weg.
- ☐ Seufze tief aus, lasse deine Stimme wellenförmig wie auf einer Achterbahn herunter- und hochgleiten, flattere dazu mit den Lippen.
- ☐ Forme mit beiden Händen eine Art Klangmuschel und erzeuge summend einen Resonanzraum, verkleinere und vergrößere diesen wieder, das sollte sich ganz leicht und selbstverständlich anfühlen (wenn es dich anstrengt, gehe wieder zurück ins Leichte und Feine).
- ☐ Schieße mit Schwung einen imaginären Fußball in ein imaginäres Tor auf „p", „t", „k" oder „hopp" und „weg".
- ☐ Sprich Stichwörter aus dem Beitrag mit dem gebeugten Zeigefinger für die „schwerhörige Urgroßmutter".

Ein Warm-up kann sehr individuell verlaufen, zwei bis drei Übungen, die kontinuierlich durchgeführt werden, reichen völlig aus.

H6 ATEM

Der Atem ist die Basis fürs Moderieren und Sprechen. Die Impulse, der Klang, die Resonanz und die Modulationsfähigkeit der Stimme (laut/leise, hoch/tief etc.) werden durch die Art des Atmens beeinflusst, oft auch beeinträchtigt. Es gibt zwei Grundprobleme beim Sprechen: Zum einen wird befürchtet, zu wenig Luft zu haben, was aber bei gesunden Sprecher*innen grundlos ist. Problematisch ist eher die Tatsache, dass wir durch Anspannung zu viel Luft haben, aber vom Gefühl her zu wenig. Zum anderen: Zerreißen wir durch willkürliches und allein körperliches Atmen nicht den Sinn unseres Textes? Diese Befürchtung ist berechtigt. Allerdings: Wer sinnerfassend spricht, atmet nicht sinnwidrig und hat nicht zu wenig Atem. Das Sprechen vor Mikrofon und Kamera braucht nicht mehr Luft als das im Alltag. Wir atmen normalerweise genau so viel ein, wie für den Sinnschritt und seinen Ausdruck nötig ist, nicht mehr. Nicht jeder benötigt daher ein Atemtraining. Meist ist die angemessene Atemtechnik schon gefunden, wenn die Mitteilungshaltung klar ist und die Körperhaltung ein freies Agieren zulässt.

Stimmatmung folgt nicht einer bewussten Technik; wir atmen nach dem Sinn. Sinnwidriges Atmen zerstört oft genug die Gliederung in Gedankenschritte. Das klingt entweder pseudoprofessionell oder einfach ungeschickt. Ebenso wirkt ein zu häufiges Atmen gehetzt. Durch den Atem kann, darf aber kein vordergründiger Drive erzeugt werden. Ein Missverständnis führt dazu, viel zu atmen, um viel Text sprechen zu können. Freilich gibt es Sätze, die überdurchschnittlich lang sind. Hier gilt es, den Atem über den Gedanken zu dosieren, Zäsuren zu setzen und immer wieder kurze Atempausen zuzulassen.

Atmen ist dreiteilig: einatmen – ausatmen – sinnabhängige Pause. Im Atemvorgang lassen Bewegungen des Zwerchfells Luft in die Lungen strömen. Der Bauch bzw. der Rumpf weitet sich, weniger der Brustraum, dessen Bewegungen vom Brustkorb beschränkt werden. Dann erfolgt eine Pause mit einer Umschaltung der Richtung. Während der Ausatmung geschieht der umgekehrte Vorgang. Das Zentrum ist der Mittelkörper mit dem Zwerchfellraum. Diesen Vorgang nennt man Vollatmung oder anschaulicher Rumpfatmung. Sie stellt sich zum Beispiel im Schlaf ein.

Stress und Zeitdruck führen in vielen Fällen, u. a. durch ein Hochziehen der Schultern, zur oft genug hörbaren Hochatmung. Hochatmung verläuft paradox: Es wird ausschließlich der Brustkorb gehoben, es wird nach Luft geschnappt und die Schultern werden hochgezogen. Hochatmung lässt so immer noch etwas Luft in den Lungen zurück, die die Sprechenden weitertreibt. Dies lässt nicht den Atem nach dem Sinn dosieren, sondern nach den Luftnöten. Auch Hochatmung treibt das Tempo und zerstört die Sinngliederung. Schließlich bringt die Hochatmung immer Verspannungen mit sich, sie können die Qualität des Stimmklangs beeinträchtigen. Sinn eines Atemtrainings sollte es daher sein, zur Rumpfatmung zurückzukehren, wie in entspannten Alltagssituationen. Jedes Kind, ja jeder Hund atmet intuitiv durch Ganzkörperbewegungen des Bauches.

Praxis Essentials:

- ☐ Praktiziere Übungen zur Tiefenatmung. Vielleicht hast du eine Lieblingsübung aus dem Yoga? Gehe in die Hocke und beobachte deinen Atem, er bewegt sich automatisch im Bereich der Rumpfmuskulatur, was optimal ist. Versuche dieses Bewusstsein für die Körpermitte auch im Stehen beizubehalten.
- ☐ Strecke dich, gähne herzhaft, halte deine Hände rechts und links an die Hüften, um dir deine Körpermitte bewusst zu machen. Übe leichten bis mittleren Druck mit den Händen aus, auf diese Weise atmest du schon automatisch tiefer. Diese Körperhaltung gibt dir automatisch Stabilisation und Selbstbewusstsein, probiere sie auch einmal während des Sprechens aus (s. Kapitel P „Lampenfieber").
- ☐ Schnipse dich in eine gute Stimmung und Wachheit.

Übungen zum Abspannen (je eine Übung):

- ☐ Gliedere deinen Text klar nach Sinneinheiten und markiere sie mit einem Stift (Voll- und Halbzäsuren).
- ☐ Diese Textmarkierungen sind für dich auch sinnvolle Atemzäsuren.
- ☐ Suche das letzte Wort, das einen Sinnabschnitt markiert und spanne es ab.

H7 STIMME UND STIMMTRAINING

Nadja will ihre Follower mithilfe einer Insta-Story über ihr letztes selbst kreiertes Backrezept informieren. Die ersten Versuche klingen aber stimmlich dünn und etwas unsicher. Nadja weiß überhaupt nicht, wie sie ihre Stimme kontrollieren kann. Sie fühlt sich auch nicht in der Lage, zu beurteilen, wo ihre Stimme gut sitzt, wie sie weich und voll klingt. Sie möchte das alles auch körperlich nachempfinden und für weitere Insta-Stories reproduzieren können.

Wenn es dir so geht wie Nadja, kannst du mithilfe der Stimmübungen im Buch trainieren, ein Gefühl dafür zu bekommen, wie es klingt, wenn deine Stimme gut sitzt und wie sich das im Körper und Brustraum anfühlen kann, auch wenn du in Bewegung bist.

Durch feine Abstimmung des Atemdruckes und durch Impulse des Zentralnervensystems erzeugen die Stimmlippen im Kehlkopf Klang, indem sie schwingen. Den Klang verstärken angrenzende „Stimmorgane" wie Rachen- und Nasenraum, ein entspannter Kiefer, Mund mit Lippen und im weitesten Sinne auch der Brustraum mit Brustbein, in oder an dem die Stimme ihren resonanzreichsten Klang erzeugt. Nun ist es neben den physiologischen Kenntnissen wichtig, mit praktischen Übungen ein gutes Gefühl für seine (Brust-)Stimme zu entwickeln. Es gilt zu entdecken, wie sich die Stimme entspannen kann und in einen vollen und wohligen Klang kommt. Es ist ein lohnender Weg, mit seiner Stimme zu gehen – und wie man sie so zu führen vermag, dass sie resonanzreich ist und voll schwingen kann. Es darf richtig Spaß machen, mit seiner Stimme zu experimentieren und neue vielleicht auch tiefere Klänge zu entdecken. Fürs Mikrofon und vor der Kamera benötigen wir eine gut ausgebildete Stimme, variantenreich, volltönend, modulationsfähig und belastbar. Ist eine Stimme zu hoch, zu dünn, zu eng, zu heiser oder zu kehlig, hört man ihr nicht gern zu, wird beim Hören unruhig, gelangweilt oder genervt. Entsprechende Übungen zur Verbesserung des Stimmklangs sind dann besonders wichtig und hilfreich. Auch wenn mir die Stimme bei Aufregung „wegrutscht" oder wenn sie bei Anspannung zu hoch oder zu müde klingt. Negative Stimmung kann sich sehr schnell in der Stimme manifestieren. Zu viel Stress oder (Leistungs-)Druck auf den Stimmbändern ist sogar sehr gefährlich, weil ihnen das auf Dauer extrem schaden kann. Auch permanentes Räuspern schadet den Stimmbändern sehr.

Stimme

Abb. 30: Sprechen mit und ohne Körperstimme

Wer professionell sprechen will, sollte vor allem die Wirkung seiner Stimme kennen. Viele, die glauben, dass ihre Stimme gut ankommt, erfahren im Training manche Mängel, von denen sie bislang gar nichts wussten. Auch das Umgekehrte ist möglich: Sehr kritische Menschen vertrauen nicht auf ihre Stimme.

Nicht immer sind Stimmen in Radio, Fernsehen und Social Media trainingsbedürftig, wenn Vorlesen oder frei Sprechen beherrscht werden. Oft fehlt es aber an Resonanz und ausreichend klarem Klang – was allerdings mit einigem Zeitaufwand trainiert werden kann. Eine gut ausgebildete Stimmfülle fördert auch die sogenannte „Präsenz" vor dem Mikrofon. Die Präsenz ist aber auch ein psychologisches Thema. Wer den Inhalten und den Produktionsbedingungen gegenüber souverän ist und sich auf seine Hörer im Hier und Jetzt fokussiert, ist präsent, auch mit einer weniger großen Stimme. Es gibt ohne authentisches Ankommenwollen keine „Präsenz".

Selbstwahrnehmung und Fremdwahrnehmung driften manchmal auseinander. Ein Grund dafür ist, dass wir uns auch über die Knochenleitung hören und nicht nur – wie fremde Stimmen – über Schallwellen. Dies erzeugt einen anderen Eindruck als den, den die Zuhörenden von uns haben. Hinzu kommt ein erwünschtes und damit auch unrealistisches Selbstbild, das sich bei Weitem nicht immer mit dem Klangeindruck unseres Gegenübers deckt. An der eigenen Stimme geht aber kein Weg vorbei. Halten wir uns an die Biologie und die Physik der Stimme: Immer sollte man vor der Sprachaufnahme die Idealeinstellung der Stimmorgane suchen, nur dadurch entsteht eine individuelle Idealtonlage und nur so kann die Muskulatur relativ frei schwingen und ausreichend Klang im Mundraum entstehen. Damit die Stimme besser „trägt", sollte auch Klang durch die Nase kommen. Gesangslehrer*innen üben das gern, für die Aussprache beim Sprechen wäre eine überdeutliche Nasalität des Stimmklangs übertrieben.

Stimmtraining

Esma hat neuerdings eine Stimmtrainerin. Diese zeigt ihr, wie sie zu einer wohlklingenden Stimme kommen kann. Und auch, dass nervöses Räuspern schlecht für die Stimme ist. Überraschend und fast ein wenig befremdlich ist, dass Esma im Training viel gähnen soll, um ihre körperliche Anspannung insgesamt herunterzuschrauben und im Rachenraum mit einem Gefühl der Weite für mehr Stimmvolumen zu sorgen. Esma lernt auch, auf eine gute Körperhaltung zu achten und wie sie sich vor das Mikrofon setzen muss, damit ihre Stimme gut klingt.

Eine gut schwingende Stimme braucht viel Aufmerksamkeit. Sie ist ohne funktionierenden „Stimmsitz", eine locker-gespannte eutone Haltung und eine gesunde Funktion der Stimmorgane nicht zu erreichen. Im Zusammenspiel bewirken sie eine maximale Modulation und Resonanz der Stimme. Einen guten Stimmsitz können wir durch entspannende, in der Folge auch spannungsaufbauende Stimmübungen anregen. Leichte, leise Töne, die eher in der Tonhöhe fallen, entspannen unsere Stimmorgane. Den sogenannten „vorderen Stimmsitz", der uns das Sprechen vorm Mikrofon leichter macht, können wir zum Beispiel spüren als Vibrieren der Lippen beim Summen, beim Stimulieren der „Stimmmaske" im vorderen Nasen- und Mundraum. Kombiniert mit einem wohligen Weitegefühl im Rachenraum und einer resonanzreichen gut schwingenden Brusttonlage sind wir der idealen Mikrofonstimme sehr nah. Kontraproduktiv ist dabei ein möglicherweise durch Stress ausgelöster unter- oder überspannter Körpertonus, er kann zu Dissonanzen wie Heiserkeit führen. Erscheint der Frosch im Hals, dann ist das oft ein Zeichen für falschen Stimmgebrauch. In diesem Fall sollten wir uns keinesfalls räuspern, denn das regt die Stimmlippen nur zu neuer Schleimproduktion an. Leichtes, kurzes Abhusten hilft weiter – ein reflektorischer, normaler Vorgang, der den Belag entfernt. Viele andere Fehlfunktionen der Sprechorgane sind eher psychogenen Ursprungs: zu viel oder zu wenig Speichel etwa durch Stress und Anspannung. Hilfreich sind auch hier Entspannungsübungen, die dafür sorgen, dass sich die Stimme reguliert.

Praxis Essentials – Frosch im Hals oder Fremdkörpergefühl?

- ☐ Wenn du einen Frosch im Hals verspürst, räuspere dich nicht, trinke erst einmal einen Schluck Wasser.
- ☐ Summe locker auf „m" eine einfache Melodie, zum Beispiel „Summ, summ, summ, Bienchen, summ herum", lege dabei eine Hand auf den Brustbereich, wo du Resonanz verspürst.
- ☐ Sollte all das nicht helfen, huste das Fremdkörpergefühl kurz ab.

Vor Auftritt oder Aufnahme

Das folgende Stimmtraining enthält Übungen, die – natürlich verkürzt vor dem Auftritt oder vor der Aufnahme – der Stimme die nötige Entspannung verschaffen. So lässt sich in relativ kurzer Zeit ein guter Stimmsitz finden. Diese solide Einstellung der Stimme muss auch über die Erinnerung wiederholbar sein, d. h. mit wenigen kurzen Übungen reproduzierbar. Eine Geige oder ein Cello wird nicht dadurch lauter, dass man die Seiten stärker spannt, nur die Tonhöhe verändert sich (viele Redner*innen, die laut reden wollen, reden vor allem wesentlich höher). Lauter wird das Instrument durch intensiveren Bogenstrich. Auch die Stimme wird lauter, wenn der Atemdruck zunimmt. Ein Cello ist lauter als eine Geige, weil das Cello den größeren Korpus (= Resonanzkörper) hat. Auch unsere Stimme wird lauter, wenn Mund- und Rachenraum geweitet sind und dadurch mehr Volumen haben. Die Arbeit an der Stimme ist vor allem auch eine Weitung des Rachenraums.

Der Klang der Stimme selbst wird durch den Luftstrom aus den Lungen aktiviert, denn wir sprechen auf dem Luftstrom der Ausatmung. Ist die Atmung nun zum Beispiel durch Stress beeinträchtigt, verändert sich auch die Stimme zum Schlechteren. Zum Sprechen brauchen wir einen soliden, beständigen Strom der Ausatmung. Unter Stress verkürzen sich die Atemperioden, und der Atem wird relativ hektisch. Gerade das Sprechen längerer Passagen wird unmöglich.

Es geht also beim Stimmtraining erstmal um eine Verbesserung der Atmung und der Atemmuskulatur und auch um eine Optimierung der Rachenweite.

Alle nachfolgenden Übungen sind nur eine kleine Auswahl. Sie sind so konzipiert, dass sie am besten im Stehen funktionieren. Die Grundstellung sind immer etwa hüftbreite, parallele Füße und leicht federnde Knie.

So verbindest du automatisch eine gute volle Atmung mit einer elastischen Stimme: Stell dir vor, du willst im nächsten Moment etwas sehr Schweres vor dir wegschieben. Um diese innere Haltung zu verstärken, drehst du die Handflächen mit locker hängenden Armen nach vorn. Stell dir auch einen genauen Punkt im Raum vor, auf den du hinschieben willst. Auch hier wird sich die Tiefatmung recht schnell einstellen. Genieße dabei das Gefühl von Stabilität und Kraft, die aus deinem Körperzentrum kommt.

Wenn sich dieses Gefühl eingestellt hat, dann wirst du nicht mehr versuchen, eine laute Stimme aus der hohen Belastung der Stimmbänder herauszubekommen. Alle Kraft der Stimme kommt aus der jetzt aktivierten Körpermitte, und die Stimmbänder werden optimal entlastet.

Training der Rachenweite: Die wichtige Weitung deines Rachens erreichst du nicht durch bewusste Bewegung der Rachenmuskulatur. Die gewünschte Weitung ergibt sich sekundär als Nebeneffekt durch bestimmte Übungen und Vorstellungen.

Übung: Beim Gähnen wird dein Rachen geweitet, beim Schlucken sehr verengt. Gib zum Gähnen und zum Schlucken jeweils einen Ton gleicher Intensität und vergleiche die Tonwirkung: Der Gähnton ist voll und mühelos, der Schluckton eng und leise.

Eine angenehme Schulterdehnung und Entspannung der Halsmuskulatur erreichst du durch langsames Kreisen eines intensiv ausgestreckten Armes (zwei Kreise nach vorn und zwei nach hinten) und durch anschließendes Lockerlassen des Armes. Vergleiche zwischen der Drehung des einen und des anderen Armes das neu entstandene Gefühl in den Schultern.

Zur Dehnung der Halsmuskulatur lasse den Kopf sacht nach vorn und zu den Seiten kippen und richte ihn dann betont langsam wieder auf. Mit dieser unspektakulären Übung kannst du viel für die Beweglichkeit und die Dehnfähigkeit des Halses tun.

Zur Weitung von Mund und Rachen machst du Gähnübungen. Für das Sprechen ist Gähnen ausdrücklich empfohlen und im Gegensatz zu vielen anderen Situationen äußerst produktiv. Der Gähnton ist entspannt, mühelos und voll intensiver Resonanz.

Ebenfalls stark weitend wirkt folgende Übung: Nimm Daumen und Zeigefinger einer Hand und ziehe damit die beiden Mundwinkel zur Mitte zusammen. Der Unterkiefer sollte dabei locker hängen, damit er die Übung nicht behindert. Führe diese Übung am besten mit der gedanklichen Vorstellung von Einatmung durch. Verstärken kannst du sie durch das Anheben eines Knies.

Training der Stimmfunktion: Mit den Übungen zur Entspannung und Weitung der Rachenmuskulatur und zur Atmung kann sich die Stimme voll entfalten. Zusätzlich wichtig dafür ist vor allem die individuelle Tonhöhe, in der du deine Stimmbänder am wenigsten belastest. Fange an, genüsslich zu kauen! Auch wenn es sonst als unfein gilt, begleite das Kauen ausdauernd mit den genießerischen Silben „mnjam, mnjom, mnjum". Mit der Zeit wird sich eine sehr angenehme und entspannte Tonhöhe einstellen. Genau das ist der Grundton, von dem aus sich alle anderen Tonbewegungen gestalten lassen.

Bilde mit diesem Grundton jetzt den Laut M oder N und lasse den Ton in ein – auf einen Punkt im Raum gerichtetes – langes O ausgleiten. Versuche diesen Punkt wirklich mit deinem Ton zu treffen. Es wird leichter und effektiver, wenn du dir dafür konkrete Personen vorstellst, die du kennst. Wenn du das leicht beherrschst, versuche es auch mit kurzen und dann längeren Sätzen bis hin zu ganzen Passagen. Wichtig bei alledem: eine entspannte und gerichtete Mühelosigkeit vor Mikrofon und Kamera.

Übungssätze

Zur Resonanz und zur Verstärkung des „Brusttons der Überzeugung" eine Hand auf die Brust legen, den ersten Ton dort abholen und den Rest der Wortkombination mit ausladender Geste nach vorn sprechen:

> *Null und nichtig, nie und nimmer, nicht niet- und nagelfest, Mein und Dein, dann und wann, Neffen und Nichten, in Not und Elend, jemanden auf Händen tragen, Mund und Nase aufsperren, außer Rand und Band sein, in die Binsen gehen, reine Hände haben, von Mund zu Mund, müde und matt sein, auf dem Damm sein, einem heimleuchten, vom Mond kommen, einem auf der Nase herumtanzen, die Beine unter die Arme nehmen, gegen den Strom schwimmen.*

Zum Sprechausdruck (wichtig: Eine kräftige Stimme kommt nur aus der Körpermitte):

Komm her! Bleib stehen! Geh weg! Warum denn so was? Das ist doch nicht möglich! Das ist doch Quatsch! Aber doch nicht so! Aber ohne mich! Das könnte dir so passen! Das will ich nicht gehört haben! Ich will nichts mehr hören! Das geht mir gegen den Strich! Lass das sein! Menschenskind! Ich glaube, das wird gut! Das ist ja so schön! Können wir das noch mal sehen?

Siehe auch vertiefende Übungen für die Stimme zum Abbau von zu viel Anspannung und bei Lampenfieber für mehr stimmliche Präsenz in Kapitel P „Lampenfieber"!

H8 KÖRPER UND GESTIK

Alex steht als Reporter erstmals auch VOR der Kamera. Er hat seinen Text in Stichwörtern memoriert. Er fühlt sich gut vorbereitet. Gleich beginnt die Schalte zu ihm. Alex ist aufgeregt: Das Mikrofon umklammert er mit seiner rechten Hand, sie ist schweißnass. Aber was soll er mit seiner linken Hand anstellen? Er ist sich unsicher: Wird nicht jede Bewegung durch die Kamera extrem verstärkt?

Alex' Gefühl ist nur allzu verständlich. Seine linke Hand sollte auf jeden Fall gestisch das Gesagte unterstützen, weil sonst der Gesamteindruck zu starr wird. Wie großzügig – das muss Alex anhand der Aufnahmen im Nachhinein beurteilen.

Ganz klar: Der Körper redet mit. Er teilt mit, wie wir uns fühlen. Und er teilt auch mit, wie unsere Beziehungen zu den Angesprochenen sind – und zu dem jeweiligen Thema.

Körper und Körperhaltung beeinflussen den Sinn. Das ist nicht unproblematisch, denn der Körperausdruck ist vieldeutiger als die Wörter, oft auch vieldeutiger als der Sprechausdruck. Im Körperausdruck zeigt sich außerdem mindestens so viel Unbewusstes wie im Sprach- und Sprechausdruck. Man sollte daher, wenn man vor einer Kamera agiert, regelmäßig Feedbacks einholen.

Findet also einen Ausdruck, der dem Gemeinten in der Situation entspricht. Richtet euch nicht nach oberflächlichen Verhaltensregeln. Gerade im Körperausdruck ist deshalb sehr fein zwischen der Rolle (Moderator*in etc.) und der authentischen Persönlichkeit abzuwägen. Für einen Körperausdruck ist wichtig: Erst seine Persönlichkeit herausarbeiten und ausbauen, danach den Anforderungen der Rolle genügen. Es wirkt nicht authentisch, sich erst wie ein Moderator zu bewegen und dann erst eigene

Originalität aufzusetzen. Nicht selten wird der Ausdruck gespielt, dabei besteht die Gefahr theatralischer Rollenanpassung. Das wirkt unecht. Immer muss aber der Körperausdruck vor Mikrofon und Kamera natürlich den Inhalten und Stimmungen folgen. Eine glaubwürdige Natürlichkeit verlangt, dass Körper- und Sprechausdruck nicht auseinanderklaffen. Allerdings: Der Körperausdruck sollte nicht übertrieben das Gesprochene doppeln. Das trägt zu dick auf. Ausnahmen freilich gibt es auch hier: Wenn etwas buchstäblich gezeigt werden soll, oder wenn Gesprächspartner*innen über das Ansprechen hinaus zum Gespräch aufgefordert werden müssen. Aber oft wird vor der Kamera durch Nicken etwas zusätzlich bekräftigt, das kann aufdringlich wirken. Wenn Moderation oder Aufsager überzeugend gesprochen werden, braucht man diese Bekräftigung nicht.

Fernsehen vergrößert jede Irritation. Deshalb sollten im On die Bewegungen gemäßigt werden. Im Fernsehen, Radio, aber auch im improvisierten „Wohnzimmerstudio" hat die Körperhaltung Einfluss auf den Sprechausdruck. Mit unserer Körperhaltung unterstützen wir das Gemeinte. Auch Körperspannung, Atem und Stimme verlangen eine gute Körperhaltung. Extreme sind hier immer ungünstig: Betont „lockere" Haltung kann das Gesagte einschränken, überspannte Haltung kann die Stimme angestrengt wirken lassen. Wir brauchen vor dem Mikrofon deshalb eine Körperhaltung, die Spannung und Entspannung zugleich zulässt. Das geht am besten im Stehen, federnd und dennoch fest auf beiden Beinen. Auch im Sitzen lässt sich eine gute Spannungslage herstellen. In jedem Fall liegt das Zentrum der Spannung in der Mitte des Körpers, wo das Zwerchfell die Atemspannung steuert. „Aus der Hüfte kommen!", heißt es. Daher sollte die Körpermitte nicht beengt sein. Ein aufgerichteter Körper kommt der natürlich gespannten Haltung entgegen. Es lohnt sich, verschiedene Sitzmöbel zu testen. Im Allgemeinen sind zu weiche Stühle oder Sessel an einer nicht ausreichenden Sprechspannung mitschuldig. Hilfreich ist es, etwas in die Hand zu nehmen, das stabilisiert. Sich auf einen Tisch zu beugen oder zu lehnen, verfestigt dagegen Körper und Gestik – und damit auch den Sprechausdruck. Frei auf beiden Beinen ist dagegen die sicherste Haltung. Das gilt fürs Radio wie fürs Fernsehen, aber auch fürs Wohnzimmerstudio.

Spannung und Entspannung zeigen sich auch in der Bewegung. Was wir sagen wollen, drücken wir auch in unseren Gesten aus. Sprecher*innen vor dem Mikrofon haben manchmal die Arme auf dem Tisch, teils sogar verkrampft. Das lässt der Gestik nicht den natürlichen Spielraum. Sie unterstützt immer den Sprechausdruck. Gestik sollte nicht den Anspruch von „Sprache" erheben. Sie sollte lediglich authentische Begleitbewegung bleiben. Mindestens im Radio sollte die Gestik frei möglich sein; in den On-Situationen des Fernsehens muss sie freilich gemäßigt werden. Eine natürliche Gestik unterstützt auch die Präzision der Betonungen: Die Bewegungen unterstützen das Setzen der Akzente. Schließlich: Der Sprechablauf gerät seltener ins Stocken, wenn wir die Gestik zulassen.

Praxis Essentials – so setzt du dich lebendig und wirkungsvoll in Szene:

- ☐ Setze beim Vertonen im Off großzügig Gestik ein („italienisch" gestikulieren).
- ☐ Setze vor der Kamera gemäßigt Gestik ein: ungefähr in Bauchnabelhöhe (Körpermitte).
- ☐ Aber: auch mal z.B. für Social Media großzügiges Gestikulieren probieren, mit Kameracheck!
- ☐ Vermeide es, vor dem Smartphone am Tisch zu „lümmeln", achte auf eine gute Körperaufrichtung.
- ☐ Halte eine Armlänge Abstand zur Kamera und sitze dabei aufrecht und bequem.

H9 STRAHLKRAFT DURCH PRÄSENZ

Abb. 31: Freude am Performen schafft Präsenz

Entwickle die Ausstrahlungskraft eines professionellen Schauspielers. Denn wirklich präsent sein, heißt viel mehr als nur anwesend sein. Strahle über dich hinaus, nimm die anderen wahr und fokussiere dich auf dein Ziel. Eine kraftvolle Präsenz braucht ein gutes Gefühl für Stimme, Körper und Raum. Und die Bereitschaft, bis zum Umfallen dafür zu proben. Es gibt kaum eine Aktion auf der Welt, die ohne Proben, ad hoc, richtig gut geworden ist. Und denke nicht nur bis zum Text, denke weiter! Es geht nicht darum, den Text zu proben, sondern ein Gespür für Aktionen zu entwickeln. Du brauchst die Proben für Aktion, Haltung, Stimmklang und Raumgefühl. Sei dein erstes Publikum und sei kein einfaches Publikum. Fordere immer noch mehr von dir. „Stehe dabei Rede und Antwort!" (vgl. Wachtel 2018).

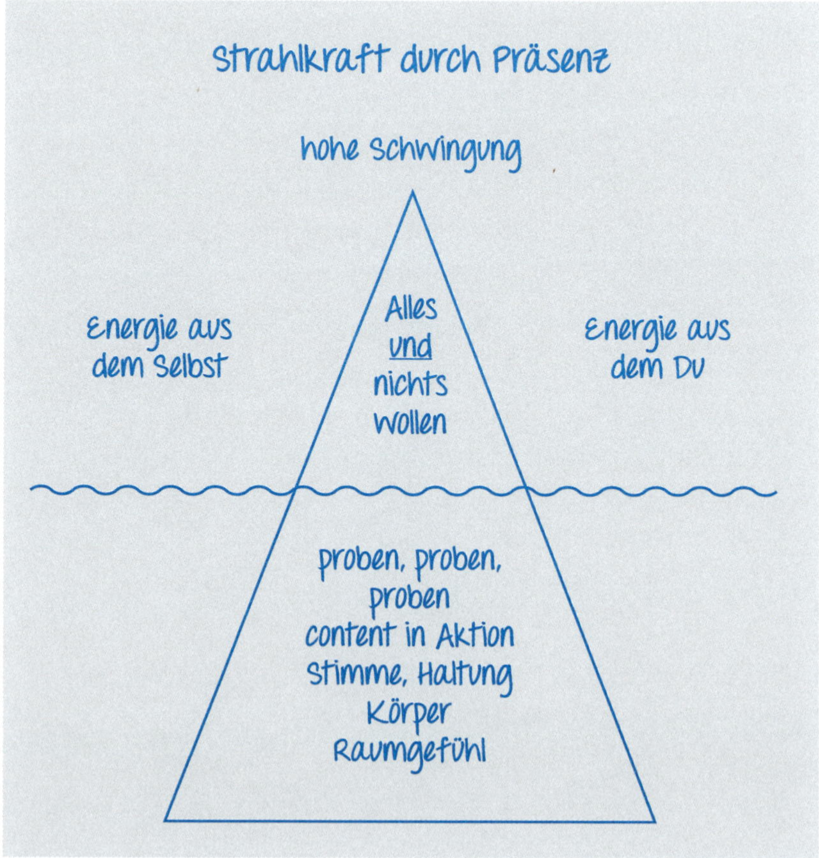

Abb. 32: Hohe Schwingung durch gute Vorbereitung und Energie

Fokussiere dich auf das Hier und Jetzt. Frage dich: Welche Fehler kannst du machen, welche Fallen umschiffen? Welche Schwächen transformieren? Benutze alles, was dich bedrückt oder was niedrig schwingt, als Chance zur Transformation. Eine störende Haltung wie Gefallenwollen, Anspannung, Druck, eingefahrene Sprechmuster kannst du umwandeln. Zugegeben, manches zu transformieren, braucht Zeit: kindliche Prägungen, Vertrauensverlust durch schlechte Erfahrungen, Traumatisierungen. Aber die Zeit, die du dafür investierst, ist gut investiert, weil sie dir Sicherheit und gute Erfolge beschert. Wir können damit später effektiver und leichter die neuen Herausforderungen meistern und uns zu ungeahnten Höhen aufschwingen.

Haltung

Schwingt niedrig	Schwingt hoch
Gefallenwollen	Freude am Inszenieren
Traumatisierung	Trust
Kindliche Prägung (7–9 Jahre)	Wie alt bin ich heute? Im Hier und Jetzt
Ansprache/Absicht	Ohne Absicht
Ego	In-Out-Fühlen (alternierendes Bewusstsein)

Abb. 33: Die richtige Haltung – Freude am Inszenieren

Stelle einer störenden Haltung eine neue positive Haltung entgegen. Verschaffe dir damit eine präsente Ausstrahlung. Entwickle wie eine Schauspielerin oder ein Schauspieler Freude am Inszenieren, lenke dein Bewusstsein auf das Hier und Jetzt. Auf Körper, Stimme, Geist. Schwinge und stimme dich durch intensives Proben ein, damit du berühren kannst und berührt wirst. Erschaffe dir positive Resonanz. Deine Haltung ist: Ich will wachsen, ich will strahlen, ich will in die Fülle. Ohne Absicht, mit Vertrauen. Du willst alles und nichts zugleich. Dein In und Out sind im Gleichklang (vgl. von Mirbach 2022).

Präsent sein

unabhängig / flexibel – agil / selbst begeistert sein / wachsen wollen
Fundament

Abb. 34: Fundament einer guten Ausstrahlung

Kamerapräsenz bei YouTube und in den visuellen Medien
Präsent in die Kamera zu schauen heißt, sich im Gesicht total zu entspannen. Wie ein Kindergesicht. Das musst du immer wieder üben. Wie ein Filmschauspieler für seine Szene.

Übung 1:
Stärke deine Kamerapräsenz, indem du probst, dich auf Knopfdruck für den Moment zu öffnen. Hänge dir in deiner Wohnung DIN-A4-große schwarze Blätter auf, die eine Kamera simulieren sollen. In den Momenten, in denen du sie „zufällig" wahrnimmst, schalte auf On-air-Rotlicht um, auf Action! Und probe Teile deiner Moderation, Rede, deines Features oder auch nur eine Begrüßung. Spüre, wie sich dein Gesicht entspannt, indem du dich ganz auf dein Gegenüber, die Kamera konzentrierst. Das schult deinen natürlichen Umgang mit der Kamera. Und verstärkt deine Präsenz.

Zur Vorbereitung dieses „Kindergesichts" immer wieder das Gesicht herzhaft ausstreichen, gähnen, seufzen, atmen.

Übung 2:
Schärfe deine Wahrnehmung für den Raum. Zum Beispiel wenn du vor deinem Laptop sitzt: Wie viel Abstand zur Wand spüre ich, wie viele Schritte müsste ich gehen, um zur gegenüberliegenden Wand zu gelangen usw. Beziehe auch deinen Rücken mit ein, versuche spielerisch auch deine Sinne auf den Raum hinter dir zu lenken. Töne mit deiner Stimme in den (Rücken-)Raum und in jede Ecke hinein, so als würdest du ein Echo erwarten. Probe, mit allen Sinnen in Resonanz zu gehen.

Performing and Acting Means Reacting

Übung 3:
Schule deine Wahrnehmung im genauen Zuhören, Fühlen, Sehen, Reagieren. Lausche einen Moment lang in den Raum hinein, fahre deine Fühler aus: Was höre ich, wie weit ist es weg? Spüre, wie du dabei auch physisch im Hier und Jetzt ankommst, wie sich dein Raumgefühl verändert, wie du beginnst, tiefer zu atmen. Das ist der Moment, indem du mit dem Außen – mit der Kamera – in Kontakt gehen kannst.

Übung 4:
Nutze das Tool von Schauspieler*innen. Übe, Impulse von außen zu holen. Arbeite zum Beispiel mit Wahrnehmungssensibilisierungen aus der Meisner-Technik. Suche dir dafür einen Spielpartner. Setzt euch in ca. zwei Meter Abstand gegenüber je auf einen Stuhl. Schaut euch in die Augen und lasst auf euch wirken, was ihr von dem anderen wahrnehmt. Verabredet vorher, wer mit den Botschaften beginnt. Und wer reagiert. Zum Beispiel:

A: „Du schaust mich ganz erwartungsvoll an."
B: „Du sagst, dass ich dich ganz erwartungsvoll anschaue."
A: „Deine Augen werden irgendwie größer dabei."
B: „Du sagst, dass meine Augen dabei irgendwie größer werden."
A: „Du lachst."
B: „Du sagst, dass ich lache."
A: „Das gefällt dir."
B schmunzelt: „Du sagst, dass mir das gefällt."
A: „Du wirkst jetzt entspannter …"
B lacht: „Ich wirke jetzt entspannter."
A: „Deine Haarsträhne ist verrutscht."
B: „Du sagst, meine Haarsträhne ist verrutscht."
A: „Du wirst ganz verlegen" usw. dann Rollentausch.

Die Meisner-Technik „Acting Means Reacting" von dem US-amerikanischen Schauspiellehrer Sanford Meisner eignet sich wunderbar, um zu lernen, sich ganz für sein Gegenüber zu öffnen. Wir lernen, unsere ganze Wahrnehmung auf den anderen zu fokussieren und emotional nach außen zu reagieren. Dieses „Spielfeld" wird zum Kraftfeld. Dabei generieren wir unsere Impulse nicht selbst, sondern greifen sie ausschließlich von den Spielpartner*innen ab.

P – wie Proben-Power
R – wie Reacting
A – wie Autonom
E – wie Embodiment*
S – wie Strahlend
E – wie Emotional
N – wie Nicht authentisch
Z – wie Zielfokussiert

(*Wechselwirkung Körper – Psyche)

H10 VERSPRECHER

„3.000 Demonstranten trafen sich zu einer Prostaktion … Oh nein, zu einer Protestaktion!"

„Syrien begann mit dem Truppenruckzuck … äh … mit dem Truppenruckzuck … verzeihen Sie, mit dem Truppenrückzug."

„Auf dem Petersplatz in Rom flogen 10 Briefmarken in die Luft … Oh, Verzeihung, es waren 100 und es waren auch keine Briefmarken, sondern Brieftauben."

… sie machen aber natürlich keinen Sinn. Meist sind sie nur kleinere Laut- oder Wortvertauschungen. Sie zeigen, dass lebendige Menschen vor Mikrofon und Kamera sprechen. Genau genommen sind Versprecher aber niemals nur der Aussprachemotorik zuzuschreiben; vielmehr ist dabei die Koordination von Atem und Sprechdenken betroffen. Deswegen wäre es irreführend, die Schuld an Versprechern allein den Artikulationsorganen zuzuschreiben. Es heißt ja: Ich verspreche mich.

Versprecher sind u. a.:

- Konzentrationsstörungen oder nicht zur Situation Gehörendes („Sieg im WC-Turnier"; gemeint war „Sieg im ATP-Turnier")
- syntaktische Verstümmelungen, wenn zwei Sinnschritte gedanklich verschmolzen werden
- fehlende Laute („Mohnschau" statt „Modenschau")
- phonetische Vertauschungen bzw. Lautverwechslungen („Adswendskerze", „die Täter flüchteten auf einem weißen Sofa")
- unterbewusste Verknüpfungen („CDU-Intendant Gniffke")
- phonetische Unklarheiten, die das Hörverstehen behindern können, aber nicht müssen
- Vertauschungen und Verschmelzungen aus zwei Wendungen („keine Ahnung von Tusen und Blaten" oder: „den pfeif ich doch in der Rauche")

Wie entstehen Versprecher? Versprecher als Vertauschungen ganzer Gedanken kommen dann häufiger vor, wenn das Gesprochene als Versatzstück fertig vorliegt und nicht neuerlich gedacht wird.

Wenn wir sehr weit vorausplanen und die Konzentration auf das gerade zu Sprechende abnimmt, kommt es auch zu Verschmelzungen von Sinnschritten, die gerade gesprochen werden und solchen, die erst danach ausgesprochen werden sollten.

Auch kleine Versprecher entstehen meist aufgrund von Diskoordinationen des Sprechdenkens. Dass der Sinn zuerst als Wortbild im Sprachzentrum gebildet werden muss, bevor dieses Wort lautlich geformt wird, setzt eine Klarheit dieses Bildes voraus. Man spricht, ohne vorher dieses phonetische Bild im Sprachzentrum konkret genug ausgearbeitet zu haben. Das ist ein Phänomen, das oft bei Menschen vorkommt, die zu schnell sprechen; sie geben der Satzplanung nicht genügend Zeit, um die Lautvorstellung ausbilden zu können. Vor allem bei Aufregung geschehen Versprecher. Diese Aufregung ist oft nichts anderes als hausgemachter Stress, der zusätzlich durch die Produktionsbedingungen gefördert wird. Sich unbedingt nicht versprechen zu wollen, provoziert oft gerade den Versprecher. Überdies heißt Aufregung fast immer auch zu hoher, zu wenig entspannter Atem: Versprecher sind meist Atem-Sinn-Diskoordinationen.

Manche Versprecher sitzen tiefer. Als Freud'sche Versprecher bezeichnet man solche, die nicht im Sprechvorgang, sondern im Unbewussten begründet sind. Sie sind unvermeidbar.

Versprecher ziehen oft weitere nach sich. Dabei gerät der ganze Vorgang des Sprechdenkens außer Kontrolle, obwohl er doch gerade kontrolliert werden sollte.

Was kann man tun? Gute Konzentration bietet die Chance, sich wenig zu versprechen. Auch Übungen zur Entspannung und Konzentration können das Versprecherrisiko verringern. Um Versprechern vorzubeugen, die schon als Lautvorstellung unklar sind, ist es ratsam, den jeweiligen Sinnschritt zu überblicken und sich ausreichend Zeit zu lassen, das lautliche Wortbild zu entwickeln.

Weil Versprecher oft Atem-Sinn-Diskoordinationen sind, ist die Atem-Sinn-Pause wichtig, sie hilft, Atem und Sprechdenken zu koordinieren. Auch der gezielte Einsatz von Gestik unterstützt einen koordinierten Sprechablauf. Viele Versprecher lassen sich vermeiden, indem man zunächst sprechdenkend Pausen setzt, also erst den nächsten Sinnschritt plant und dann erst diesen Satz ausspricht. Oft hilft schon ein geringeres Sprechtempo in für Versprecher anfälligen Passagen. Wenn man geübt hat, während des Sprechens Atem und Stimme gut zu koordinieren, dann verlaufen auch Atmen und Denken wieder synchron. Vielfach ist dann schon die „Versprecherkette" unterbrochen.

Ratsam ist, nur eklatante Versprecher und Pannen zu verbessern: „Bundespräsident Merkel" etwa. Andere, weniger wichtige Versprecher können stehen bleiben, z. B. „andere Gespräche" statt „weitere Gespräche". Zu Versprechern kann man vor allem dann stehen, wenn man frei nach Stichwortkonzepten spricht. Versprechern vorbeugen im Sinne absoluter Sicherheit kann man nicht. Funktioniert der „Sprechdenkablauf" aber gut, dann artikulieren wir auch klar. Wenn wir langsam genug sind, sodass alles Gesprochene tatsächlich als gedankliches und phonetisches Bild klar im Kopf ist, dann sind Versprecher selten.

Praxis Essentials:

- ☐ Sei ausschließlich fokussiert auf das Hier und Jetzt.
- ☐ Lass dich von einem Versprecher nicht aus der Bahn werfen. Bleibe nicht an ihm hängen, sprich weiter, schaue auf den weiteren Text und nicht zurück.
- ☐ Beuge artikulatorischen Versprechern durch das vorbereitende Auf-dem-Zeigefinger-Sprechen" vor: Der Finger ist dann wie ein Turngerät, das die Zungenbeweglichkeit fördert, mehr Rachenweite schafft und zu einer präziseren Artikulation führt.
- ☐ Wenn du frei und nach Stichworten sprichst, wirst du Versprecher souverän akzeptieren und meistern können.

IN WOHNZIMMER UND STUDIO PRODUZIEREN

I1 **196**
Kreativ mit Licht und Raum

I2 **200**
Das professionelle Aufnahmestudio

I1 KREATIV MIT LICHT UND RAUM

Ebru möchte ihre Yogaübungen im häuslichen Wohnzimmer aufnehmen. Das Video kann sie später auch auf YouTube einstellen. Doch im ersten Probevideo, das sie mit dem Smartphone dreht, wirkt sie blass und unausgeschlafen. Schatten auf dem Gesicht verdecken ihre Mimik, und auch die weiße Wand als Hintergrund wirkt fade und unprofessionell.

Michael hat durch die Coronapandemie viele Videokonferenzen am Laptop im Wohnzimmer. Aber er ist sich unsicher: Wie kommt er gut rüber? Wie kann er sich authentisch und professionell in Szene setzen? Und: Wo soll er eigentlich genau hinschauen?

Das Homestudio boomt. In den letzten Jahren haben sich die technischen Möglichkeiten drastisch verändert und verbessert. Doch erst mit der Coronapandemie kam einiges in Bewegung. Man fliegt nicht mehr zu jedem Meeting oder reist mit der Bahn oder dem Auto persönlich an, sondern trifft sich virtuell über den Bildschirm. Microsoft Teams, Zoom, Skype und ähnliche Programme bieten den technischen Hintergrund. Durch Lockdowns konnte man aber nicht mehr aus dem Büro heraus agieren, sondern das Büro fand zu Hause statt – im Homeoffice.

In den ersten Wochen dieser Zeit war es durchaus erwünscht, dass Online-Mitschnitte und Aufnahmen improvisiert waren und auch so aussahen. Mittlerweile ist das Bedürfnis nach Professionalität deutlich gestiegen, auch in der Gestaltung zu Hause. Wir fühlen uns wesentlich wohler, wenn wir wissen, dass wir mit einer angenehmen Ausstrahlung unseres gesamten Settings dabei sind. Egal ob mit Handy, Laptop oder Tablet – wir müssen wissen, wie wir mit dem technischen Equipment am besten umgehen.

Position der Kamera

Das Wichtigste zuerst: Die Kamera muss immer auf Augenhöhe sein! Konkret heißt das für das Smartphone, es immer hochkant zu halten oder besser noch hochkant in ein Stativ zu stellen.

Das Handy auf keinen Fall auf den Tisch legen und von oben in die Kamera schauen. Die Kameraperspektive von unten wirkt zu mächtig und bedrohlich. Aber eben auch nicht das Smartphone zu hoch halten und von unten in die Kamera schauen. Denn dann wirkt man zu klein und verletzlich. Die Kamera im Laptop ist eigentlich immer in Augenhöhe, wenn es auf dem Schreibtisch steht. Aber auch hier heißt es: Feines Austarieren lohnt sich. Generell kann man natürlich alles Mögliche im Zimmer benutzen, Bücher etc., um die Kamera auf Augenhöhe zu bringen. Denn praktisch ist ja, dass man die Hilfsmittel dafür nicht sehen kann. Ist die Kamera im oder am Rechner zu hoch, ist es vielleicht möglich, den Tisch niedriger zu stellen oder den Schreibtischstuhl höher.

Immer in die Kamera schauen!

Auch wenn es im ersten Moment verführerisch ist: beim Sprechen niemals das Gegenüber im gesendeten Bild anschauen. Stattdessen konsequent bleiben und mit dem Blick an der Kamera kleben, sich zwingen, in die Kamera zu schauen. Am besten das Kameraloch mit einem roten Aufkleber oder Post-it markieren. So fällt es leichter, sich daran zu gewöhnen. Achtung: Bei iPhones sind die Kameras nicht mittig!

Position der Sprechenden vor der Kamera und im Raum

Mindestens eine gute Armlänge Abstand zur Kamera halten. Die Gefahr ist, der Kamera zu nah zu kommen, dann wirkt der Kopf zu groß und zu mächtig. Auch sollte man sich nicht zu dicht an eine Wand setzen, hier gilt: in gutem Abstand, mindestens 1,5 Meter, um Raumtiefe zu erzeugen. Kreativ mit dem Raum hinter sich sein! Eine weiße Wand ist langweilig. Wichtig ist, passend zum Thema Atmosphäre zu schaffen. Wenn wir über Bücher sprechen, ist natürlich das Bücherregal im Hintergrund richtig. Sprechen wir über Film, ist ein Filmplakat eine gute Wahl. Geht es um Musik, passt das Klavier im Hintergrund usw. Kreativ mit Requisiten sein, aber nichts überladen! Raumtiefe gibt uns eine professionelle Note und Bonuspunkte in der Wirkung. Lässt sich eine (zu helle) weiße Wand nicht vermeiden, dann wenigstens Bilder hinzudekorieren, die in der Unschärfe sein dürfen. Aber Achtung: Nicht gegen die Wand lehnen oder zu nah an der Wand sitzen, dann verliert das Videobild jegliche Tiefe und Plastizität.

Rücke dich ins beste Licht

Mit der richtigen Lichtgestaltung kannst du dich im Bild aufwerten, dein Körper wird plastischer.

Manche Videos brauchen Aufhellung. Sich dazu direkt gegenüber einem Fenster zu platzieren, wäre perfekt (nicht das Fenster im Rücken, das Gesicht ist dann zu dunkel, denn die Smartphone-Kamera gleicht automatisch aus). Wir können also das Licht von außen nutzen. Nur direkte, grelle Sonne ist unvorteilhaft, ein diffuses weiches natürliches (Tages-)Licht ist optimal! Der häufigste Fehler ist Licht von oben, bitte ausschalten, denn das generiert tiefe Augenhöhlen und sieht nicht gut aus.

Eine gute Alternative und/oder Ergänzung zum Tageslicht ist eine kleine LED-Leuchte mit flexibler Farbtemperatur, die du auf „weich" stellst. Dieses Licht kannst du dir von vorn als Aufhellung geben, das glättet Falten und schafft einen lebendigen (Licht-)Blick in den Augen. Eine LED-Leuchte kann man sich auch auf ein Stativ hinter den Rechner stellen.

Empfehlenswert ist auch ein sogenanntes „Ringlicht". Es ist in jeder Alterskategorie ein optischer Gewinn. Das Licht hat einen Weichzeichnereffekt und hilft, glatt gebügelt und frisch auszusehen (s. auch Make-up).

Einfache Alternative

Wir können den Laptop als Lichtquelle benutzen, d. h. uns selbst mit dem Rechner oder Laptop beleuchten und parallel ins Handy sprechen. Dabei hat das Licht des Laptops den gleichen Charakter wie das Tageslicht. Dafür im Laptop eine Einstellung suchen, sodass der Bildschirm eine weiße Fläche zeigt.

Praxis Essentials:

- ☐ Schaue immer in die Kamera – markiere sie.
- ☐ Sei mit der Kamera in Augenhöhe.
- ☐ Positioniere dich nicht zu nah an der Kamera.
- ☐ Suche einen passenden Hintergrund mit Raumtiefe.
- ☐ Sorge für genug Abstand zwischen dir und der dahinter liegenden Wand.
- ☐ Schaffe Raumtiefe durch eine Lichtquelle im Hintergrund.
- ☐ Kein Licht von oben oder unten.
- ☐ Gestalte eine gute Beleuchtung mit Tageslicht vom Fenster, Laptop, LED-Lampe, Ringlicht.
- ☐ Schließe die Fenster, damit keine Störgeräusche von außen eindringen.

Kleine Richtmikrofone machen den Ton wertiger

Da unsere Mikros im Laptop oder Handy nicht gerichtet sind, solltet ihr für längere Aufnahmen das Fenster schließen und Umgebungsgeräusche grundsätzlich vermeiden. Es empfiehlt sich ein kleines Zusatzmikrofon, das den Ton richtet, ihn weniger störanfällig und damit wertiger macht. Für Videokonferenzen lohnt sich auch ein gutes Headset oder ein Funkmikrofon, das ihr euch direkt an Hemd oder Bluse klippt.

12 DAS PROFESSIONELLE AUFNAHMESTUDIO

Das erste Mal in einem professionellen Studio: eine bahnbrechende Erfahrung! Das Aufnahmestudio ist ein schalltoter Raum, um Reflexionen und räumlichen Nachhall auszuschließen. So kann später durch die Nachbearbeitung die Stimme in die verschiedensten Situationen eingebettet werden. Jedes Nebengeräusch – etwa durch Textblätter, Schmuck, Kleidung usw. – sollte man vermeiden. Die Textblätter sollten so platziert sein, dass der Körper nicht gebeugt werden muss. Die für den Sprechausdruck förderliche Gestik einzusetzen, hilft, lebendig zu bleiben. Die Bedingungen sind von Studio zu Studio so verschieden, dass sich allgemeingültige Regeln kaum aufstellen lassen, nicht einmal für ein und denselben*dieselbe Sprecher*in ist das möglich. Das gilt besonders für die Entscheidung für oder gegen den Kopfhörer. Meist ist der Kopfhörer unentbehrlich: in Livesituationen, bei Zuspielungen und im Off. Eine angemessene Lautstärke der eigenen Stimme auf dem Kopfhörer sollte für jede Produktion individuell eingepegelt werden. Eine laute eigene Stimme kann zwei gegenteilige Wirkungen haben, wenn sie synchron über den Kopfhörer kommt: Zum einen kann sie betäuben, also tendenziell unempfindlich machen und damit zu lauterem Sprechen animieren, zum anderen – der häufigere Fall – kann sie bestätigend wirken und von einer Überspannung abhalten. Die eigene Stimme aus dem Kopfhörer „ersetzt" dann die fehlende Raumakustik. Das individuelle Maß muss aber jede und jeder selbst finden.

Niemand sollte lauter sprechen wollen, als es die relativ intime Situation des Mikrofons verlangt – abgesehen von Trailern und werbenden Texten. Oft verführt die Atmo, die unter einem Beitrag liegt, zu lauterem Sprechen. Das kann zu Überspannungen der Stimme führen, die sich negativ auf den Stimmklang auswirken. Die Atmo sollte eher nicht laut auf dem Kopfhörer sein. Aus diesen Gründen ist auch Sprechen auf lautere

Musik immer bedenklich. Wird Musik mit der Stimme gemischt, sollte sie auch nicht zu laut gepegelt sein, damit die Sprecher*innen nicht in der Sprachaufnahme dazu genötigt sind, in der Lautheit mit der Musik zu konkurrieren – was die Stimme ermüden und überspannen kann. Allerdings ist die Musik immer eine zusätzliche Inspiration fürs Sprechen und gibt die richtige Stimmung vor.

Die Dynamik einer Stimme ist sehr individuell. Deshalb wird vor jeder Sprachaufnahme eine Probe durchgeführt, in der im selben Sprechausdruck gesprochen werden sollte wie in der Aufnahme. Dadurch kann die technische Behandlung weitestgehend gleich bleiben. Aufgrund der Schalldämmung eines Studios genügt meist ein Abstand von 15 bis 20 cm zum Mikrofon. Bedauerlicherweise werden einige Ausspracheabweichungen durch technische Behandlung und Übertragung verstärkt. Nicht korrekte oder dialektale Zischlaute („s", „ch", „sch") fallen dann besonders auf. Auch überspannt Ausgesprochenes „p" oder „b" kann zum „plop" führen. Anfänger*innen sollten bei der Wiederholung der Passage ein oder zwei Sätze vorher erneut einsetzen, damit keine Brüche im Sprechstil entstehen und die Dynamik dieselbe wie vor der Unterbrechung ist. So kann bei der Nachbearbeitung eine geeignete Stelle für einen unauffälligen Schnitt gefunden werden.

Praxis Essentials:

- ☐ Kontrolliere immer wieder die Lautstärke deines Kopfhörers, um Hörschäden zu vermeiden.
- ☐ Lasse dir ggf. von einem*einer Tontechniker*in zeigen, wo am Reglerknopf der Maximalwert liegt, ohne den Ohren auf Dauer zu schaden.
- ☐ Probiere aus, den Kopfhörer voll (beide Ohren) oder halb (nur ein Ohr) aufzusetzen. Mit dem Kopfhörer auf beiden Ohren hörst du den reinen Studiosound, mit einem freien Ohr nimmst du beides wahr: Studiosound und deinen natürlichen Stimmklang, wie du ihn gewohnt bist. Entscheide für dich: Womit fühlst du dich wohler? Wie kannst du dein Sprechen besser kontrollieren?
- ☐ Lerne das Studio kennen und richte in Ruhe alles ein.
- ☐ Alles Technische kommt zu dir, nicht du zu der Technik: Stelle Bildschirme und Mikrofon so ein, dass du bequem und aufrecht sitzt und dich nicht verbiegen musst!

OPTIK

J1 **205**
Outfit

J2 **206**
Make-up

Mara möchte in ihrer Präsentation etwas Schönes anziehen, sie denkt intuitiv an ihre pinkfarbene Lieblingsbluse. Aber Mara ist ein „Herbsttyp", der kühle Farben eigentlich gar nicht tragen kann. Sie wirkt darin blass und fahl.

J1 OUTFIT

Kleidung kann uns authentisch in Szene setzen. Grundsätzlich sollten wir also eine Farbe tragen, die uns am besten steht. Sogenannte „kalte" oder „warme" Farben sind hier spielentscheidend. Kalte Farben sind immer blaustichig, warme Farben sind grundsätzlich gelbstichig. Sie können das Strahlen der Gesichtshaut und der Augen positiv oder negativ beeinflussen. Ob uns kalte oder warme Farben optimal strahlen lassen, können wir ganz leicht vor dem Spiegel bei natürlichem Licht selbst ermitteln. Indem wir zwei entsprechende Kleidungsstücke an unser Gesicht halten und vergleichen. Nur die optimale Farbe lässt unser Gesicht wirklich strahlen. Wer also ein Oberteil in einer falsch gewählten Farbe trägt, sieht besonders vor der Kamera darin fahl und blass aus, da die Kamera diese Wirkung noch verstärkt. Allgemein sind starke Kontraste eher ungünstig, auch Kleinkariertes, das die Kamera technisch irritiert und das Bild unruhig werden lässt. Damit die „Optik nicht den Inhalt frisst", ist eine Stilberatung empfehlenswert, bei der das Spezifische und Individuelle des Typs noch weiter herausgearbeitet wird Und: Die Kamera macht alles größer! Darum sollte man sich besonders auffälligen Schmuck gut überlegen.

Praxis Essentials:

- ☐ Lerne deinen Farbtyp kennen, wähle für dein Oberteil eine Farbe, die dir besonders gut steht.
- ☐ Vermeide unruhige Muster.
- ☐ Nicht zu helle Blautöne sind eigentlich immer gut.
- ☐ Vermeide auffälligen Schmuck.
- ☐ Das Entscheidende ist die Ausstrahlung deiner Augen.

J2 MAKE-UP

Vor der Kamera glänzen ohne Glanz im Gesicht

Die Basis für Frauen und Männer ist ein Mattierungsmittel auf ungeschminktem Gesicht, eine Art mattierendes Gel aus der Drogerie, das man unkompliziert mit Fingern oder Schwämmchen auftragen kann. Ab dieser Basis kann noch abgepudert und noch etwas Concealer gegen Augenschatten aufgetragen werden. Wenn Puder gewählt wird, dann ein neutraler farbloser Puder. Am besten eignet sich HD-Puder, er hat einen neutralen Ton und eine sehr feine Textur. Ein Pinsel ist wichtig, denn mit ihm lässt sich der Puder in kreisförmigen Bewegungen optimal entlang des Gesichts verteilen, ohne dass es Flecken gibt. Der sogenannte „Kabukipinsel" eignet sich hierfür besonders gut. Er ist sehr weich und der Puder verteilt sich wie von selbst. Mittlerweile bekommt man ihn auch in der Drogerie.

Die Augen sind Fixpunkt

Frauen und Männer, die es gewohnt sind und Lust haben, sich noch zusätzlich zu schminken, sollten Folgendes beachten: Im Idealfall ist weniger mehr. Aber sie „dürfen" betonen, was ihnen am meisten an sich gefällt. Augen mit Wimperntusche und Lidschatten in dezenten Tönen. Nachdem wir die Augen betont haben, kämmen wir die Augenbrauen und ziehen diese mit einem Augenbrauenstift nach. Damit ist die Augenpartie samt Concealer belebt. Wir sehen frisch, attraktiv und wach aus. Wichtig ist aber auch, das Gesicht zu umrahmen. Wenn man im Alltag Make-up benutzt, kann man auch gern seinen gewohnten Ton wählen und diesen mit einem Schwämmchen oder Pinsel fein auftragen (den Hals nicht vergessen). Wer nur etwas die Augenschatten und Unebenheiten ausgleichen möchte, kann dies natürlich auch tun. Abmattieren mit dem neutralen HD-Puder ist ausreichend! Dazu etwas Rouge auf die Wangen in einem Pfirsichton, das sieht bei jeder und jedem frisch aus. Hierfür einen angeschrägten Pinsel entlang der Wangenlinie bewegen und etwas Gloss oder Lippenstift in einem Rosenholzton und fertig ist das Videocall-Make-up!

Praxis Essentials:

- ☐ Benutze ein mattierendes Gel als Basis gegen Glanz im Gesicht.
- ☐ Trage neutralen HD-Puder mit einem Kabukipinsel auf.
- ☐ Kaschiere Schatten mit einem Concealer unter den Augen und um die Nase herum.
- ☐ Betone deine Augen und Augenbrauen.
- ☐ Mit Wangenrouge in Pfirsichton sieht dein Gesicht schnell frischer aus.
- ☐ Highlighter unter den Augenbrauen sorgt für mehr Plastizität.
- ☐ Gloss oder Lippenstift in einem Rosenholzton veredelt deine Ausstrahlung.
- ☐ Style deine Kurzhaarfrisur.
- ☐ Hast du langes Haar: ein einfacher Pferdeschwanz sieht immer adrett aus (sollte dir spontan nichts einfallen).
- ☐ Niemals sollten dir Haare ins Gesicht fallen. Sorge dafür, dass dein Gesichtsfeld immer frei ist.

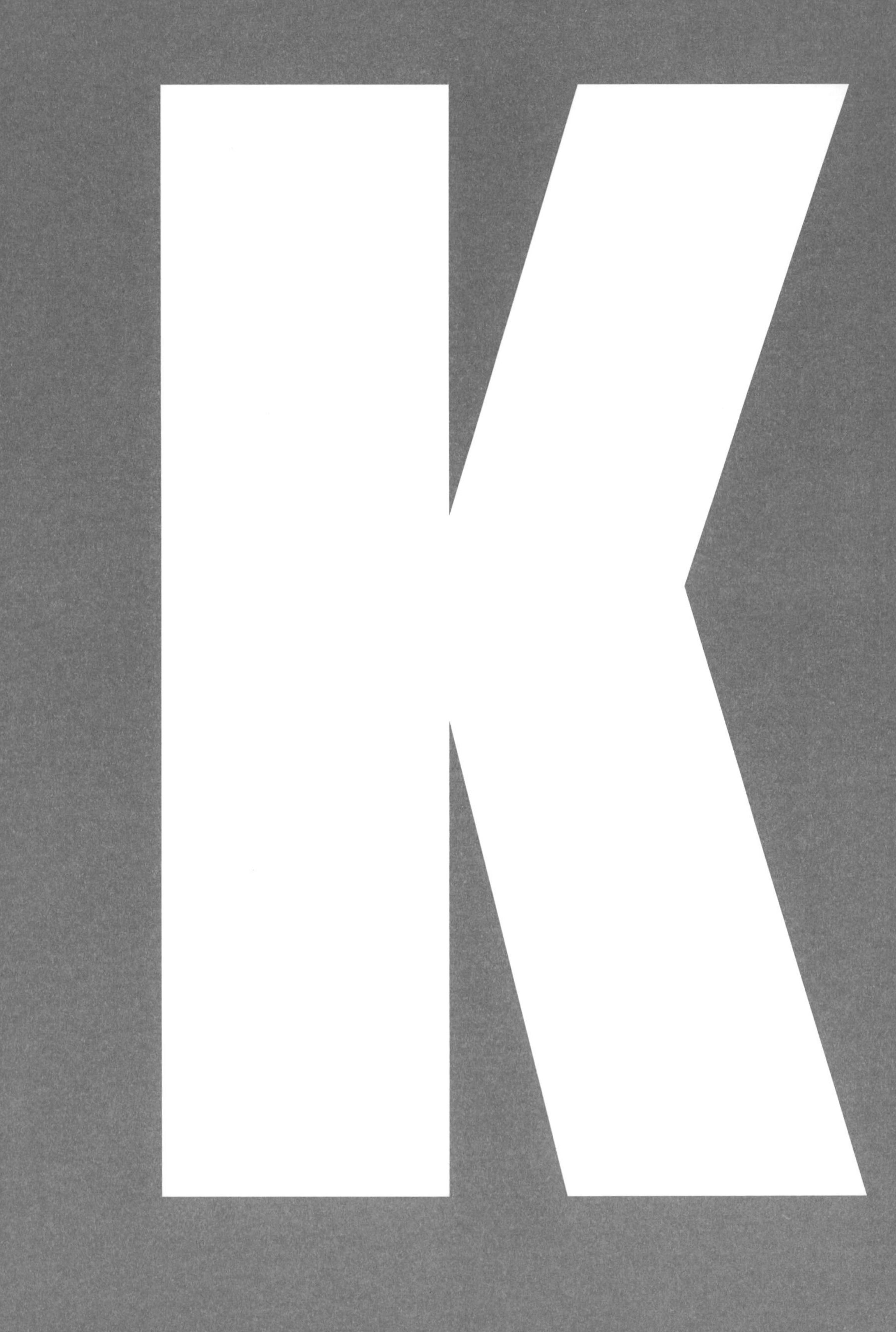

PROFI-SPRECHER*INNEN

211
Voice-over und synchron

„Lesen Sie, was dasteht, ich habe mir was dabei gedacht." Das war einmal! Profisprecher*innen haben inzwischen mehr Mitspracherecht. Sie werden wieder mehr und gern eingesetzt, ihre Qualität des Textverständnisses wird hoch geschätzt. Im öffentlich-rechtlichen Hörfunk beschränkt sich ihr Einsatz nicht auf Nachrichten oder auf Programmansagen. Ihre vielfältigen Qualitäten und Erfahrungen werden inzwischen besser wahrgenommen, ihre Mitarbeit ist erwünscht, ihr Textgefühl, ihre vielfältigen Fort- und Ausbildungen wertgeschätzt. Sie moderieren auch qualitativ hochwertige Konzert- und Magazinsendungen. Die Ansprüche an die Profis sind stark gewachsen: Sie sind Präsentator*innen, Synchronisierende (zum Beispiel von Dokumentationen), Redigierende, Schreibende, Autor*innen von Moderationen, sie haben redaktionelle und journalistische Aufgaben, sind Livemoderator*innen, auch im Selbstfahrerbetrieb. Das heißt, dass die Profisprecher*innen sich mit Technik gut auskennen müssen, grundsätzlich ein gutes Gespür für Musik, Klang, Choreografie und Rhythmus mitbringen. Auch im Fernsehen sind Profisprecher*innen unabdingbar. Vor allem größere sprecherisch anspruchsvolle Reportagen und Dokumentationen sprechen die Autoren*innen in den seltensten Fällen selbst.

Grundsätzlich kann gelten: Wenn die Autor*innen professionell sprechen können, sollten sie selbst sprechen. Ist das nicht der Fall, wird ein*e Profisprecher*in eingesetzt.

K1 VOICE-OVER UND SYNCHRON

Auch Voice-over (übersetzte Originaltöne) werden oft von geschulten Profis gesprochen. Denn Voice-over benötigen eine sensible und intuitive Erfassung der Stimmung und der Person der im Original Sprechenden. Diese dürfen nicht imitiert werden, man gleicht oder nähert sich nur an und schwebt mit seiner Übersetzung gleichsam darüber, mit einer optimalen Natürlichkeit und Unmittelbarkeit. Im Fernsehen (zum Beispiel bei ARTE) gibt es hochqualifizierte Regisseur*innen, die den Sprecher*innen Anleitung geben. Sie kennen die jeweiligen Dokus (auch in der Originalsprache) sehr genau und wissen um die Charaktere des Films und deren Bezug zueinander. Dementsprechend werden Tempo und Stil des Sprechens angepasst und ausgefeilt. Es werden in der Regel erfahrene Sprecher*innen und Schauspieler*innen gebucht, die auch die Fähigkeit von hoher Konzentration und Flexibilität in der Tempovariation mitbringen. Denn zeitgleich wird mit dem Timecode gearbeitet und die Sprechenden müssen beides vereinen: mit einem Auge die vorgegebene Zeit beachten und mit dem anderen Auge aufs Bild sprechen. Die Artikulation muss hier sehr präzise sein, die eigene Gestaltungsvariation in Melodie, Tempo und Dynamik groß und immer natürlich.

Lippensynchron ist eine hohe Kunst und eine Erweiterung des Voice-over: Der Text wird dabei der Eigenart des im Original Sprechenden angepasst, jede Lippenbewegung, Mundöffnung, jeder Atmer, jeder Schmatzer der zu synchronisierenden Schauspieler*innen wird wahr- und übernommen. Das erfordert eine sehr sensible Mikrofonarbeit: Der Abstand zum Mikrofon, die Kontrolle des Stimmdrucks und die Kenntnis der eigenen Wirkung sind entscheidend.

INTERVIEW

L1 **215** Formen und Funktionen

L2 **219** Grundlagen

L3 **224** Gesprächsstrategien

L4 **228** Fragetechniken

L5 **240** Widersprechen und unterbrechen

Bernice soll einen Podcast produzieren, der die Arbeit und die Produkte ihrer Firma abbildet. Sie hat sich dazu entschieden, hierfür die Mitarbeitenden zu interviewen. So ganz ist ihr aber noch nicht klar, wie sie dabei in einen guten Flow kommt. Die Interviews sollen ja kernig, authentisch und auch spannend werden.

Alle wollen podcasten. Hinter einem guten Podcast steckt aber eine ganze Menge Arbeit. Das hat auch Bernice unterschätzt. Das Ergebnis klingt leicht und locker, die Vorarbeit dazu ist aber ähnlich aufwendig wie für eine längere Wortsendung im Radio oder ein knackiges Tutorial bei YouTube. Und auch bei einem reinen Interview-Podcast übernimmt nicht der Gast die Last der Vorbereitung, sondern allein der Host, eventuell unterstützt durch eine Redaktion.

Das Wichtigste am Anfang wie in den klassischen Nachrichten? Das ist zu trocken für ein Interview. Auch für bloße Fakten sind Interviews nicht geeignet, vielmehr wäre dieses Genre zu schade für das bloße Informieren. Das verleitet dazu, schon in der ersten Antwort das Wesentliche anzugeben. Das Interesse am Gegenüber ist entscheidend: Interviews führen über Menschen an Fakten heran. Sie brauchen darum klare rhetorische Verfahren.

L1 FORMEN UND FUNKTIONEN

Sei neugierig und überrasche

Wer fragt, muss auch neugierig sein. Eine überraschende Frage oder eine inhaltliche Wendung bringt Energie und Leben in den Talk. Wie im täglichen Leben auch!

Interviews sind geleitete Gespräche, denn die Rechte sind ungleich verteilt. Die Interviewenden bestimmen den Gesprächsverlauf weitgehend. Das Interview unterscheidet sich einerseits vom Small Talk, andererseits vom Verhör. Verhöre lassen dem Befragten strikt kein Rückfragerecht. Das Gegenteil ist Plauderei. Hier ist die Asymmetrie von Fragenden und Antwortenden durchbrochen. Zuerst sind die Rollen zu klären: Sind die Interviewenden „nur" Stichwortgebende, Vorstellende, nur Befragende bestimmter Meinungen? Oder wollen sie Skandale aufdecken? Fragt der Interviewer, um darzustellen, um zu erkunden, zu provozieren, zu ehren, fragt er, um die Meinung eines Experten vorzustellen etc. Danach unterscheidet man drei Arten von Interviews:

- Interviews zur Sache
- Interviews zur Person
- (kontroverse) Meinungsinterviews

Jede dieser Formen verlangt eigene Fragearten und Strategien. Die meisten Interviews sind Interviews zur Sache, jede*r Volontär*in muss sie führen. Interviews zur Person sind seltener und psychologisch schwieriger. Besondere Erfahrung verlangen kontroverse Interviews. Hier muss man sachkundig und schlagfertig zugleich sein. Weil die Interviewformen in der Praxis nie so rein vorkommen und weil die meisten Tipps sich auf alle Arten beziehen, wird im Folgenden nicht an jeder Stelle auf die Differenzen eingegangen. Betrachten wir zunächst die Funktionen. Mit Interviews lässt sich:

- Unbekanntes öffentlich machen
- eine Sache oder eine Person darstellen
- Meinung erkunden

Im Allgemeinen führen zwar nur zwei Partner das Gespräch, sie führen es aber stellvertretend für die Zuhörenden oder Zuschauenden. Drei Partner sind also beteiligt. Schnell vergisst man als Interviewer diese Banalität und macht mit dem Befragten „einen Club" auf. Habt immer im Fokus, dass ihr auch für jemand Dritten fragt und in dessen Interesse moderiert.

Vorgespräche sind wichtig

Für die meisten Interviews sind Vorgespräche hilfreich. Sendezeit, Sendeumfeld und Interviewumfang solltet ihr in diesem Gespräch mitteilen, und hier ist auch der Platz für ein paar technische Hinweise. Oft entscheidet sich schon an dieser Stelle, ob das Interview Erfolg haben wird. Im Vorgespräch könnt ihr persönlichen Kontakt herstellen und eine gute Atmosphäre aufbauen. Das ist insbesondere bei unerfahrenen Interviewpartner*innen wichtig. Vorab könnt ihr auch für die späteren Fragearten die Stimmung und den Typ des Interviewpartners erkunden. So ist es möglich, Argumentation, Sprechweise und gestisches Verhalten des Partners kennenzulernen. Begrenzt lässt sich auch am Telefon Tuchfühlung nehmen. Vor allem könnt ihr im Vorgespräch die Themen abstecken und die Rolle der Partnerin klären: Ist sie Expertin? Soll er sich rechtfertigen? Will sie werben? Soll er geehrt werden? Dabei lässt sich auch die Anredeform definieren.

Vorgespräche sind für beide Partner*innen ein guter Weg, die Strategie vorzubereiten oder zu modifizieren. Die manchmal gewünschte Liste von Fragen solltet ihr allerdings umgehen, damit sich die Gegenseite nicht allzu gut vorbereiten kann. Gebt eine Liste mit Themen aus, die aber nicht die Fragen enthält – die endgültigen Fragen dazu können anders aussehen. Nichts wörtlich abzusprechen, ist deshalb der oberste Grundsatz. Wenn die Fragen vom Interviewenden wörtlich auswendig gelernt sind, fällt das Zuhören schwer. Wenn gar die Antworten mehrfach erprobt werden, dann gerät das Interview zur leicht durchschaubaren Inszenierung. Deshalb sollte man nie die Fragen im Detail „proben". Vorgespräche sind nicht nötig und meist nicht möglich bei kurzen, thematisch begrenzten

Interviews und Schaltgesprächen. Hier wird nur vorher angerufen, Name und Redaktion genannt und angegeben, dass es sich um ein für die Öffentlichkeit bestimmtes Gespräch handelt.

Vorgespräche haben aber auch einige Nachteile. Neben der beanspruchten Zeit kann ein Vorgespräch das Spontane des Interviews beeinträchtigen und die Spannung dadurch erheblich senken. Und schließlich: Wer das Vorgespräch als Recherche auffasst, überlässt sich leicht der Strategie des Befragten. Ohne Vorgespräch ist allerdings auch die Gefahr der Geschwätzigkeit beider Partner*innen größer.

Nichts wörtlich vorbereiten

Alle Fragen sollten Stichwörter sein. Ablesen kann unglaubwürdig wirken. Man bringt so auch niemanden dazu, sich zu öffnen, die Dynamik kann sich nicht entwickeln. Oft genug werden Scheingespräche als Interviews ausgegeben, zum Beispiel Korrespondentengespräche, deren Wortlaut bis ins Detail abgesprochen ist. Ausformuliertes kann zudem nach einem allzu deutlichen Vorsprung des Interviewenden aussehen. Ausformulierte Sätze sind auch schwerer auf dem Konzept wiederzufinden. Stichwörter dagegen lassen sich leichter erkennen und helfen, frei zu formulieren. Auf die Stichwörter sehen kann man zu jeder Zeit, nur eben nicht lange. Man sollte allerdings den Satz nicht früher aussprechen als man ihn vom Stichwort aufblickend formuliert hat.

Aber: Die Fragen in Stichwortform dürfen nicht die „Themen" nennen. Nach dem Brainstorming muss man die Fragen fürs Mündliche aufbereiten, sonst kommt es zum Stichwort im schlechten Sinne: „Stichwort Katastrophe: Was meinen Sie?" Hier versteht der Partner oft nicht, woher das Thema kommt. Besser ist es, die Frage umzuformulieren: „Worüber wir bis jetzt gesprochen haben, könnte zu einer Katastrophe werden. Sehen auch Sie Gefahren?"

Das zeigt auch: Vorbereitung ist das eine, Fragen-Stichwörter das andere. Beide haben meist verschiedene sprachliche Ausformungen. Die in der Vorbereitung „gefundenen" Fragen tragen oft schon das Ziel in sich. Wer sie formuliert, weiß zu viel. Das ärgert den Interviewpartner und macht ihn zu. „Ist absolutes Vertrauen unter Politikerkollegen überhaupt möglich?" sollte man also nicht fragen, wenn man öffentlich machen will, dass es vermutlich Einschränkungen gibt. Besser: „Ich kann mir vorstellen, dass man nicht alles miteinander besprechen kann." Auch wäre es mehr als ungeschickt, einen behinderten Menschen zu fragen: „Empfinden Sie das Leben seitdem weniger lebenswert?" Auch das ist eine Frage, die man sich in der Recherche selbst gestellt hat; sie ist zudem taktlos. Vor allem enthalten solche Fragen die Antwort, die man erwartet. Sinnvoller ist es auch hier, Konkretes zu erfragen: „Wie schränkt Sie das täglich spürbar ein?"

L2 GRUNDLAGEN

Ein geschickter Gesprächsaufbau ist entscheidend. Interviewer und Befragte müssen sich auf interessante Aussagen zu bewegen. Ist das Interview zielgerichtet recherchiert, drängt es einen, gleich zu Anfang mit dem Ziel herauszurücken. Das wäre aber rhetorisch ungünstig – das Publikum weiß dann zu früh, was es erwarten kann. Zudem kann dies den Widerspruch des Befragten herausfordern. Also: Zuerst das Leichte und Positive, das den Befragten ins Gespräch bringt, ihn positiv einbezieht. Fangt wie in der Anmoderation weit an, bringt euch mit den Befragten und den Zuschauern zusammen. Etwa so:

Viele von uns haben manchmal das Gefühl …

Auch mir ging es erst gestern so, dass …

Es lohnt sich deshalb, darüber mit einem echten Experten zu sprechen.

Mit solchen einleitenden Sätzen könnt ihr auf eine gemeinsame Ebene mit eurem Publikum kommen. Das geht nicht zwangsläufig durch Duzen. Gemeinsamkeit der Kommunikation darf keineswegs Kumpanei bedeuten. Gemeinsam machen heißt nicht privat werden. Wenn ihr euch schon länger kennt, benennt das bitte am Beginn des Interviews:

Wir kennen uns seit 20 Jahren …

Die einleitenden Worte kurzhalten, denn immer mehr Interviews dürfen nicht über vier Minuten hinausgehen. Auch die Anmoderation immer frei sprechen, damit nicht ein Bruch zum Sprechstil des Gesprächs entsteht. Im letzten Satz soll die Anmoderation auf das Interview hinführen:

Immer mehr Menschen werden arbeitslos. Aber wie werden sie mit ihrer Situation fertig? Dabei kann ein Mann weiterhelfen …

Als Eröffnung des Gesprächs selbst dient die darauffolgende Begrüßung des Interviewpartners. Für die erste Frage sollten immer einige Stichwörter vorhanden sein. Auch sie sollte so kurz wie möglich und nur so umfänglich wie nötig sein.

Nils Schmidt, Professor für Arbeitspsychologie an der Uni Köln.

Zur Marotte geworden ist es, den Interviewpartner mit Hintergrundinformationen über Dinge anzureden, die eigentlich zum Zuhörer oder Zuschauer gesagt sein müssten:

Herr Schmidt, Sie sind ja verheiratet, haben zwei Kinder. Sie arbeiten jetzt schon sieben Jahre an der Uni in Köln. Sie sind beliebt bei den Studenten …

Als Antwort bleibt dem Befragten nur das Ja, andernfalls wird er sich an diesen Fakten aufhalten, wodurch das Gespräch auf Unwichtiges gelenkt wird. Es vergeht Zeit und das diskreditiert den Interviewer. Längere Begrüßungen sind nur in klassischen Interviews zur Person angebracht. Dennoch, mit persönlicheren Fragen das Interview zu eröffnen, bringt für alle Beteiligten Gewinn.

Verstehen geht nicht ohne Zuhören

Eine Binsenweisheit. Wer jemals Gespräche analysiert hat, weiß, wie gering die Fähigkeit zum Zuhören ausgeprägt ist. Viele Abwehrreaktionen der Interviewten lassen sich darauf zurückführen, dass die Fragenden nicht zuhören. Wer nicht zuhören kann, der kann auch nicht treffend fragen. Was das Ganze noch schwieriger macht, ist die Tatsache, dass die Aufmerksamkeit des Interviewers in vier Aufgaben geteilt ist, die weitgehend gleichzeitig erfolgen müssen:

- Zuhören
- Fragen auswählen / Strategien verfolgen
- Sprechen
- Es kommt oft noch eine technische Komponente hinzu. Dafür ist der Interviewer auch noch zuständig, zum Beispiel in Podcasts.

Nur das alles hält Fragen und Antworten zusammen. Nur so kann man aus möglichst vielen Antworten Aspekte für weitere Fragen entnehmen. Die Frage ist besser zu verstehen, wenn sie aus der Antwort hergeleitet ist. Hierzu sollte man zu lange Antworten auf den Punkt bringen. Auch Zwischenzusammenfassungen sind essenziell:

> *Herr Ministerpräsident, bis jetzt haben wir geklärt, wie es dazu gekommen ist. Lassen Sie uns jetzt die Folgen …*

oder:

> *Über die große Politik haben wir gesprochen. Aber dahinter gibt es mehr als wir wissen. Jetzt …*

Verbalisierungen der Antwortinhalte sind sprachliche Bündelungen. Diese Paraphrasen können „Übersetzungen" sperriger Begriffe sein, auch Pointierungen der Antworten. Das ist nicht ungefährlich, denn oft genug haben Fragende nicht gut zugehört oder sie halten an ihrer Strategie fest. In solchen Fällen wird manchmal das Gegenteil dessen verbalisiert, was geantwortet wurde. Die gute Verbalisierung dagegen verknüpft die Fragen und Antworten:

> *Sie werden also zur nächsten Wahl nicht mehr antreten?! Was werden dann Ihre nächsten Aufgaben sein?*

Verbalisiert werden muss auch die Stimmung des Gespräches, wenn dies das Gespräch aufrechterhält:

> *Ich sehe, dass Ihnen das heute noch sehr zusetzt.*

oder:

> *Dabei scheint Ihnen nicht wohl zu sein.*

Gute Stimmung ist entscheidend

Du bist der Architekt einer angenehmen Atmosphäre. Stimmungen können entscheidend sein. Selbst in kontroversen Interviews solltest du niemals eine abweisende Stimmung aufkommen lassen: in der Sache hart, in der Stimmung moderat. Die persönliche Atmosphäre braucht es, um sich mit den Befragten in ein echtes Gespräch zu begeben – und nicht in ein Verhör. Vor allem dann, wenn die Stimmung zwischen den Gesprächspartnern schlecht ist oder schlechter zu werden droht, empfiehlt sich:

- beruhigen
- nicht unterbrechen
- sachliches Sprechen
- nicht eine evtl. aggressive Sprache aufnehmen
- ggf. Thema wechseln

Im Interview muss vor allem echtes Interesse an der Person und/oder an der Sache zu spüren sein. Daher sollte man möglichst von der Situation des Befragten ausgehen, nicht von der eigenen Recherche. So manche Frage lässt das vermissen. Einen Politiker kann man schwerlich fragen: „Halten Sie Ihre Partei noch für regierungsfähig?"

Auch Entscheidungsfragen wie „Beeinflussen Meinungsumfragen das politische Handeln?" werden wohl nichts Substanzielles zutage fördern. Hier ist eine Frage sinnvoller, die vom Menschen ausgeht: „Haben Sie sich über manche Meinungsumfragen geärgert?" Oder als offene Frage: „Über welche Meinungsumfragen haben Sie sich besonders gefreut?"

In keinem anderen Genre stehen Journalist*innen mit Leib und Seele für ihre Arbeit ein wie im Interview. Hier entscheidet nicht nur Sprache, sondern auch Nonverbales wie Sitzposition, Gestik und Mimik oft über den Erfolg. Im Interview lässt die Gestik Verstehen und Missverstehen signalisieren. Das kann durch Blickkontakt geschehen, aber auch durch möglichst eindeutige Handbewegungen. Wichtig ist auch die Sitz- oder Stehposition. Sie darf bei keinem der Partner zur Verspannung führen. Wo immer es geht, sollte man erfragen, welche Position genehm ist (nicht in kontroversen Interviews). Positionen, Haltung, Gestik und Mimik werden besonders wichtig beim Unterbrechen.

Praxis Essentials:

- ☐ Du solltest in Sitzinterviews so eine Körperspannung haben, dass du jederzeit aufstehen könntest.
- ☐ Im Vorgespräch nichts wörtlich absprechen, keine Fragen, nur Themenlisten weitergeben!
- ☐ Mit der ersten Frage das Gegenüber überraschen! Oder auch durch nicht geplante Zwischenfragen – das hält euer Gespräch wach.
- ☐ Gelegentliche Zusammenfassungen der Antworten des Interviewten helfen dir und deinem Publikum beim Verstehensprozess.

L3 GESPRÄCHS-STRATEGIEN

Habe den Mut, deine Interviewstrategie durchzuhalten. Mögliche Strategien könnten sein: seine Ziele durchzusetzen, den Gesprächspartner vorzuführen oder zu entlarven. Dies sollte selbst im kontroversen Interview auch nur dann der Fall sein, wenn Gesprächspartner wesentliche Aussagen zurückhalten.

Allzu starre Strategien gehen aber selten auf. Wir brauchen ein gutes Verhältnis von Planung und Flexibilität. Nicht jede Frage lässt sich im eigentlichen Interview ausführen. Zu häufig kann man beobachten, dass die Interviewerin interessante Gedankengänge unterbricht, nur um eine geplante Frage zu stellen, die das Gespräch aber nicht sinnvoll weiterführt. Man sollte nicht gegen die Dynamik des Gesprächs alles durchsetzen und abfragen und mögliche Zusammenhänge ignorieren/künstlich erschaffen. Das ist meist im sehr vordergründigen Interesse der Fragenden.

Eine taugliche Strategie bemisst sich am Ziel des Gespräches. Dazu müsste für jeden Teilnehmer jederzeit transparent sein, wohin die Frage zielt. Deshalb wollen die Themen begrenzt sein. Nur so lässt es sich verhindern, dass mit der Weite des Stoffes die Aussagen zu ausweichend und allgemein werden. Auch die Zeitvorgabe muss präzise abgesprochen werden, sodass die Befragten die Situation einschätzen können und wissen, wie ausführlich sie antworten sollten.

Gesprächsstrategien können induktiv oder deduktiv sein. Induktives geht von Einzelfällen aus und versucht dann gemeinsam zu entwickeln, für welche allgemeinen Regeln diese Fälle stehen. Induktiv sollten Interviews geplant werden, wenn Einzelfälle berechtigte Zuhörerfragen nach übergreifenden Umständen aufkommen lassen:

Im Atomkraftwerk Isar 2 hat es heute im radioaktiven Bereich einen Brand gegeben. Wie steht es generell mit den Sicherheitsbestimmungen in der Bundesrepublik?

Deduktiv ist eine Gesprächsplanung, wenn sie von allgemeinen Aussagen auf bestimmte Fälle kommt. Deduktiv sollte die Interviewplanung sein, wenn zum Beispiel neue Gesetze erklärt und anschaulich gemacht werden müssen. Diese Anschaulichkeit lässt sich mit Beispielen aus dem Interessenkreis der Zuhörer oder Zuschauer erreichen:

Der Bußgeldkatalog für Verkehrssünder ist gerade überarbeitet worden. Was bedeutet das für mich als Autofahrer?

Planung

Eine Tüte voll Fragen ist keine Strategie. Wirklich gute Interviews brauchen durchdachte und zielführende Argumentationen. Sie speisen sich nicht aus einer abzuarbeitenden Liste von Fragen. Schuld an einem schlechten Eindruck und an erfolglosen Interviews ist eine schlechte Vorbereitung. Wir tappen in die Falle, weil auch die Haltung die falsche ist. In dem Glauben, unserer Sache sicher zu sein und aus dem hohlen Bauch zu reagieren, ohne an unserem authentischen Eindruck zu feilen. Wer den ZDF-Journalisten Claus Kleber gesehen hat, wie er in Teheran Mahmud Ahmadinedschad gegenübersaß, in dem wichtigsten Interview seines Lebens, ohne ausreichende Vorbereitung, der weiß, was gemeint ist. Kleber lässt sich schon in der ersten Minute des Interviews das Ruder aus der Hand nehmen. Ahmadinedschad beginnt ihm die Fragen zu stellen. Die Veranstaltung sollte eigentlich heißen: Klaus fragt Mahmud. Aber nach kurzer Zeit heißt sie: Mahmud fragt Klaus.

Kleber spricht eine drohende Kriegsgefahr an. Ahmadinedschad fragt zurück: „Welche Kriegsgefahr? – von welcher Seite und warum droht Krieg?" Kleber: „Sie wissen so gut wie ich, dass Israel mit einem Angriff droht, wenn sich die Frage des Nuklearprogramms nicht anders lösen lässt." Ahmadinedschad: „Zeigen die Zionisten Klarheit und Transparenz in ihrer Nuklearfrage? Sie haben mehr als 250 atomare Sprengköpfe! Ist das kein Problem, wenn sie so ausgestattet sind?" Kleber: „Israel gehört nicht zum Atomwaffensperrvertrag. Es hat keine vertragliche Verpflichtung, das offenzulegen. Iran hat diese Verpflichtung." Ahmadinedschad: „Das heißt, jeder, der nicht Mitglied von dem Vertrag ist, ist frei, zu tun, was er will?" Kleber: „So ist das wohl."

Argumentationen zu planen und zugleich professionell authentisch zu sein, heißt, schon vorher auf alles gefasst zu sein! Und nicht zu authentisch zu sein wie Claus Kleber in dem Interview.

Habt eine Haltung für alle Fälle. Die findet man in Extremsituationen niemals intuitiv. Sammelt für kontroverse Interviews auch mögliche Pro- und Kontraargumente. Seid auf alles gefasst. Habt einen Plan A und B. Erst aus dem Plan lässt sich die Rolle ableiten, um in nächsten Schritten zu klären, was am besten zu sagen ist. Später erfolgt die Sortierung zum Trichter:

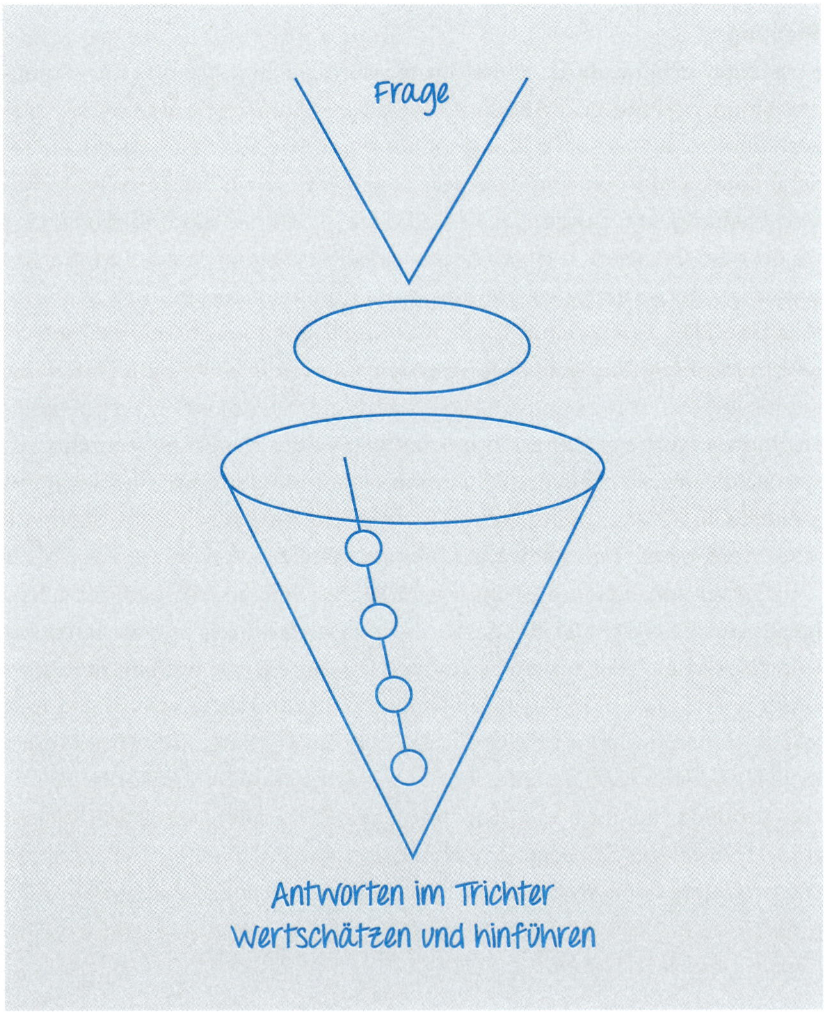

Abb. 35: Wertschätzen und hinführen

Wer fragt, muss flexibel sein. Die Fragen müssen in einer überschaubaren Form vorliegen, die dann verändert werden kann. Auch für Interviews kann gelten: Die letzte Frage zuerst überlegen, vor allem in kontroversen Interviews. Die Strategie muss auch die mögliche Gegenstrategie mitbedenken und, wenn nötig, die Richtung ändern können. Die oben vorgestellte Beispielstrategie gibt die „Pole" des Gesprächs an und ermöglicht Streichungen, die sich aus dem Verlauf des Gesprächs ergeben – schon während des Zuhörens. Das gewährleistet trotz der Planung einige Flexibilität. Eine zusätzliche Stichwortkarte kann eine solche Zeichnung aufnehmen, die die verschiedenen Aspekte der Fragefolge im zeitlichen Verlauf zeigt.

Wer fragt, der führt. Gespräche „führen" heißt vor allem, schnell entscheiden zu können, was dem Gesprächsverlauf nützt. Auch ein Überblick darüber ist nötig, wie weit die Zeit fortgeschritten ist. Manchmal passen einige der vorbereiteten Fragen nicht mehr zum Verlauf, es müssen andere bereitliegen. Dafür empfiehlt sich eine Reserveliste, die über den voraussichtlichen Umfang des Interviews hinausgeht. Man sollte sie auf einer Extrastichwortkarte notieren. Wer solche Reservefragen hat, kann auch kurzzeitig von der Strategie abweichen.

L4 FRAGETECHNIKEN

Nutzt die verschiedenen Formen von Fragen. Man unterscheidet grundsätzlich offene und geschlossene Fragen. Bei offenen Fragen wird nach dem Wer, Wo, Wie, Warum etc. gefragt. Sie geben keine festen Kategorien vor. Offene Fragen lassen die Entfaltung komplizierterer Sachverhalte zu; es sind dann Passagen möglich, die auch etwas länger sein dürfen. Geschlossene Fragen dagegen sind solche, die entweder verneinende oder bejahende Antworten verlangen. Sie geben Möglichkeiten vor; genau genommen sind also deren Antworten geschlossen.

Nutzt offene Fragen am Beginn des Interviews. Dabei ist es gut, wenn euer Gegenüber Gelegenheit zu längeren Statements hat. Das löst Spannung und schafft Vertrauen. Umso leichter lässt sich danach die eigene Fragestrategie verfolgen. Selbst das kontroverse Interview braucht zunächst offene Fragen, um später beschleunigen zu können. Die Frageart ist auch typabhängig. Unerfahrene Interviewpartner*innen brauchen eher offene Fragen, damit sie sich eine Basis schaffen können.

Die Frage …

Können Sie sich daran erinnern?

… könnte zu früh schließen. Besser wäre es, offen zu fragen:

Was wissen Sie noch von diesem Tag?

Fragt am besten nach ganz einfachen, konkreten Sachverhalten. Offene Fragen machen auf. Erfahrene Partner brauchen dagegen meist geschlossenere Fragen, weil sie offenen Fragen ausweichen könnten. Vor allem, wenn eine ausführlichere Heranführung notwendig ist, sollte man mit offenen Fragen beginnen, damit das Gespräch in Gang kommt. Später kann man geschlossener fragen. Dieses Vorgehen ist vorstellbar als eine Art Trichter (vgl. Wachtel 2021: 142). Die Zuspitzung durch geschlossene Fragen ist vor allem dann geraten, wenn:

- abgekürzt werden muss
- Stellungnahmen veröffentlicht werden sollen
- der Gesprächsverlauf gebündelt werden sollte

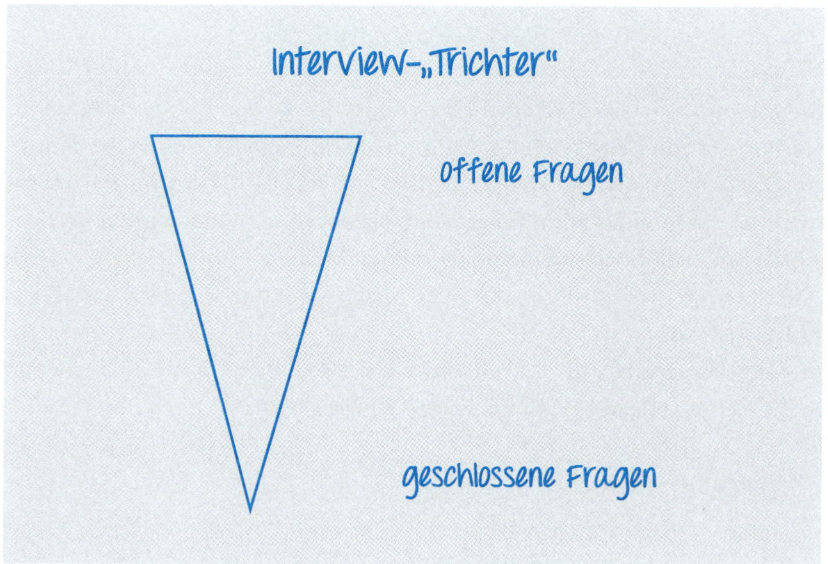

Abb. 36: Offene Fragen – geschlossene Fragen

Offene Fragen

Zu offene Fragen irritieren und können zu Rückfragen und Missverständnissen führen. „Menschen, während sie nachdenken, ... das ist im Fernsehen ebenso irritierend und langweilig wie auf einer Bühne in Las Vegas", schrieb Neil Postman. Sind die Antwortmöglichkeiten gar zu reich, sieht man einen ratlosen Interviewpartner. Dennoch, die offene Frage ist das Mittel des Interviews überhaupt.

Informationsfragen

> *Wer hatte damals die Maßnahmen angeordnet? Was halten Sie von diesen Schritten?*

Einfache Informationsfragen sind die Substanz von Interviews. Es sind Fragen, die ebenso schlicht sind, wie sie informativ für das Publikum sein können. Sie sind besser als so manche gedrechselte Formulierung.

Motivierende Fragen

Wie hat das auf Sie gewirkt?

Könnten Sie beschreiben, wie das ablief?

Besser kann ein Gespräch nicht beginnen, wenn man Zeit hat. Die motivierende Frage bietet sich an, wenn der Gesprächspartner verschlossen ist. Die Gefahr liegt auf der Hand: Die Antwort kann lang werden. Dennoch ist die motivierende Frage sinnvoll, auch wenn man später verbalisieren, abkürzen oder unterbrechen muss.

Klärungsfrage

Vieles, das schon vom Frager nicht klar wird, kann das Publikum erst recht nicht verstehen. Hier muss geklärt werden:

Verstehe ich das richtig, dass ...?

Das kostet zwar Zeit, sichert aber das Verstehen und gewinnt an Substanz.

Definitionsfrage

Verstehen heißt, sich auf Begriffe zu einigen. Manchmal setzt die Antwort solche Definitionen voraus, die für den Zuhörer oder Zuschauer erst erfragt werden müssen:

Sie nannten eben das demokratische Prinzip. Was verstehen Sie darunter?

Sinnvoll ist hier zusätzlich die Mahnung zur Kürze, weil die Frage offen und nicht immer leicht zu beantworten ist.

Aussage plus Frage

Weil Zuhörer*innen/Zuschauer*innen nicht alle Gründe für die Interviewfragen kennen, braucht die eine oder andere Frage sowohl Thema als auch Herleitung. Damit ist nicht gemeint, die Frage anzukündigen:

Jetzt habe ich folgende Frage: …

oder:

Weiter im Lebenslauf.

Herleitung heißt, man muss von den Aussagen kurz und präzise zu den Fragen hinführen. Kurz und präzise, das ist in solchen vorbereiteten Fragen besonders wichtig, denn je länger die Fragen, desto länger die Antworten. Aussage plus Frage müssen stimmig sein, denn sie machen die Fragepassage lang. Das folgende Beispiel ist zwar informativ und prägnant zugleich, es dürfte aber keinesfalls durch ungeschicktes Fragen länger werden:

Sie hatten vor den letzten Wahlen erklärt, sie wollten die Tarife für den öffentlichen Nahverkehr senken. Jetzt haben die Kassen der Betreiber aber höhere Defizite, als sie selbst vorausgesehen hatten. Auch die Kommunalfinanzen sind geschrumpft. Können Sie denn jetzt noch ihr Versprechen einlösen?

Geschlossene Fragen

Geschlossene Fragen legen die Befragten fest. Das kann Widerstände auslösen. Sie werden vom Befragten auch gern ignoriert. Geschickte Interviewpartner beginnen dann, genau das zu sagen, was nicht im Interesse eines guten Gesprächs liegt. Viele Sachverhalte lassen sich nur geschlossen erfragen, vor allem dann, wenn der Partner sich nicht festlegen will. Geschlossene Fragen sind im Interview zur Person selten, in kontroversen Interviews häufig. Offene Fragen dagegen lassen dem Befragten Raum, er ist frei in der Antwort. Offene Fragen sind für die Erkundung von Informationen substanziell. Leider sind sie zu selten. Verschiedene Typen von Befragten verlangen verschiedene Fragearten: Interviewpartner, die viel reden, brauchen geschlossene Fragen, schweigsame oder verängstigte Partner brauchen offene Fragen, wenn sie überhaupt zum Reden gebracht werden sollen. Geschlossene Fragen kürzen extrem ab, wie im ersten Beispiel:

Ja/Nein-Frage

Haben Sie Kinder?

So zu fragen, ist dann angebracht, wenn man das Tempo beschleunigen oder auf einen anderen Punkt kommen will.

Interpretationsnachfrage

Interpretieren kann man nur geschlossen. Die interpretierende Nachfrage bietet eine Antwort an:

Bedeutet das, dass wir jetzt nur abwarten können?

Interpretierend nachfragen sollte man, wenn der Befragte zu lang oder zu unkonkret antwortet. Interpretation ist nicht ungefährlich, sie erzeugt Widerspruch. Andererseits spitzt sie zu, was dem Gespräch Dynamik verleihen kann. Die Interpretation sollte aber zutreffen, vor allem dann, wenn man interpretiert, um zum Ende zu kommen und wenn keine Diskussion mehr möglich ist. Solche Nachfragen können auch als Behauptungen daherkommen:

Es ist also nicht wahr, dass Sie die Kandidatur abgelehnt haben?!

Die Nachfrage als These ist gefährlich, weil das Gesagt dann allzu leicht relativiert werden wird:

Sie meinen also, man müsse noch einige Zeit abwarten.

Hier ist der Widerspruch programmiert. Nachfragen hat ohnehin nur Sinn, wenn man sicher sein kann, dass die Antwort auch gegeben oder dadurch das Gespräch vorangetrieben wird. Oft genug werden Nachfragen als Aufforderungen zur Wiederholung missverstanden.

Alternativfrage

Alternativfragen sind extrem geschlossen, obwohl sie so „alternativ" sind.

Werden Sie in der nächsten Legislaturperiode nach Berlin gehen oder wollen Sie lieber in Ihrem Wahlkreis bleiben?

Solche klugen, „informativen" Fragen sind nicht ungefährlich. Leicht kann der Befragte sagen:

Nichts von beidem. Ich gehe in Pension.

Besonders die Alternativfrage wird oft ignoriert. Manche Alternativfragen sollen Insiderwissen zeigen:

Liegt Ihnen das wirklich am Herzen oder wollen Sie nur Ihr Image aufpolieren?

Es ist klar, dass das die Stimmung trübt.

Skalierende Frage

Die Skalafrage ist dann sinnvoll, wenn der Befragte auf Zahlen festgelegt werden soll:

Sind Sie für 50, 60 oder 70 Prozent?

Auch diese Frage ist scheinbar offen. Sie macht aber zu und oft genug sucht sich der Befragte einen Ausweg:

Die Zahlen sind hier nicht die Frage.

„Information" als Frage

Ungünstig ist meist ein Abfragen, das den Partner nur für schon Bekanntes herhalten lässt. Damit zeigt der Interviewer lediglich, dass er etwas weiß, mehr nicht. Nie sollte man den Partner belehren, wie in der folgenden Frage, die gar keine ist:

Das ist interessant. Das lässt den Schluss zu, dass es sich dabei keineswegs um demokratische Wahlen handelt.

Auch hier muss der Befragte antworten: „Ja". Oft genug werden ganze

Ketten von geschlossenen Fragen gestellt oder schon Antworten vorgegeben, die fast ausschließlich bejaht werden. Mehrere geschlossene Fragen nacheinander zu stellen, ist nur dann sinnvoll, wenn das Interview an Fahrt gewinnen soll oder kurz vor dem Ende steht. In Interviews zur Person sind Tiraden von Ja/Nein-Frage schrecklich, in kontroversen Interviews können sie unvermeidlich sein.

Ein häufiger Fehler ist es auch, nach allzu Bekanntem zu fragen. Die Antworten sind dann zwar geläufig, lassen aber die Tiefe vermissen, die den Sinn für die Zuhörer*innen oder Zuschauer*innen ausmacht.

Nachfrage

Nachfragen kann man offen oder geschlossen. Nachgefragt werden sollte, wenn der Befragte der Frage ausweicht oder ungenau antwortet. Nachfragen können echte Fragen sein:

Sie wollen das also tun?

Oft hilft schon das einfache Wiederholen der Frage. Allerding muss man in Kauf nehmen, dass der Partner ungehalten wird. Die Nachfrage verbürgt schließlich nicht das Recht auf Antwort.

Rhetorische Frage

Hier steckt die Antwort vollständig in der Frage:

Sie wollen doch nicht sagen, dass …?

Aber nicht immer folgt das Ja. Schon die „rhetorische" Form kann Zurückweisung provozieren.

Indirekte Frage

Nicht alle Fragen müssen auch wirkliche Fragen sein. Auch Bemerkungen, die wie Fragen betont werden, erfüllen die Funktion von Fragen. Sie sind oft hilfreich als Einwürfe, die den Partner lenken sollen:

Ich glaube, man kann Ihr Buch auch als Anleitung lesen.

Solche Fragen sind auch Aussagen, die eine Antwort provozieren. Indirekt erfragen sie:

> *Nun weiß man, dass das so leicht nicht ist.*

Ein letzter Hinweis zu den offenen und geschlossenen Fragen: Niemals sollte man offen fragen, um dann geschlossene Fragen nachzuschicken:

> *Wie haben Sie das empfunden? Wollten sie sofort wieder gehen? Hatten Sie Angst?*

Hierin steckt auch schon die zu Recht gescholtene Mehrfachfrage.

Mehrfachfrage

Dem Zuhörenden oder Zuschauenden scheint manchmal das zu lang, was gar nicht so lang ist, sondern nur zu komplex. Vor allem Doppelfragen sind üblich. Damit werden, meist ungewollt, Befragte verwirrt und auf falsche Fährten gelockt, zum Beispiel:

> *Wie wollen Sie für die Betroffenen die Folgen mildern helfen? Was kann der Bund dazu beitragen und – werden Sie etwas unternehmen?*

Wer so befragt wird, versteht entweder nicht alle Fragen oder weist daraus die zurück, die nicht ins Konzept passt. Erfahrene Interviewpartner suchen sich die bequemste Frage aus, die anderen bleiben unbeantwortet. Die Mehrfachfrage ist meist eine Verlegenheit und immer kontraproduktiv. Die Mehrfachfrage lässt auch vermuten, dass sie nicht gut vorbereitet ist. Hat man einmal eine Frage gestellt, die nicht so geschickt ist, sollte man sie nicht noch einmal anders stellen. Meist wird dann die Fragepassage zu lang oder zu unpräzise. Die Antwort wird ähnlich werden.

Provokative Fragen

Mit Fragen lässt sich sehr gut manipulieren. Oft mehr noch als mit Antworten. Grundsätzlich kann jede Frage manipulativ sein, wenn sie jenseits begründbarer oder legitim erfragbarer Inhalte liegt. Unsauber können Fragen sein, die als richtig voraussetzen, was erst im Gespräch erkundet werden sollte, zum Beispiel:

Sie meinen, dies wäre nicht möglich. Warum denken Sie das?

Das sind provokative Fragen.

Überfallfrage

Der Anfang des Gesprächs soll den Zuschauer packen. Ratsam ist es, mit einer Provokation zu beginnen. Das ist sicher besonders publikumswirksam. Redlich sind allerdings solche Fragen nicht, die den Befragten zunächst höflich umschmeicheln, ihn dann aber unerwartet provozieren:

Frau Kronen, Sie haben jetzt diese Sendung in der Primetime, Sie sind auf vielen Zeitschriftencovers abgebildet. Fast wie ein Star. – Warum will Sie plötzlich keiner mehr sehen?

Solche Fragen stellt man nur, wenn man das Publikum auf seiner Seite weiß. Dennoch würde diese Frage wohl jeden Interviewpartner brüskieren. Auch hier ist das Spektakel das Ziel, nicht die Information.

Suggestivfrage

Wird diese Tragödie nicht einen bleibenden Schatten auf das Königshaus werfen?

Nichts legitimierte hier in einem kurzen Schaltgespräch die fragende Journalistin, dem Korrespondenten die Antwort vorzugeben. Die Suggestivfrage legt die Antwort vor und fordert sie ein. Auch so manche scheinbar offene, oder besser offen kaschierte Suggestivfrage ist dennoch eine. Oft wird es nicht nur richtig suggestiv, sondern sogar anmaßend, zum Beispiel mit einer Frage an eine Ministerin:

Sie sprechen jetzt im Kabinett über Kinderfreibeträge. Können Sie als Kinderlose überhaupt mitreden?

Mit dieser Frage soll generelle Inkompetenz suggeriert werden. Das bleibt nie ohne negative Folgen. Suggestivfragen provozieren ihrerseits Fragen, nicht selten Kompetenzzweifel am Interviewpartner. Solche Fragen werden oft (zu Recht) zurückgewiesen. Das gilt auch dann, wenn

Antworten entlockt werden sollen:

> *Müsste Ihr Einkommen nicht doch über 200.000 Euro liegen, wenn Sie einen solchen Lebensstandard haben?!*

Auch kontroverse Interviews legitimieren nur selten solche Fangfragen, denn meistens sind relevante Hintergründe anders zu erfahren. Fangfragen sind allerdings dann manipulierend, wenn ein Bekenntnis der Befragten zu Teilwahrheiten erheischt wird. Nur dann, wenn der Befragte „hinter dem Berg hält", sind sie angebracht, generell aber gilt es, ohne sie auszukommen. Sie tragen nicht zur Klärung bei und schaffen auch kein konstruktives Klima.

Das trifft auch für Themen und Fragen zu, die nicht erwartet werden. Der Charakter des Interviews sollte nicht plötzlich wechseln: Sollen Meinungen erkundet, Hintergründe aufgedeckt oder private Informationen erfragt werden? Befragte dürfen nicht auf falsche Fährten gelockt oder vorgeführt werden, indem sie zu einem Sachinterview eingeladen werden und während des Gesprächs dann ausschließlich Privates erfragt wird. Nicht jedes Ziel muss aufgedeckt werden, der Charakter des Interviews schon.

Schließlich hört man manchmal Fragen, die in einer Sprache ausgesprochen werden, die nicht die des Befragten ist. Sie enthalten einen Blickwinkel, unter dem der Befragte die Sache voraussichtlich nicht sehen wird. Wer erfahren will, welche Rollenverteilung im Haushalt eines Politikers herrscht, darf dies nicht aus der eigenen Generationensicht tun:

> *Wie ist die Rolle Ihrer Frau definiert?*

Obwohl die Frage so unschuldig offen ist, wird sie Zurückweisung erzeugen, denn der Befragte wird vermuten, hier werde ihm etwas unterstellt. Deshalb sollte man immer aus der Sicht und in der Sprache des Partners sprechen, zum Beispiel:

> *Wie haben Sie sich geeinigt, wer was im Haushalt tut?*

Unterstellungsfrage

Meinen Sie nicht (auch), dass …?

Solche Fragen führen meist zum Gegenteil dessen, was beabsichtigt ist. Was wird der Befragte sagen? Er meint natürlich das gerade nicht; er wird anschließend sagen, was er in diesem Interview verlautbaren wollte. Das trägt eher zu einer Verdunkelung als zur Klärung bei. Besser ist es, offen zu fragen:

Was würden Sie in einem solchen Fall tun?

oder:

Was schlagen Sie den Verantwortlichen vor?

Unterstellungsfragen zerstören eher das Klima und sie provozieren Zurückweisungen. Auch manche scheinbar harmlose Frage unterstellt:

Hatten Sie da überhaupt Zeit für Ihre Kinder?

Suggestivfragen und Unterstellungsfragen sind oft manipulativ, weil sie Antworten vorwegnehmen und nicht mehr auf Klärung aus sind. Sie sind bestenfalls dann angebracht, wenn ohne sie bewusst und offenkundig die Unwahrheit öffentlich würde. So manche Frage provoziert nur und erreicht nichts:

Haben Sie nicht das Gefühl, jetzt endlich von der politischen Bühne abtreten zu müssen?
Warum wollten Sie Ihren Staatssekretär zur Rechenschaft ziehen?

Solche Unterstellungsfragen werden häufig gestellt, wenn auf Sachverhalte aufmerksam gemacht werden soll, die verschwiegen werden könnten. Sie beinhalten aber häufig Prämissen, die nicht begründet und meist nicht einmal geklärt sind, und die Zurückweisung ist vorprogrammiert. Mit nicht Beweisbarem diskreditiert man sich selbst.

Konfrontationsfrage

Kontrovers sind Konfrontationsfragen, die meist mit Behauptungen einleiten:

> *Sie haben jetzt dargelegt, dass Sie die Anlage nicht wollen.*
> *Die Umfragen sprechen aber eine ganz andere Sprache!*

Hier ist Vorsicht geboten: Der Befragte wird Gelegenheit haben, weitere Argumente vorzubringen. Zu erwarten ist nicht, dass ihn die Konfrontation mit der „Volksmeinung" im Interview positiv beeindruckt. Solche Fragen oder Behauptungen bringen meist nichts. Sie sollten nur explizit provokativen Interviews vorbehalten bleiben.

L5 WIDERSPRECHEN UND UNTERBRECHEN

Interviews sind geleitete Gespräche. Beide Gesprächspartner*innen haben verschiedene Rollen: der Fragende, die Antwortende. Wenn dagegen Streiten im alltagssprachlichen Sinne geschieht, Fragerecht und Antwortpflicht zur Disposition stehen, dann ist das Interview kein geleitetes Gespräch. Im Einzelfall lassen sich Antworten bestreiten:

Das scheint mir nicht schlüssig.

Das Interview stößt aber dort an seine Grenzen, wo die Interviewenden eindeutig widersprechen oder Unglaubwürdigkeit feststellen müssen. Nicht immer freut sich beim Streiten der Dritte: Fürs Publikum ist solch ein Schlagabtausch zwar unterhaltsam, aber nicht unbedingt informativ. Selten enthalten gute Interviews streitende Passagen, zu Recht nur dann, wenn die Befragten zur Klärung nicht bereit sind. Bei keiner Frage sollte man unsachlich werden, auch dann nicht, wenn man auf Antworten beharrt. Ein Insistieren kann lächerlich wirken, und selbst eine gute Strategie muss nicht um jeden Preis durchgesetzt werden.

Provokative Interviews brauchen gute Vorbereitung und persönliche Qualitäten. Diese lassen sich schwer vermitteln. Die Fragende muss sachkundig sein, schlagfertig und erfahren. Kontroverse Interviews provozieren Taktiken des Ausweichens. Dazu hier einige bewährte Methoden, mit denen man solchen und anderen Taktiken des Befragten begegnen kann.

Unterbrechen? Unterbrechen!

Tiefergehende Interviews brauchen mehr Zeit als zwei bis drei Minuten. Müssen sie dennoch kurz sein, sollte der Fragende selbst damit beginnen: das Interview kurz einleiten, kurze Sätze planen, klare Fragen stellen, pointierte Aussagen formulieren, die auf die Fragen hinführen. Jede komplizierte Frage verleitet auch zur komplizierten Antwort. In Ausnahmefällen sollte man wegen dieser Kürze auch früher zu geschlossenen Fragen kommen.

Sind die Antworten zu lang oder schwer verständlich strukturiert, sollte man keine Bestätigung signalisieren, etwa durch Laute oder Worte, die oft nur unbewusst Zustimmung signalisieren. Das beliebte „hm" sollte man nur von sich geben, wenn die Bestätigung wirklich gewollt ist; es kann leicht missverstanden werden. Ist die Frage falsch verstanden worden, kommt der Interviewte vom Hundertsten ins Tausendste, und droht die Antwort unverständlich zu werden, muss man unterbrechen. Das will geübt sein und dazu gibt es mehrere Methoden. Am einfachsten ist es sicherlich, zur Kürze zu mahnen. Aber nicht immer genügt das. Manchmal helfen Einwürfe, um die weitere Antwort zu straffen. Solche Einwürfe können allerdings Unmut auslösen. Spricht die Partnerin einfach nur zu wenig strukturiert oder zu lang, kann man den voraussichtlichen Zielsatz seiner Antwort aussprechen, um abzukürzen:

Sie wollen damit sagen, dass …

In schwereren Fällen muss man den Rhythmus des Partners erfassen, um in die Atempausen zu sprechen. Auch ein direktes Ansprechen mit dem Namen wirkt Wunder. Die äußerste Möglichkeit der Unterbrechung bietet die Gestik.

Das Ende

Der Schluss entscheidet über die Qualität. Das Heikle sollte am Ende des Interviews stehen. Sollte die Gemeinsamkeit des Gesprächs an diesen heiklen Fragen scheitern, ist das Wesentliche schon im Kasten. Harmonie ist nichts für den Schluss von Interviews. In den letzten Minuten ist auch kein Raum mehr für offene Fragen. Hier braucht es oft Fragen, die treiben. Rhetorisch sinnvoller ist es, auch in Gesprächen das Ende zu pointieren, mit einer geschlossenen Frage, mit einem originellen Ausblick oder mit einem Witz. Längere oder komplexere Interviews können abschließend zusammengefasst werden.

Die abrundende Schlussbemerkung ist gar nicht so leicht. Schnell ist ein Fazit ausgesprochen, das aber nicht wirklich das Gespräch zusammenfasst. Irritierend ist es, wenn die Fragenden an die Verabschiedung Bemerkungen anschließen, die ihrerseits kontrovers sind. Die Nachkommentierung fordert erneute, den bisherigen Aussagen oft widersprechende Stellungnahmen heraus:

> *Ich hoffe, dass auch unser Gesprächspartner diese Dinge noch einmal überdenkt …*

Bitte kein Fass aufmachen, das eigentlich schon zu ist.

Geschnittene Interviews und Statements

Seid sparsam mit Nachfragen, denn die meisten Interviews werden geschnitten. Bei langen Formaten, wie zum Beispiel in Interview-Podcasts, sind mehr Nachhaker möglich. Sollen die Antworten als Statements geschnitten werden, sollte man nicht geschlossen fragen. Dann nämlich kann die Antwort mit Ja oder Nein beginnen, was dramaturgisch meist nicht günstig ist. Auch die Zurückweisung zu Beginn der Antwort gefährdet die Sendefähigkeit. Man sollte dann auch nicht verbal oder durch Zustimmungslaute kommentieren, das hat schon so manche Antwort unbrauchbar gemacht. Auch mit dem abschließenden Dank bitte eine Sekunde warten. Geschnittene Interviews bedeuten nicht, dass die Pausen herausgeschnitten werden sollten.

Viele Interviews werden zum Zweck von Statements aufgezeichnet. Oberstes Gebot auf beiden Seiten ist hier die Kürze. Weil der Interviewer weiß, dass die Antworten als Statements aus dem Zusammenhang in ein Produkt hineingeschnitten werden, verzichtet so mancher gleich auf die Frage. Hier manipuliert oft genug die Gegenseite, denn wer keine Frage hat, muss sich alles unterschieben lassen. Die Statements müssen sprachlich zum journalistischen Text passen. Man sollte daher so gezielt fragen, dass der Beginn des Statements thematisch und rhetorisch gut zum voraussichtlichen Kommentar passen wird. Schließlich, auch wenn die Antwort nur als Monolog im Beitrag erscheint: Das Statement sollte nicht direkt in die Kamera erfolgen.

QUALITÄT UND FEEDBACK

Sandra soll einen YouTube-Channel für 12- bis 14-Jährige hosten. Ihre Sprechtrainerin erkennt gleich, dass es hier darum geht, das Video besonders zu gestalten, weil ein normales In-die-Kamera-Sprechen dann doch schnell ermüdend wirkt. Deswegen soll Sandra einmal spielerisch versuchen, ihre Mimik und Gestik stark zu übertreiben. Für Sandra fühlt sich das erstmal sehr künstlich an. Ihre Trainerin zeigt ihr auf dem Probevideo das überraschende Ergebnis: Die übertriebene Gestik wirkt sehr lebendig und ansprechend. Sandra hätte nie gedacht, dass ihre Wirkung so positiv ist und ihre Ausstrahlung extrem gewonnen hat.

Dieses Sprechtraining regt an, etwas Neues auszuprobieren. Ein wirklich positives Beispiel für gelungenes Feedback. Oft werden nur Pauschalurteile verteilt wie „Du sprichst schlecht.", „Guter Beitrag – aber deine Spreche ...", „Deine Stimme passt nicht in unser Format." – das sind nur ineffektive Urteile. Wer das hört, fragt sich zuecht, was denn im Einzelnen nicht passt. Oft wird auch behauptet, jemand sei generell telegen/audiogen oder nicht. So ein Pauschalurteil beendet jede weitere Diskussion. Die kritisierten Autor*innen und Journalist*innen haben dann eigentlich keine Chance mehr zur Veränderung. Und nachfragen traut man sich dann meistens auch nicht.

Es ist der Gesamteindruck, der zählt. Woran sich die Qualität des Gesprochenen messen sollte, ist zuerst Verstehen oder Missverstehen. Dann erst sollten Einzelheiten wie Wortwahl, Aussprache und Stimme zum Thema werden. Überprüft einmal, wo und warum etwas nicht verstanden oder missverstanden wurde – oder wo man nicht gern oder nicht lange genug zugehört oder zugesehen hat. Meistens kommen keine klaren Antworten. Weil es immer um diese Gesamtwirkung geht, tut man in der Konferenz oder im Training gut daran, keine Urteile oder Zensuren einzuholen. Es geht um Kommunikation. Es geht nicht um Leistungen, die sich einfach mit richtig oder falsch bewerten lassen. Darum ist das Gespräch in der Redaktion der einzig sichere Weg zu höherer Qualität. In solchen Gesprächen muss Gelegenheit zu offenen Äußerungen über die Gesamtwirkung sein. Das sind konstruktive Feedbacks. Für das Feedback-Geben und das Feedback-Nehmen haben sich Regeln bewährt. Sie sorgen dafür, dass das Gespräch effektiv bleibt, dass es nicht ausufert und nicht zu lange dauert.

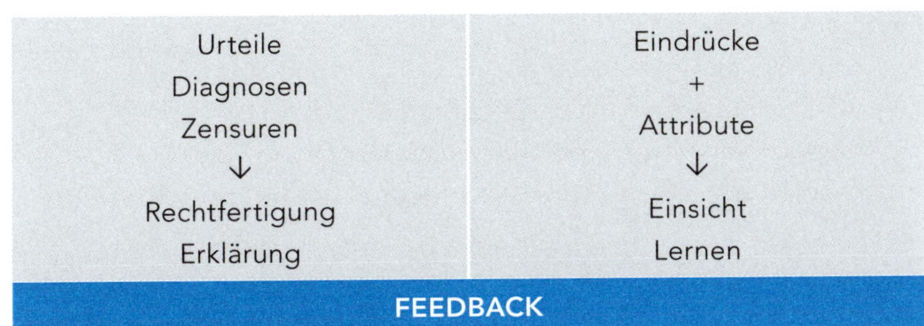

Abb. 37: Richtig Feedback geben

Feedback-Regeln
Hilfreich Feedback geben:

- Erst die Gesamtwirkung beschreiben, dann Einzelheiten mitteilen.
- Lediglich persönliche Eindrücke (positiv, negativ) über die Sprechwirkung äußern.
- Es muss für alle Beteiligten klar sein, dass die Feedbacks nicht die Person bewerten.
- Nicht von Problemen des Sprechens auf die Person als Ganze generalisieren.
- Keinesfalls darf Feedback Analysen mitliefern, auch keine Vermutungen! Nur in Ich-Botschaften sprechen und die unmittelbare Wirkung benennen – keine Vermutungen, keine Interpretationen!
- Positive Formulierungsbeispiele für hilfreiche Ich-Botschaften wählen:
  - „Ich habe gehört, dass du dich oft geräuspert hast ..."
  - „Ich habe dich so erlebt, dass du mir persönlich zu leise warst ..."
  - „Deine Stimme nehme ich grundsätzlich in einer warmen Mittellage wahr, das ist angenehm zum Zuhören. Manchmal, besonders am Ende von Sinnabschnitten, zieht sie nach oben und wird in meinen Ohren etwas schrill. Dann bin ich unangenehm irritiert, auch vom Inhalt abgelenkt ..."
  - „Deine Darstellung empfand ich als sehr lebendig und immer mit dem synchron, was du an Inhalten transportiert hast. Nur manchmal hätte ich aufgrund der Fülle der Informationen mehr Pausen gebraucht ..."
  - „Ich fühlte mich unmittelbar angesprochen ..."
- Feedback enthält keine Diagnosen

Feedback nehmen:

- Keine Erklärungen anbringen, nur zuhören und aufnehmen.
- Vor allem aber keine Rechtfertigungen äußern.
- Bei Nichtverstehen unbedingt nachfragen!
- Feedbacks nicht als „Kritik" und „Retourkutsche" zurückgeben.

Feedback ist grundsätzlich wichtig, um sich weiterzuentwickeln. Auch wenn es manchmal schwerfällt, Kritik anzunehmen. Professionell präsentieren zu lernen, setzt eine Atmosphäre voraus, die Rückmeldungen über die Zuhörwirkung überhaupt erst möglich macht. Die Feedbacks sollten stets näher begründet und erläutert werden. Feedbacks setzen Aufgeschlossenheit für Wachstum und Weiterentwicklung voraus. Auch Peer-Feedback kann den Blickwinkel auf kreative Weise erweitern. In einer agilen Gruppe kann man kritische Punkte offen besprechen, vorausgesetzt der Umgang ist wertschätzend und das gemeinsame Ziel ist, besser zu werden.

Feedbacks können sein: „Ich kam nicht mit, es kam mir so schnell vor", „ich war verwirrt, es kam mir ungegliedert vor" oder auch „Sie haben so „gesungen", mich hat das irritiert" oder „ich habe ein sehr langsames, gleichbleibendes Tempo wahrgenommen. Das war zu monoton, hat mich nicht mitgerissen" oder auch „es war spannend, ich wollte mehr hören", „ich fühlte mich zum Mitdenken angeregt", „ich würde mich gern noch weiter mit dir unterhalten".

Solche Feedbacks lassen sich gut mit folgenden Attributen formulieren, die Wirkungen und Eindrücke charakterisieren:

- locker/angestrengt
- lebhaft/monoton
- sachlich/werbend
- wichtig/dramatisch
- ironisch/aufdringlich
- distanziert/aufgeregt

Dafür brauchen wir Kriterien, sie helfen, Eindrücke näher zu beschreiben. Dabei können wir einzelne Sinne ausschalten und uns besser fokussieren:

- Optisch (Ohren zuhalten): Was sehe ich? Zum Beispiel: Ruhige aufrechte Haltung oder nervöses Fußwippen? Wenig oder viel Mimik und Gestik? „Ich habe keinen Blick bekommen und mich deswegen nicht angesprochen gefühlt."
- Akustisch (Augen schließen): Was höre ich? Zum Beispiel: „Deine Stimme habe ich als angespannt wahrgenommen, mehr im Hals und kehlig und nicht wirklich frei und locker."

Um angemessen Feedbacks geben zu können, braucht es viel Übung, vor allem im Beobachten und Zuhören. Auch muss man die Standards und Kriterien gut kennen und einordnen können. Bewährt hat sich ein **Feedback in drei Schritten**:

1. Beobachtung benennen („Ich habe dich als sehr schnell erlebt.")
2. Wirkung beschreiben – die eigene Wahrnehmung verbalisieren („Das hat auf mich sehr gehetzt gewirkt.")
3. Evtl. Wunsch nach Verbesserung formulieren („Ich würde mir wünschen, dass du ein paar mehr Pausen machst, damit ich besser mitkomme.")

Praxis Essentials:

- ☐ Lass dich durch ein schlecht gegebenes Feedback bloß nicht verunsichern! Nur hilfreiche, konstruktive Feedbacks sind gute Feedbacks!
- ☐ Wenn du selbst Feedback gibst, fokussiere dich auf ein bis zwei Beobachtungen und melde diese in kurzen, klaren und prägnanten Aussagen zurück, denn weniger ist mehr.
- ☐ Bist du unsicher bei gemachten Beobachtungen, behalte sie für dich!
- ☐ Evtl. lassen sich Feedbacks zeitlich streng beschränken (30 Sekunden) – das schafft Klarheit und verhindert ausufernde Statements.
- ☐ Nimm nicht nur negatives Feedback an, sondern notiere auch positive Rückmeldungen und speichere sie ab!

WEGE ZUM TRAINING

Ob Influencerin bei Insta, Host eines YouTube-Kanals, Performer*in einer Videokonferenz oder Moderator einer TV-Show: Für jede und jeden, die/der Sprechen zum Beruf oder zur Berufung macht, sollte das Trainieren von Atem, Stimme und Artikulation oberste Priorität haben. Für Journalist*innen sind Leselehre und Schreiben fürs Hören unerlässlich, das Letztere besonders für Redakteur*innen aus den Printmedien.

Wer in audiovisuellen Medien sprechen will, sollte sich von spezialisierten Sprecherzieher*innen trainieren lassen, die selbst aktiv im Mediengeschehen als Moderator*innen oder Sprecher*innen tätig sind. Gute Sprechtrainings oder Medienrhetoriktrainings sind daran zu erkennen, dass sie von den Inhalten ausgehen.

Im Einzelfall könnten eine funktionell eingeschränkte Stimme, Sprechfehler oder sogar psychische Blockaden vorhanden sein – was ein*e Phoniater*in (ein*e Stimmfachärzt*in) diagnostizieren kann. In diesem Fall sollte man eine*n Therapeut*in/Logopäd*in aufsuchen, in Ergänzung zum Sprechtraining.

Die Trainer*innen sollten entweder einen Hochschulabschluss in Sprechwissenschaft/Sprecherziehung haben oder geprüfte Sprecherzieher*innen sein (siehe Deutsche Gesellschaft für Sprechwissenschaft und Sprecherziehung DGSS e.V.). Nicht immer hilfreich ist ein Stimmcoach, der (nur) Schauspieler, Moderator oder Profisprecher ist. Umgekehrt sollte die Wahl auch nicht auf eine ausgebildete Sprecherzieherin fallen, die die Studiosituation nicht ausreichend kennt. Dass jemand gut sprechen kann, garantiert längst nicht, dass ihre Schüler*innen das später auch können.

Wer angemessen sprechen lernen will, muss Licht auf seine blinden Flecke bringen. Lernt Feedbacks zu geben und anzunehmen, weil nur diese den Lernprozess öffnen und offenhalten. Deswegen raten wir zu Trainings, die zunächst gesprächsweise Feedbackfähigkeit entwickeln – für Interviewtrainings gilt dies ohnehin. Aus diesem Grund ist der günstigste Beginn, um seine Stimme auszubilden, ein Seminar über Sprechen und Moderieren oder Schreiben fürs Hören.

Wünsche für die Aus- und Fortbildung in Medienrhetorik:

- Wichtig sind Trainings, die über die Ausbildung bloßer Fertigkeiten hinausblicken. Auch Learning by Doing ist nur sinnvoll, wenn das Doing wirklich ein Learning ist, d. h. Methode hat.
- Sinnvoll sind Sendungsanalysen innerhalb von Redaktionen. Dazu

müssen die Leitenden mit einbezogen, teils selbst trainiert werden, denn deren Feedbackfähigkeit ist Voraussetzung für sinnvolles Lernen in der Redaktion. Das Training sollte speziell auf die Redaktionen zugeschnitten sein.

- Wichtig sind aufeinander aufbauende Fortbildungstrainings, die auch kontinuierlich weitergeführt werden.
- Für exponierte Moderator*innen kann ein mehrtägiges Einzelcoaching sinnvoll sein.
- Praktiker*innen (Reporter*innen, Moderator*innen ...) und Sprecherzieher*innen können ergänzend trainieren.
- Ein Eignungstest für Redakteur*innen, die sprechen wollen und sollen – nach den o. g. Kriterien.

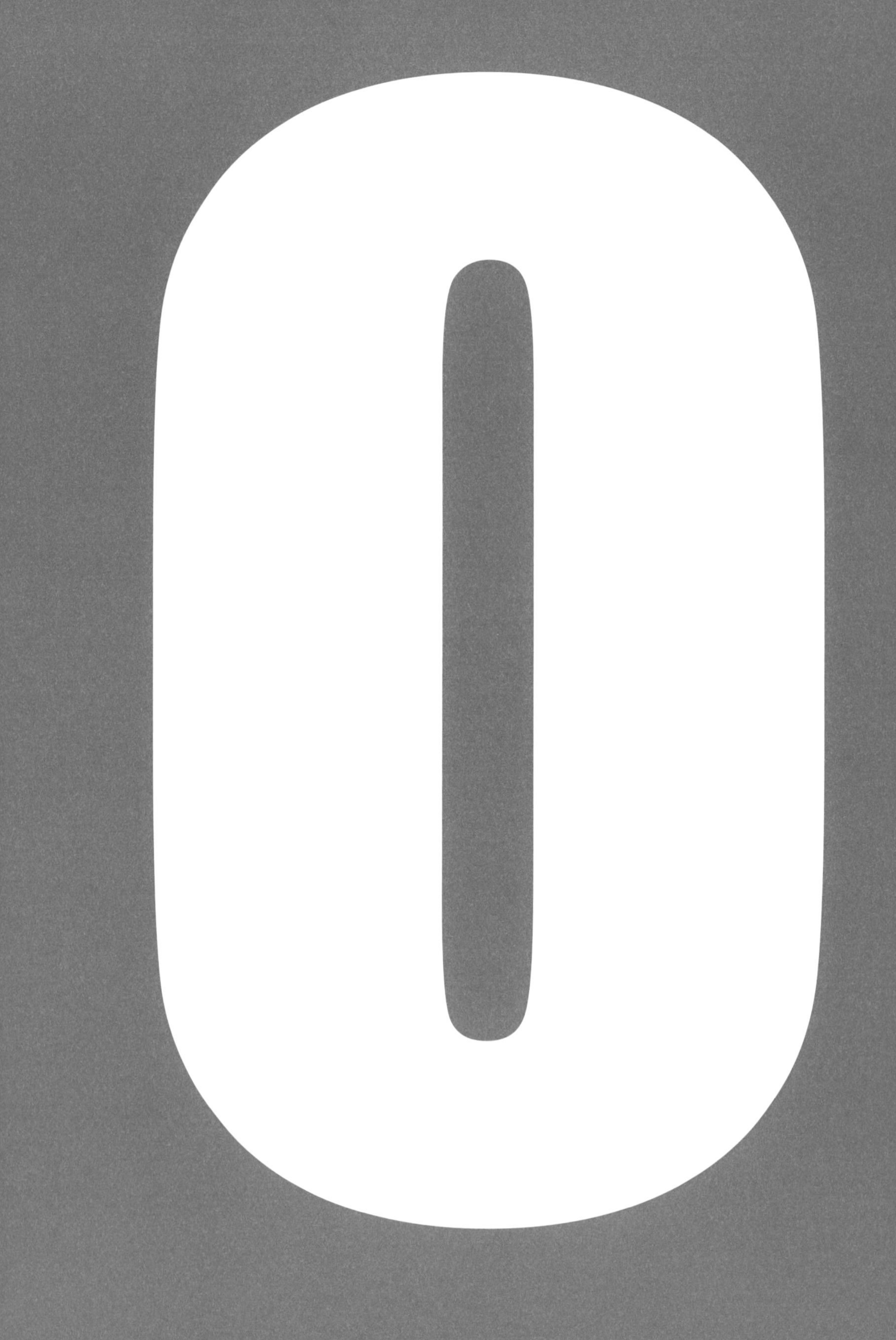

CASTING-VORBEREITUNG

Gina hat sich für ein Casting angemeldet, in dem ein Host für einen neuen Politik-Podcast gesucht wird. Ihr wurde immer wieder rückgemeldet, wie positiv und sympathisch sie auf andere wirke – durch ihre angenehme Stimme, ihre klare Artikulation, ihren souveränen Auftritt. Als es beim Casting aber zunächst darum geht, sich fünf Minuten lang selbst vorzustellen und ihre Motivation für die neue Moderationsaufgabe frei zu formulieren, scheitert Gina. Sie gerät ins Stocken, kann sich nicht treffend beschreiben und hat spontan auch keine guten Ideen.

Inszeniere deinen ersten Eindruck. Die Kunst des guten Auftritts schaffen wir mit dem richtigen Plan und mit viel Übung. Eine persönliche Vorstellung sollten wir immer abrufbereit im Kopf haben, aber sie sollte spontan wirken. Am besten mit einer kreativen Grundidee, die aber gut trainiert sein will. Sehr häufig wird die eigene Vorstellung als Einstieg ins Casting genutzt. Diese Chance sollten wir nutzen. Und auf alles gefasst sein. Spontan zu lösende Aufgaben sind auch beliebt, um die Coolness der Bewerber*innen auf die Probe zu stellen.

Wer sich auf ein Casting vorbereitet, sollte nicht nur wissen, welche Art von Format produziert werden soll, sondern auch nach dem Konzept und der Zielgruppe fragen. Lass dir erklären, welche Art von Moderation oder Gesprächsleitung gewünscht ist. Wird man für ein bereits vorhandenes Format gecastet, empfiehlt es sich natürlich, dieses Format und seine einzelnen Teile sehr gut zu kennen. Auch den Auftraggeber und seine gesamte Ausrichtung sollte man gründlich recherchieren. In Gesprächen mit der Jury kann das mit entscheidend sein.

Sich zu verstellen, ist keine gute Strategie. Nur, wer authentisch scheint, kann überzeugen. Pur authentisch zu sein, genügt oft nicht, einen Plan, was du redest, musst du schon haben (vgl. Wachtel 2018). Das Beste ist ein einfacher, mündlicher Stil. Optimal ist es, wenn wir in keine Schublade passen und zu unserem Casting-Auftritt etwas hinzugeben, das das Stereotyp bricht. Es kann ein Detail der Kleidung sein, eine besondere Bewegung, eine besondere kleine Geschichte, die unsere Motivation erklärt. Wichtig ist, dass es anders ist. Es stört den Prozess, der geradewegs in die Schublade führt, und macht uns in den Augen der Jury zu etwas Besonderem.

Wähle dein Äußeres bewusst aus, passe es auf attraktive Art an. Das ist bei Kamera-Castings notwendig. Kleidung ist keine Privatangelegenheit, darum Kleidungsstücke und Make-up möglichst an dem Format ausrichten, für das gecastet wird. Wir sollten uns in unserem Outfit grundsätzlich wohl fühlen, denn nur dann können wir auch körperlich entspannt auftreten. Manchmal ist eben doch der Griff zur (gepflegten) Lederjacke, die meinen Typ unterstreicht, passender als die Wahl eines Blazers – selbst für ein seriöses Format –, wenn ich mich in einem Blazer grundsätzlich unwohl fühle. Den authentischsten Schein schaffen manchmal Kleidungsstücke, die gerade nicht inszeniert aussehen.

Ein gefloppte Casting ist kein Beinbruch. Durch die Erfahrung, die du in einem Studio und unter Leistungsdruck gewonnen hast, und durch das Feedback der Verantwortlichen kannst du beim nächsten Auswahlverfahren noch bewusster und überzeugender auftreten.

Castings ausrichten

„Casting" heißt wörtlich „Wurf". Das bezeichnet die Not, sehr knappe und schnelle Entscheidungen treffen zu müssen. Wer Castings ausrichtet, benötigt dazu klare Ziele, denn ohne Konzept gerät das Casting schnell zur beliebigen Vorführung. Ziele setzen Kriterien voraus. Neben den Kriterien für Hören und Verstehen, die für Produkte gelten, brauchst du als Casting-Ausrichter Kriterien für die Beurteilung.

Suche Personen aus, die frei reden können. Diese sollten auch mit den Regeln der Aussprache fremdsprachiger Namen vertraut sein oder wenigstens wissen, wo sie Entsprechendes nachschlagen können. Wer Castings ausrichtet, muss zudem einige verschiedene, vor allem geeignete Texte parat haben. Es lohnt sich, die Texte sorgfältig auszuwählen – und gegebenenfalls die Bewerber*innen auch eigene Texte mitbringen oder vor Ort erstellen lassen. Außerdem sind spontane Aufgaben ein sehr gutes Mittel, die Stärken und Schwächen von Bewerber*innen einzuordnen.

Casting-Bewerbung

Inszeniere das, wofür du stehst. Alles hängt davon ab, was du von dir zeigen willst. Es ist gut, wenn du immer auch eigene Texte zur Hand hast. Wenig sinnvoll ist es, artfremde Texte zu verwenden, etwa von Theateraufführungen oder Poetry-Slam-Auftritten, wenn aber eine Bewerbung für eine Magazinmoderation ansteht. Wer sich für ein Casting selbst Texte schreiben will, sollte fürs Hören schreiben können.

Günstig sind Mitschnitte von bereits Produziertem (Showreels), um sie, wenn danach gefragt wird, einsenden zu können. Eine durch eingesandte Videos getroffene Vorauswahl kann aber schon das Aus bedeuten. Deshalb sende nur Demomaterial ein, das aktuell ist, das von einem Profi eingeordnet worden ist und hinter dem du stehen kannst.

Praxis Essentials:

- ☐ Du bist jemand, der jemanden spielt, der einen Auftritt hat.
- ☐ Arbeite am authentischen Eindruck. Erarbeite dir eine Haltung, die authentisch und professionell zugleich ist.
- ☐ Lass dir alle Aufgaben konkret nennen und begründen.
- ☐ Lass dir konkrete Kriterien für zu erfüllende Aufgaben sagen, Angaben wie „locker" oder „ansprechend" sind zu schwammig.
- ☐ Erfrage die genauen Gründe für eventuelle Absagen, erbitte Feedback.
- ☐ Stehe zu deiner Persönlichkeit, lerne im Vorfeld deine Stärken und Schwächen genau kennen, sei aber im eigentlichen Sinne nicht „du selbst", trainiere deine Professionalität.
- ☐ Wage gern auch Neues, Eigenes.
- ☐ Trainiere alle zu erwartenden Situationen vorher.

Niemals kann bei Castings ernstlich verlangt werden, perfekte Kandidat*innen zu erwarten. Wer sich bewirbt, darf sich daher nicht abschrecken lassen, sondern muss auch argumentativ klar machen, dass sie*er noch lernen muss und dazu auch bereit ist. Deswegen ist es ratsam, die Ausrichtenden zu ermutigen, zu erzählen, was ihnen nicht behagt und was im Einzelnen noch zu erlernen wäre. Schon im Vorfeld sollten die Wünsche der Redaktion detailliert erfragt werden. Dann lässt sich jede Casting-Situation mit Methode üben.

Demoaufnahmen

Demos sollten vor allem kurz sein. Eine prägnante Selbstvorstellung („About Me"), frei gesprochen, mit Namen, kurzer Vita und Motivation kommt sicher gut an.

Manche Medienhäuser geben Textsammlungen aus, die von den Bewerber*innen gesprochen werden sollen. Die meisten können oder wollen keine konkreten Vorgaben machen – deswegen einige Vorschläge:

- Selbst gesprochene Nachrichtenmeldungen (3–4),
- eigene Beiträge (höchstens 2),
- ein Interview oder Kolleg*innengespräch,
- evtl. weitere Genres (Kommentar, Glosse usw.) sowie
- einen „bunten" Text redaktioneller oder literarischer Art. Vorsicht ist allerdings bei gesprochener Literatur geboten, weil dies eine eigene Kunst ist. Oft haben die Auftraggeber kein Interesse daran, weil sie ohnehin keine Literatur produzieren.
- Bei Sprecher*innen: Demos für Hörspiel, Synchron, E-Learning oder Werbung. Es empfiehlt sich dort vorab anzurufen und zu fragen, was genau gewünscht ist.
- Bei künstlerischen Sprecher*innen, die sich im Radio oder Fernsehen bewerben, empfiehlt sich eine Aufteilung in Genres wie „Moderation", „Voice-over", „Gedicht", „Nachrichten", „sachlicher Text", „Feature", „Werbetrailer" und „Synchron".

Bevor Demos erstellt werden, sind Training und Beratung unabdingbar.

LAMPENFIEBER

Stevens große Stunde, sein Auftritt vor Publikum, ist gekommen. Gleich präsentiert er seine Abschlussarbeit an der Filmhochschule, eine Doku, live in einem Kinosaal. Seine Hände schwitzen, er ist den ganzen Tag schon angespannt. Schon als Steven einleitende Worte sprechen will, hat er einen totalen Blackout, er bekommt erst einmal kein Wort heraus. Dann schafft er es endlich, wenigstens ein paar einleitende Worte herauszupressen, aber er fühlt sich furchtbar schlecht dabei.

So wie Steven geht es vielen: Er ist in einer Lampenfiebersituation, die ihn ganz blockiert. Er ist so richtig aus der Spur. Steven ist zwar inhaltlich gut vorbereitet, dennoch hat er das Gefühl, dass ihm praktisch alles entgleitet und er nicht mehr Herr der Lage ist. Vermutlich ist die Situation subjektiv gesehen aber viel schlimmer, als sie von außen von der Zuhörerschaft wahrgenommen wird. Wir können aber davon ausgehen, dass diese negative Erfahrung Steven auch in folgenden ähnlichen Situationen weiter schwächen wird. Also ganz klar: Steven braucht ein Lampenfieber-Coaching.

Dabei ist Lampenfieber eigentlich etwas ganz Normales und Positives: Körper und Psyche stimmen sich auf die bevorstehende Livesituation ein, Adrenalin schießt ein, der Mensch wird wacher, präsenter, durchlässiger. Für Moderierende, die im Alltag eher unterspannt, also ziemlich gemütlich und eher etwas müde unterwegs sind, ist das ein klarer Vorteil. Das Mehr an Spannung hilft und unterstützt sie dabei, noch besser im Moment, im Hier und Jetzt zu sein. Aber Menschen, die vom Typ her grundsätzlich sowieso schon sehr wach sind, eher angespannt, vielleicht sogar ängstlich oder schüchtern sind, erleben einen Auftritt ganz anders. Sie fühlen sich unwohl, unsicher, nicht stabil genug, um die Situation zu meistern. Sie müssen also lernen, mit ihrer Auftrittsangst umzugehen und die Energieblockaden wieder in den Fluss zu bringen. Gerade, wenn wir Lampenfieber dauerhaft als etwas Negatives, als starke Anspannung empfinden, hilft ein Übungsprogramm, mit dem wir unsere Vitalität im Liveauftritt wieder als etwas Positives erleben dürfen. Denn eine gute Portion Adrenalin gehört zu einer Performance genauso dazu wie die Freude am Vermitteln und ein stabiles Selbstvertrauen.

LAMPENFIEBER	
Negativ	Positiv
Druck Traumatisierung persönliche Muster Ego (Angst) Anspannung	gute Portion Adrenalin Kritikfähigkeit wachsen wollen Transformation Vertrauen Entspannung Mut

Abb. 38: Lampenfieber negativ / positiv

Negative innere Überzeugungen und (Selbst-)Konditionierungen, die uns am Wachsen hindern, sollten wir hinterfragen. Folgende Fragen können dabei helfen:

- Wie denke ich über mich?
- Welche negativen Gedanken leiten mich?
- Wo blockiere ich mich selbst, wo stehe ich mir noch im Weg?
- Wo erlaube ich mir kein Wachstum, keine Transformation und warum?

In weiteren Schritten geht es darum, diese negativen Selbstüberzeugungen anzunehmen, sie zu lösen und in positive Energie umzuwandeln. Wir können neue ganz eigene positive und bestärkende Sätze (Affirmationen) finden, die uns von nun an vor und in Livesituationen helfen und eine ganz besondere Kraft entfalten. Die Ursache für tiefer sitzende Angst und Anspannung liegt oft auch in der Kindheit oder Schulzeit. Schlechte Erfahrungen, die am Selbstwertgefühl genagt haben, spielen hier eine wichtige Rolle. Dann geht es darum, sich diese bewusst zu machen, eventuell auch mithilfe einer entsprechenden Psychotherapie anzuschauen, anzuerkennen und umzuwandeln. Es ist ja Energie vorhanden, sie muss nur anders genutzt werden! Empfehlenswert ist zum Beispiel die sogenannte „Klopftherapie", weil sie gut anwendbar und auch kurz vor Livesituationen praktisch umsetzbar ist. Ein wichtiger Schritt in diesem Prozess ist das Annehmen der Angst mit entsprechenden praktischen Übungen. Das hat zur Folge, dass wir uns in den jeweiligen Sprechsituationen von Mal zu Mal sicherer fühlen können. Auch eine gute stimmliche Vorbereitung hilft, sich zu stabilisieren. Mit Atem- und Stimmübungen, die erden, d. h. ein sicheres Grundgefühl schaffen. Bei Lampenfieber und Aufregung hat der Körper Fluchtgedanken: Das Wegwollen führt zu schnellerem und häufigerem Einatmen. Wir manövrieren uns dadurch in eine Hochatmung, die einen gut geerdeten und resonanzreichen Stimm- und Sprechfluss behindert. Wir blockieren damit Energie. Die Stimme wird dünner, zittert, bricht ab, wird kehlig, zu hoch. Auch eine belegte Stimme, der berühmte Kloß im Hals, körperliche Muskelanspannung, Schweißausbrüche, feuchte Hände, Übelkeit oder Zittern sind Symptome und Zeichen von Angst und Anspannung.

In der Praxis haben sich beruhigende Stimm- und Körperübungen bewährt, aber auch besondere Techniken, die extreme Anspannung und Panik abbauen können. In diesem Fall können wir diese Überdosis Adrenalin zum Beispiel durch aktives, kräftiges Laufen auf der Stelle oder durch Treppensteigen in den Griff bekommen. Das Herzklopfen oder Herzrasen bekommt plötzlich einen Sinn, weil sich der Körper im Moment sozusagen mit der Höhe des Adrenalins synchronisiert und auf seine Ebene begibt. Diese Übung funktioniert natürlich nur, wenn man danach nicht direkt ans Mikro muss! Sollte das aber der Fall sein, ist eine gute Alternative, die Arme mindestens eine halbe Minute unter kaltes fließendes Wasser zu halten. Das kann die Überdosis Adrenalin auf wundersame Weise herunterdimmen. Dazu bieten sich Übungen an, die von den störenden Emotionen ablenken und beruhigende Areale im Gehirn aktivieren.

Werft Eure Päckchen ab!

Jede*r von uns hat ein Päckchen zu tragen. Wir nehmen es überall mit hin. Ängste, Verletzungen, schreckliche Erfahrungen mit Blackouts, die leidigen Vergleiche, nach denen dieser oder jene es besser machen würde. Wir fühlen uns beobachtet von den Eltern und von weiß Gott wem. Genau dieses Päckchen macht uns im Moment des Auftritts (zu) authentisch und oft erfolglos, auf jeden Fall schutzlos. Also: Werft vorher alles ab, wenn ihr einen wichtigen Auftritt habt (vgl. Wachtel 2018)!

Übungen gegen die Anspannung

So könnt ihr körperlich entspannen:

- Beine ausschütteln, hüpfen, springen, dabei bewusst ausatmen

- herzhaft seufzen, stöhnen, gähnen
- aus Übungen der Progressiven Muskelentspannung schöpfen, zum Beispiel: Fäuste ballen, Unterarme an den Körper ziehen, Muskelspannung extrem steigern und wieder loslassen, Entspannung genießen, nachspüren
- Arme und Beine ausstreichen (innen und außen) und die „Anspannungsenergie" aus den Händen herzhaft in den Boden schleudern
- Gesicht ausstreichen, Kiefer lockern (massieren und ausstreichen)
- Zunge strecken, gähnen, Rachenraum weiten, einer „heißen Kartoffel" oder einem Schirmchen Platz machen, der Ateminnenraum wird weit und bewusst, pflanzt sich gefühlsmäßig fort: Gefühl der Weite bis zum Bauch spüren
- Brustbein klopfen, Akupunkturpunkte klopfen
- die linke Gehirnhälfte zu aktivieren, wirkt beruhigend (auf dem rechten Bein stehen, rechten Ringfinger strecken) – mit Seitenwechsel (Verknüpfung beider Gehirnhälften)

So könnt ihr stimmlich präsenter sein:

- sich durch Lippenflattern (mit und ohne Stimme) lockern
- sich mit sich selbst „connecten": Ohren schließen und nach innen summen, ein Ohr öffnen und nach außen summen
- eine einfache Melodie summen oder singen (zum Beispiel: „Summ, summ, summ, Bienchen, summ herum", „Simsalabim Bamba Saladu Saladim")
- Stimmübungen, die über resonanzreiches „m" ein inneres Gleichgewicht schaffen: zum Beispiel die Übungssätze zur Verbesserung der Resonanz (s. auch Kapitel H7 Stimme und Stimmtraining)
- die Hände wie eine Muschel zusammenlegen und hinein tönen, mit kleinerem und größerem Abstand zum Mund experimentieren
- ein „Klapphandy" sehr nahe am Mund mit den Händen bilden (der Mittelfinger schließt dabei ein Ohr) und in eine Hand hineinsprechen und -tönen
- auf Silben „Mnjam, mnjom, mnjum" richtig summen und kauen
- während der Aufnahme immer wieder ans Ausatmen denken, Luft herauslassen/auf „fff" ausatmen

Wenn es richtig brennt – zur Stärkung der Psyche und zur Selbstberuhigung

Klopft euch frei von inneren Miesmachern. Oft demontieren wir uns in Anspannungs- und Leistungssituationen selbst mit alten Glaubenssätzen wie „Ich werde bestimmt wieder versagen ...", „Ich kann das eh nicht so gut wie andere ...", „Alle merken, dass ich es nicht kann ...", „Ich bin nicht gut genug ..." etc.

Wichtig ist, dass wir diese persönlichen Miesmacher genau formulieren und aufschreiben: Wo stehe ich gerade emotional, gedanklich, intuitiv?

Mithilfe von Klopftechniken können wir Abhilfe schaffen und diese negativen Kernüberzeugungen entsorgen: Mit dem rechten Zeigefinger auf den linken Handrücken klopfen und laut sprechen: „Ich nehme mich so an wie ich bin, auch mit meiner Angst ..." (hier z. B. ergänzen: „... nicht gut genug zu sein, zu versagen, andere zu enttäuschen usw."). Oder: „Obwohl ich Angst habe, ausgelacht zu werden, liebe und akzeptiere ich mich so wie ich bin."

In einem zweiten Schritt mit der rechten Hand übers Herz streichen, tief durchatmen, denselben Satz wie oben sagen und in der Tiefe wirken lassen.

- Mentale Botschaft: Flache Hand aufs Herz legen und zu sich selbst sprechen: „Ich möchte gut und freundlich zu mir sein."
- Positive Kernüberzeugungen formulieren.
- Vor Sendung oder Performance positive Ziele visualisieren und aufschreiben: Wie möchte ich mich erleben? Wie möchte ich sein? Wie möchte ich gern reagieren, wenn etwas schief geht?

Praxis Essentials:

- ☐ Mache dir positiv bewusst: Lampenfieber bringt im Moment der Performance deine eigene Kritikfähigkeit zum Ausdruck. Du erkennst damit auch die Kritikfähigkeit der anderen an. Wir öffnen uns in diesem besonderen Moment mit allem, was wir sein wollen, und erkennen an, dass wir wachsen wollen.
- ☐ Eine gute inhaltliche Vorbereitung gibt dir immer Sicherheit. Nur wenn deine Inhalte gut strukturiert sind, du einen guten Plan für deinen Liveauftritt hast, wird er auch gelingen. Dafür gibt es auch keine Ausreden („Ich hatte leider keine Zeit, das jetzt vorzubereiten …").
- ☐ Vor einem Liveauftritt: Nimm dir Zeit für dich! Und wenn es nur wenige Minuten sind!
- ☐ Übe immer wieder in einer entspannten Atmosphäre zu Hause, damit sich die Übungen in deinem Körper und Geist abspeichern und für die Livesituation abrufbar sind.
- ☐ Versuche vor allem deinen ersten Auftritt und besonders den Anfang deiner Performance ganz bewusst vorzubereiten, plane alles genau. Erst später kannst du freier werden!
- ☐ Bleibe zuversichtlich: Vertraue auf deine Fähigkeiten und dein Können. Versuche im Moment und bei deinen Inhalten zu sein.
- ☐ Passieren dir Fehler: Analysiere sie später, nicht während deines Auftritts! Versuche sie zu vergessen und geh weiter deinen Weg.
- ☐ Benutze selbstberuhigende Gesten:
  - ☐ Stütze die Hände in die Hüften (stehe wie ein Cowboy breit und stabil).
  - ☐ Streiche im Sitzen mit den Händen die Oberschenkel aus.
  - ☐ Aktiviere andere Bereiche außerhalb der Stresszentrale im Gehirn:
  - ☐ Halte die Arme über Kreuz, verschränke die Hände und ziehe sie über die Mitte nach vorn, lege die Fingerspitzen wie eine Raute aneinander, schließe die Augen und balanciere dich innerlich aus, zähle von 7 rückwärts.

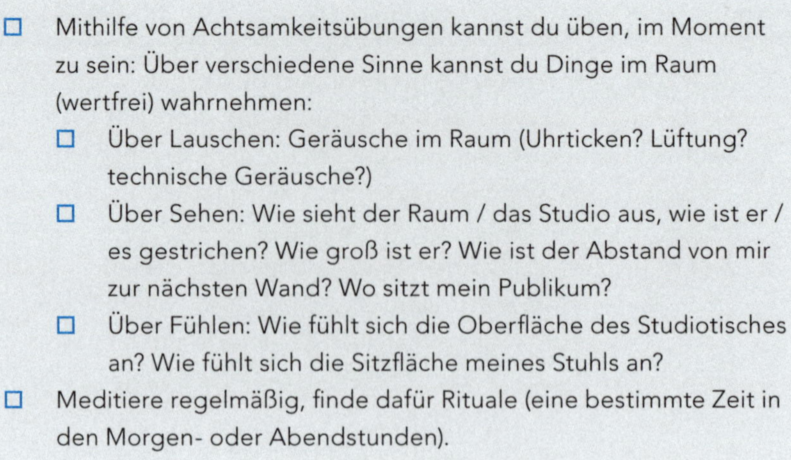

- ☐ Mithilfe von Achtsamkeitsübungen kannst du üben, im Moment zu sein: Über verschiedene Sinne kannst du Dinge im Raum (wertfrei) wahrnehmen:
  - ☐ Über Lauschen: Geräusche im Raum (Uhrticken? Lüftung? technische Geräusche?)
  - ☐ Über Sehen: Wie sieht der Raum / das Studio aus, wie ist er / es gestrichen? Wie groß ist er? Wie ist der Abstand von mir zur nächsten Wand? Wo sitzt mein Publikum?
  - ☐ Über Fühlen: Wie fühlt sich die Oberfläche des Studiotisches an? Wie fühlt sich die Sitzfläche meines Stuhls an?
- ☐ Meditiere regelmäßig, finde dafür Rituale (eine bestimmte Zeit in den Morgen- oder Abendstunden).

Mit all diesen Impulsen können wir unserer Performance, Sendung oder einem öffentlichen Auftritt positiv entgegenfiebern und unsere Auftrittsfreude und Schöpferkraft steigern. Üben lohnt sich!

ANHANG

X1 **272** Literatur

X2 **279** Index

X3 **283** Bildnachweise

X1 LITERATUR

- Amberger-Thiel, Sabine: *Berufsfeld TV-Moderation*. Regensburg, Düsseldorf 2001
- Arnold, Bernd-Peter: *ABC des Hörfunks*. 2. Aufl. Konstanz 1999
- Bartel, Elmar: *Einfach besser sprechen: So gelingt ein starker Auftritt*. Mainz 2017
- Bernhard, Barbara Maria: *Sprechtraining. Professionell sprechen – auf der Bühne und am Mikrofon*. Wien 2002
- Blaes, Ruth; Heussen, Alexander (Hrsg.): *ABC des Fernsehens*. Konstanz 1997
- Blaes, Ruth: Frei formulieren. In: La Roche, Walther von; Buchholz, Axel (Hrsg.): *Radio-Journalismus*. 8. Aufl. Berlin 2004, S. 50–53
- Broukal, Josef; Veit, Hannelore: Moderieren im Fernsehen. In: Pürer, Heinz (Hrsg.): *Praktischer Journalismus in Zeitung, Radio und Fernsehen*. 5. Aufl. Konstanz 1996, S. 44–49
- Burger, Harald: *Gespräche in den Massenmedien*. Heidelberg, New York 1992
- Burger, Harald: *Mediensprache*. Berlin, New York 2004
- Coblenzer, Horst; Muhar, Franz: *Atem und Stimme. Anleitung zum guten Sprechen*. 20. Aufl. Wien 2006
- Duden, Bd. 6: *Das Aussprachewörterbuch*. 7. Aufl. Mannheim 2015
- Fiukowski, Heinz: Zur Präsentation von Nachrichten im Hörfunk. In: Eva-Maria Krech; Eberhard Stock (Hrsg.): *Sprechwissenschaft – zu Geschichte und Gegenwart*. Frankfurt/M. 1999, S. 145–156
- Fiukowski, Heinz: *Sprecherzieherisches Elementarbuch*. 8. Aufl. Tübingen 2010
- Friedrichs, Jürgen; Schwinges, Ulrich: *Das journalistische Interview*. 2. Aufl. Opladen, Wiesbaden 2005
- Fritzsche, Silke: *TV-Moderation*. Konstanz 2009
- Geißner, Hellmut: *Sprecherziehung. Didaktik und Methodik der mündlichen Kommunikation*. 2. Aufl. Frankfurt/M. 1986
- Geißner, Hellmut: *Mündlich: Schriftlich. Analysen freigesprochener und vorgelesener Berichte*. Frankfurt/M. 1988

- Geißner, Hellmut: *Sprechwissenschaft. Theorie der mündlichen Kommunikation*. 2. Aufl. Frankfurt/M. 1988
- Geißner, Hellmut: *Vor Lautsprecher und Mattscheibe*. St. Ingbert 1991
- Geißner, Hellmut: Moderate Rhetoren. Typen des Moderierens. In: Pawlowski, Klaus (Hrsg.): *Sprechen, Hören, Sehen*. München, Basel 1993, S. 55–63
- Geißner, Hellmut: *Kommunikationspädagogik*. St. Ingbert 2000
- Glaser, Volkmar: *Eutonie. Das Verhaltensmuster des menschlichen Wohlbefindens*. Heidelberg 1980
- Grissemann, Ernst; Wächter-Kollpacher, Eva: Sprechen in Radio und Fernsehen. In: Pürer, Heinz (Hrsg.): *Praktischer Journalismus in Zeitung, Radio und Fernsehen*. 5. Aufl. Konstanz 2003, S. 251–263
- Gutenberg, Norbert: Der Ton macht die Musik. In: *Info DAF* 1(1989), S. 13–27
- Gutenberg, Norbert: Mündlich – öffentlich – dialogisch. Medienrhetorik und politische Kommunikation. In: Dahmen, Raimund; Herbig, Albert; Wessela, Eva (Hrsg.): *Rhetorik für Europa*. Berlin 1993, S. 53–80
- Gutenberg, Norbert: Dialog in der Öffentlichkeit? Boshafte Impressionen zur Medienrhetorik und politischen Kommunikation. In: *Saarbrücker Hefte* 71/72 (1994), S. 14–18
- Gutenberg, Norbert: *Einführung in die Sprechwissenschaft und Sprecherziehung*. Frankfurt/M. u. a. 2001
- Haas, Michael H.; Frigge, Uwe; Zimmer, Gert: *Radio-Management. Ein Handbuch für Radio-Journalisten*. München 1991
- Haaß, Christoph: *Radionachrichten – öffentlich-rechtlich versus privat*. München 1994
- Haller, Michael: *Das Interview*. 4. Aufl. Konstanz 2008
- Häusermann, Jürg: Medienrhetorik. In: *Jahrbuch Rhetorik* Bd. 14, Stuttgart 1995, S. 30–39
- Häusermann, Jürg: *Radio*. Tübingen 1998
- Häusermann, Jürg: *Schreiben*. Konstanz 2008
- Hermann, Inge; Krol, Reinhard; Bauer, Gabi: *Das Moderationshandbuch*. Tübingen, Basel 2002
- Herzog, Uwe: *Das Sprecherhandbuch. Ausbildung und Praxis bei Film, TV, Funk und Werbung*. Köln 2011

- Horsch, Jürgen; Ohler, Josef; Schwiesau, Dietz (Hrsg.): *Radionachrichten*. München 2002
- Kahmann, Lisa: SprecherzieherIn beim Fernsehen – eine didaktisch-pädagogische Herausforderung. In: Pawlowski, Klaus (Hrsg.): *Sprechen, Hören, Sehen*. München, Basel 1993, S. 137–146
- Köhler, Stefanie: *Die Stimmkugel. Perfekte Artikulation für Sprecher und Sänger. Eine neue visuelle Methode*. Leipzig 2016
- Krech, Eva-Maria et al. (Hrsg.): *Deutsches Aussprachewörterbuch*. Halle 2010
- Kuhlmann, Martin: *Last Minute Programm für Vortrag und Präsentation*. Frankfurt/M., New York 1999
- La Roche, Walther von; Buchholz, Axel (Hrsg.): *Radio-Journalismus*. 8. Aufl. Berlin 2004
- La Roche, Walther von: Fürs Hören schreiben. In: La Roche, Walther von; Buchholz, Axel (Hrsg.): *Radio-Journalismus*. 8. Aufl. Berlin 2004, S. 16–30
- Lange, Nadine: Schönsprecher und Teleprompter. Sprechen in den Medien. In: *Medien-Bulletin* 13 (1995), S. 73–74
- Linklater, Kristin: *Meisterwerk Stimme*. 2019
- Lotzmann, Geert: Aufgaben der Sprecherziehung bei der Aus- und Weiterbildung von Hörfunksprechern und -sprecherinnen. In: Krech, Eva-Maria; Stock, Eberhard (Hrsg.): *Sprechwissenschaft – zu Geschichte und Gegenwart*. Frankfurt/M. 1999, S. 229–238
- Marciniak, Carl: *Handbuch Fernsehjournalismus II: Aufnahmetechnik, Gestaltung und Moderation*. Telgte 2000
- Meisner, Sanford; Longwell, Dennis: *Schauspielen. Die Sanford Meisner Methode*. Berlin 2016
- Minto, Barbara: *Das Prinzip der Pyramide*. München 2005
- Mirbach, Friederike von: *Das Präsenz Prinzip. Wirkung durch Haltung*. Frankfurt/M. 2022
- Nagiller, Rudolf; Besenböck, Hans: Radio und Fernsehen (Interview). In: Pürer, Heinz (Hrsg.): *Praktischer Journalismus in Zeitung, Radio und Fernsehen*. 5. Aufl. Konstanz 2004, S. 99–117
- Naumann, Carl Ludwig: Sinn und Unsinn der Sprechtechnik für Funkjournalistinnen und Funkjournalisten. In: Naumann, Carl Ludwig; Roye, Hans-Walter (Hrsg.): *Aussprache*. München, Basel 1993, S. 103–117

- Ordolff, Martin; Moj, Daniel: *Fernsehjournalismus.* Konstanz 2015
- Ordolff, Martin; Wachtel, Stefan: *Texten für TV. Ein Leitfaden zu verständlichen Fernsehbeiträgen.* 3. Aufl. Konstanz 2009
- Pawlowski, Klaus: Wie sprechen Hörfunkjournalisten? In: Geißner, Hellmut; Rösener, Rudolf (Hrsg.): *Medienkommunikation.* Frankfurt/M. 1987, S. 93–111
- Pawlowski, Klaus (Hrsg.): *Sprechen, Hören, Sehen.* München, Basel 1993
- Pawlowski, Klaus: Dialogische Formen im Hörfunk. In: Mönnich, Annette; Jaskulski, Ernst W. (Hrsg.): *Kooperation in der Kommunikation.* München, Basel 1999, S. 184–196
- Reinhard-Hesedenz, Margit: Fernsehredakteure müssen vor der Kamera auch gute Schauspieler sein? In: Pawlowski, Klaus (Hrsg.): *Sprechen, Hören, Sehen.* München, Basel 1993, S. 219–224
- Ritter, Hans Martin: Moderieren – zwischen rhetorischer und ästhetischer Kommunikation. In: Krech, Eva-Maria; Stock, Eberhard (Hrsg.): *Sprechwissenschaft – zu Geschichte und Gegenwart.* Frankfurt/M. 1999, S. 313–328
- Rohmert, Gisela; Landzettel, Martin: *Lichtenberger Dokumentationen – Erkenntnisse aus Theorie und Praxis der Physiologie des Singens, Sprechens und Instrumentalspiels – Band I.* Lichtenberg 2015
- Rossié, Michael: *Frei sprechen: in Radio, Fernsehen und vor Publikum. Ein Training für Moderatoren und Redner.* 6. Aufl. Wiesbaden 2017
- Rossié, Michael: *Sprechertraining. Texte präsentieren in Radio, Fernsehen und vor Publikum.* 8. Aufl. München 2017
- Ruge, Nina; Wachtel, Stefan (Hrsg.): *Achtung Aufnahme! Erfolgsgeheimnisse prominenter Fernsehmoderatoren.* Düsseldorf 1997
- Schäfer, Hanns Martin: Feedback in der Schnellbleiche. Gruppenfeedback in Tagesseminaren – ein Beispiel. In: Lemke, Siegrun; Thiel, Susanne (Hrsg.): *Sprechen – Reden – Mitteilen.* München, Basel 1996, S. 316–321
- Schmidt, Viola: *Mit den Ohren sehen.* Berlin 2019
- Schult, Gerhard: Für das Fernsehen sprechen. In: Schult, Gerhard; Buchholz, Axel (Hrsg.): *Fernsehjournalismus.* 7. Aufl. München 2006, S. 316–317

- Siebs, Theodor: *Deutsche Aussprache.* 19. Aufl. Wiesbaden 2000
- Slembek, Edith: Frauenstimmen am Mikrofon – das Radio pflegt die alten Klischees. In: *Gazette* 3 (1993), S. 24–26
- Slembek, Edith: Vorüberlegungen zu Sprechtempo und Pausierung in verschiedenen Kulturen. In: Bonner, Maria; Braun, Edith; Fix, Hans (Hrsg.): *Nachbarschaften.* Saarbrücken 1993, S. 381–394
- Slembek, Edith: Werkstatt „Wort zum Sonntag". In: Mönnich, Annette; Jaskulski, Ernst W. (Hrsg.): *Kooperation in der Kommunikation.* München, Basel 1999, S. 197–203
- Slembek, Edith; Geißner, Hellmut (Hrsg.): *Feedback. Das Selbstbild im Spiegel der Fremdbilder.* 2. Aufl. St. Ingbert 2001
- Spang, Wolfgang: *Qualität im Radio. Determinanten der Qualitätsdiskussion im öffentlich-rechtlichen Hörfunk in Deutschland.* St. Ingbert 2006
- Steinbrecher, Michael; Weiske, Martin: *Die Talkshow. 20 Jahre zwischen Klatsch und News.* München 1992
- Stock, Eberhard: *Deutsche Intonation.* Leipzig u. a. 1996
- Stock, Eberhard: Text und Intonation. In: *Sprachwissenschaft* 21 (1996), S. 211–240
- Sturm, Robert; Zirbik, Jürgen: *Die Radio-Station. Ein Leitfaden für den privaten Hörfunk.* Konstanz 1996
- Tirok, Markus: *Moderieren.* Konstanz, München 2013
- Varwig, Freyr Roland: Wie lehrt und wie lernt man Nachrichtensprechen? in: *Muttersprache* 4 (1991), S. 309–323
- Wachtel, Stefan: Gesprochene Fernsehtexte. In: *logo-report* 1 (1992), S. 7–21
- Wachtel, Stefan: Zur Sprechkultur der Mattscheibe. In: *Muttersprache* 4 (1993), S. 342–352
- Wachtel, Stefan: „Als wären Sie dabei gewesen ...!" Über Sprechausdrucksmuster im Off-Sprechen. In: Pawlowski, Klaus (Hrsg.): *Sprechen, Hören, Sehen.* München, Basel 1993, S. 269–275
- Wachtel, Stefan: Über das Coaching von Fernsehmoderatoren und Fernsehmoderatorinnen. In: Lemke, Siegrun; Thiel, Susanne (Hrsg.): *Sprechen – Reden – Mitteilen.* München, Basel 1996, S. 332–339
- Wachtel, Stefan: Fürs Sprechen schreiben. In: *Medium Magazin* 7 (1997), S. 50–54

- Wachtel, Stefan: War ich gut? Wie Moderatoren trainiert werden. In: Ruge, Nina; Wachtel, Stefan (Hrsg.): *Achtung Aufnahme! Erfolgsgeheimnisse prominenter Fernsehmoderatoren*. Düsseldorf 1997, S. 302–310
- Wachtel, Stefan: „Die Würde des Vereinzelten ist antastbar." Feedback im Einzeltraining. In: Geißner, Hellmut; Slembek, Edith (Hrsg.): *Feedback. Das Selbstbild im Spiegel der Fremdbilder*. St. Ingbert 1998, S. 151–165
- Wachtel, Stefan: Trainingsmethoden für Hörfunk- und Fernsehjournalisten. Ein Forschungsaufruf. In: Biege, Angela; Bose, Ines (Hrsg.): *Theorie und Empirie in der Sprechwissenschaft*. Hanau, Halle 1998, S. 239–246
- Wachtel, Stefan: *Überzeugen vor Mikrofon und Kamera. Interviews, Pressekonferenzen, Talkshows, Business-TV*. Frankfurt/M., New York 1999
- Wachtel, Stefan: Eine bessere Sprache fürs Radio. In: Sage & Schreibe Werkstatt, Beilage zu *der Journalist* 5 (2001), S. 2–4
- Wachtel, Stefan: *Sprechwissenschaftliche Untersuchungen zum Moderieren im Rundfunkjournalismus*. St. Ingbert 2002
- Wachtel, Stefan: *Rhetorik und Public Relations*. München 2003
- Wachtel, Stefan: *Schreiben fürs Hören. Trainingstexte, Regeln und Methoden*. 4. Aufl. Konstanz 2009
- Wachtel, Stefan: *Executive Modus. 12 Taktiken für mehr Führungswirkung*. 2. Aufl. München 2017
- Wachtel, Stefan: *Die Kunst des Authentischen. 67 Wege in den richtigen Film*. (völlig überarbeitete Taschenbuchausgabe von *Sei nicht authentisch!* von 2014) Frankfurt/M. 2018
- Wachtel, Stefan: *Das Zielsatz-Prinzip. Wie Pointierung unsere Wirkung erhöht*. 2. Aufl. 2021
- Wachtel, Stefan: *Das Buch der Trichter*. Frankfurt/M. 2022
- Wachtel, Stefan: *Wie man aus einer Gießkanne eine Rakete baut*. Frankfurt/M. i. V.
- Wachtel, Stefan: *Die dritte Mündlichkeit. Gutenbergs Tod in der TED Talk Youtube Galaxis*. i. V.
- Wachtel, Stefan; Borbonus, René: *Schreiben fürs Hören. Reden mit und ohne Slides, Q&A, Podcast, Video und Radio*. Frankfurt/M. 2022

- Weißgerber, Ellen: Informationen und Hinweise für das Sprechen vor dem Mikrofon. Aufgaben der Sprecherziehung. In: Clobes, Heinz G.; Paukens, Hans; Wachtel, Karl (Hrsg.): *Bürgerradio und Lokalfunk*. Konstanz 1992, S. 141–148
- Willemsen, Roger: Am Ende aller Fragen. In: Ruge, Nina; Wachtel, Stefan (Hrsg.): *Achtung Aufnahme! Erfolgsgeheimnisse prominenter Fernsehmoderatoren*. Düsseldorf 1997, S. 319–326
- Wolf, Edith; Aderhold, Egon: *Sprecherzieherisches Übungsbuch*. 14. Aufl. Berlin 2009
- Wygotski, Lew S.: *Denken und Sprechen*. Frankfurt/M. 1986
- Zehrt, Wolfgang: *Hörfunk-Nachrichten*. 3. Aufl. Konstanz 2005
- Ziegler, Waltraud: Feedback in einer Konzeption „Sprechausbildung beim Fernsehen". In: Geißner, Hellmut; Slembek, Edith (Hrsg.): *Feedback. Das Selbstbild im Spiegel der Fremdbilder*. St. Ingbert 1998, S. 227–242

X2 INDEX

A

Abmoderation 150, 151
Abspannen 74, 167, 173
Akzent 32, 77, 78, 165, 166
Anmoderation 125, 127, 128, 130, 131, 134, 136, 144, 148, 150, 219
Ansprechhaltung 29, 102
Argumentation 19, 39, 131, 216
Artikulation 24, 32, 59, 77, 87, 89, 93, 160, 164, 193, 211, 252, 256, 274
Atem 6, 24, 38, 45, 56, 73, 74, 102, 129, 154, 157, 158, 167, 170, 171, 172, 173, 178, 183, 191, 192, 252, 264, 272
Atempause 92
Aufnahme 59, 98, 100, 106, 168, 171, 178, 201, 265, 272, 274, 276, 277, 278
Aufsager 18, 28, 96, 97, 106, 113, 183
Autocue 100

B

Betonung 5, 33, 34, 36, 37, 40, 43, 45, 48, 58, 63, 65, 69, 71, 75, 76, 77, 78, 79, 80, 81, 83, 87, 88, 91, 93, 112, 165, 166
Betonungsregeln 78, 166
Blackout 154, 262
Brustton 96, 168, 273

C

Casting 7, 255, 256, 257, 258

D

Denken und sprechen 31, 32, 122, 278
Dialekt 162
Dialog 20, 101, 128, 273
Dynamik 45, 65, 77, 88, 89, 93, 148, 201, 211, 217, 224, 232

F

Feedback 7, 17, 28, 39, 52, 245, 246, 247, 248, 249, 257, 258, 276, 277, 278
Formate 13, 17, 60, 66
Frageart 228
Fragen 16, 19, 20, 84, 86, 116, 133, 134, 148, 216, 217, 218, 220, 221, 223, 225, 227, 228, 229, 230, 231, 233, 234, 235, 236, 237, 239, 240, 241, 263, 278
Freies Sprechen 4, 27, 37, 108

G

Gespräch 24, 88, 92, 103, 111, 117, 145, 183, 216, 217, 219, 220, 221, 222, 223, 224, 228, 230, 232, 235, 240, 241, 246, 247, 274
Gestik 6, 67, 86, 95, 97, 122, 145, 157, 182, 183, 184, 192, 200, 222, 241, 246, 249
Glaubwürdigkeit 17, 54, 119, 122
Gliederung 5, 31, 34, 40, 48, 62, 69, 71, 72, 75, 91, 93, 172

H

Hauptbetonung 31, 32, 37, 43, 77, 78, 79, 82, 87, 88, 91, 93, 94, 103
Heiserkeit 177
Hochatmung 173, 264
Hörmuster 61
Hörverständlichkeit 19, 24
Hörverstehen 31, 35, 66, 140, 147, 191

I

Identifikation 59, 121, 130
Indifferenzlage 89
Informieren 4, 11, 18, 20, 127, 167, 214

K

Kamera 13, 16, 24, 28, 47, 64, 66, 84, 97, 100, 101, 102, 103, 113, 116, 117, 123, 124, 145, 172, 174, 180, 182, 183, 184, 188, 189, 191, 197, 198, 199, 205, 206, 242, 246, 257, 275, 277
Kleidung 47, 200, 205, 256, 257
Kommunikation 8, 9, 17, 24, 29, 30, 55, 61, 93, 100, 219, 246, 273, 275, 276
Körperausdruck 124, 182, 183
Körperhaltung 93, 154, 172, 173, 177, 182, 183
Kriterien 248, 249, 253, 257, 258
Kritik 17, 61, 64, 248

L

Lampenfieber 7, 181, 261, 262, 263, 264, 267
Lautstärke 45, 66, 77, 78, 87, 88, 200, 201
Lesen 36, 41, 70, 71, 78, 91, 101, 109, 147, 210
Leseverstehen 35

M

Make-up 6, 59, 198, 203, 206, 257
Marke 5, 115, 121
Mikrofon 16, 19, 24, 28, 29, 44, 45, 47, 64, 78, 88, 89, 92, 97, 117, 122, 144, 162, 171, 172, 174, 176, 177, 180, 182, 183, 191, 201, 211, 272, 276, 277, 278
Moderator*in 54, 145, 182
Monolog 28, 48, 145, 242

N

Nachrichten 6, 12, 55, 56, 57, 63, 64, 100, 109, 115, 152, 162, 210, 214, 259, 272, 278
Nebenbetonung 37, 78, 80, 82, 94

O

Outfit 6, 203, 205, 257

P

Pannen 120, 193
Pause 72, 73, 148, 161, 172, 192
Persönlichkeit 21, 53, 54, 55, 57, 59, 66, 87, 118, 125, 182, 258
Podcast 4, 8, 9, 11, 12, 16, 18, 214, 256, 278
Präsenz 6, 15, 42, 66, 92, 157, 176, 181, 185, 186, 188, 275
Primavista 70

R

Redeplanung 5, 39, 97, 115, 117, 131, 138, 143, 144, 145
Reportage 96
Resonanz 58, 65, 96, 172, 176, 177, 178, 179, 180, 187, 188, 265

Rhema 81, 82, 83
Rhythmus 40, 41, 48, 88, 210, 241
Rolle 14, 18, 19, 52, 54, 55, 60, 89, 93, 182, 216, 226, 237, 263
Rumpfatmung 96, 173

S

Satzdichte 85, 109
Satzende 42, 43, 79, 84, 85, 93, 95, 112
Satzplanung 33, 34, 38, 97, 107, 113, 145, 192
Schaltgespräch 123, 236
Schlagfertigkeit 122
Schreibdenken 34, 35
Silbe 65, 77, 162, 165
Sinnangebot 71, 91, 93
Sinnkern 32, 33, 35, 36, 37, 38, 79, 87, 112
Sinnschritt 33, 34, 35, 72, 73, 74, 75, 77, 78, 91, 94, 172, 192
Sitzposition 222
Spannungsbogen 43, 44, 73
Spannungsgrad 168
Sprachstil 19, 53, 122, 148
Sprachzentrum 161, 192
Sprechausdruck 5, 29, 58, 63, 69, 76, 87, 96, 97, 98, 99, 103, 109, 112, 148, 158, 167, 180, 182, 183, 184, 200, 201
Sprechdenken 31, 32, 33, 35, 91, 100, 101, 107, 108, 119, 168, 191, 192
Sprechfehler 66, 252
Sprechmelodie 41, 42, 44, 46, 48, 56, 57, 63, 72, 77, 78, 84, 86, 87, 112
Sprechmuster 5, 20, 51, 61, 62, 64, 66, 92, 96, 119, 145, 187
Sprechsituation 46, 97
Sprechstil 24, 53, 54, 55, 57, 59, 62, 64, 93, 99, 117, 119, 122, 148, 201, 219
Sprechtempo 38, 41, 77, 88, 95, 102, 192, 276
Sprechzeichen 74, 93, 94, 95
Standardaussprache 24, 56, 57, 160, 162, 163
Statement 116, 242
Stichwortkonzept 35, 103, 109, 112, 113, 123, 145, 146, 149, 275
Stimme 6, 14, 24, 43, 48, 58, 59, 63, 64, 65, 73, 84, 85, 86, 87, 88, 89, 93, 95, 96, 99, 112, 121, 145, 157, 158, 159, 160, 161, 164, 167, 168, 170, 171, 172, 174, 175, 176, 177, 178, 179, 180, 181, 183, 186, 187, 188, 192, 200, 201, 246, 247, 249, 252, 256, 264, 265, 272, 273, 274
Stimmtraining 6, 157, 174, 177, 178, 265
Stimmung 45, 57, 98, 99, 173, 175, 201, 211, 216, 221, 222, 233
Stress 44, 167, 170, 173, 175, 177, 178, 192

T

Text 5, 9, 28, 29, 40, 41, 42, 45, 46, 47, 48, 49, 63, 65, 70, 72, 73, 79, 80, 83, 84, 91, 92, 93, 95, 98, 100, 101, 102, 103, 106, 107, 108, 109, 113, 115, 116, 119, 120, 123, 128, 145, 147, 152, 153, 158, 159, 165, 172, 173, 182, 186, 193, 211, 242, 259, 276
Thema 14, 16, 34, 81, 82, 83, 87, 111, 117, 123, 130, 134, 154, 176, 182, 197, 217, 222, 230, 246
Timecode 98, 211

Tonhöhe 42, 63, 77, 96, 177, 178, 180
Training 7, 40, 57, 158, 170, 176, 177, 179, 180, 246, 251, 253, 259, 276

U

Überzeugen 18, 20, 126, 127, 167, 277
Unterbrechen 7, 213, 222, 240
Unterhaltung 123

V

Verben 32, 35, 38, 107, 109, 112, 113
Versatzstücke 38
Verständlichkeit 19, 37, 65, 85, 160
Verstehen 38, 56, 74, 84, 91, 95, 147, 160, 220, 222, 230, 246, 257
Voice-over 7, 98, 99, 209, 211, 259
Vollatmung 172
Vorbereitung 7, 8, 9, 93, 112, 116, 122, 154, 186, 188, 214, 217, 225, 240, 255, 264, 267
Vorgespräch 216, 217, 223

W

Wortbetonung 165
Wortbild 192
Wortblock 85

Z

Zielsatz 125, 126, 127, 135, 136, 137, 138, 139, 144, 145, 146, 148, 241, 277
Zitate 95, 113, 116
Zuhören 14, 24, 92, 116, 131, 132, 147, 189, 216, 220, 247, 249

X3 BILDNACHWEISE

Abb. 5: Wachtel 2021: 125

Abb. 22: Wachtel 2021: 148ff.

Abb. 27: Wachtel 2021: 127

Abb. 29: vgl. Geißner 2000 und Wachtel/Borbonus 2022

Abb. 35: Wachtel 2021: 142

Abb. 36: vgl. Friedrichs/Schwinges 2005